Cómo sobrevivir en un

MUNDO LLENO
DE ENOJO

Cómo sobrevivir en un
MUNDO LLENO DE ENOJO

Encuentre su camino a la paz personal

CHARLES F. STANLEY

WITHDRAWN

HOWARD BOOKS
A DIVISION OF SIMON & SCHUSTER, INC.
New York · Nashville · London · Toronto · Sydney

Howard Books
Una división de Simon & Schuster, Inc.
1230 Avenue of the Americas
New York, NY 10020

Título en inglés: *Surviving in an Angry World*
Copyright © 2010 por Charles Stanley
Copyright de la traducción en español © 2010 por Charles F. Stanley

Primera edición en rústica de Free Press, noviembre de 2010

HOWARD y el colofón son marcas registradas de Simon & Schuster, Inc.

Para obtener información respecto a descuentos especiales en ventas al por mayor,
diríjase a Simon & Schuster Special Sales al 1-866-506-1949 a la siguiente dirección
electrónica: business@simonandschuster.com

Simon & Schuster Speakers Bureau puede presentar autores en cualquiera de sus
eventos en vivo. Para más información o para hacer una reservación para un evento,
llame al Speakers Bureau de Simon & Schuster, 1-866-248-3049, o visite nuestro
página web en www.simonspeakers.com.

Impreso en los Estados Unidos de América

10   9   8   7   6   5   4   3   2   1

ISBN 978-1-4516-0216-6

Todas las citas de las Escrituras en las que no se indica la fuente provienen de la
New American Standard Bible (NASB), © 1960, 1977, de la Fundación Lockman.
Las citas de las Escrituras que tienen las siglas NKJV provienen de *The New King
James Version*. Copyright © 1982 de Tomas Nelson, Inc. Se usa con permiso.
Todos los derechos reservados. Las citas de las Escrituras que llevan las siglas
KJV provienen de la *King James Version of the Bible*.

ÍNDICE

NUESTRO MUNDO LLENO DE ENOJO

E l mundo, tal como lo conocemos en la actualidad, está caracteri-
zado por un sentimiento de enojo colectivo. Las personas a nuestro
alrededor están furiosas por lo que sucedió ayer y amargadas por asuntos que ocurrieron hace años. Quizá esté usted enojado con su cónyuge,
con un compañero de trabajo o con un amigo. Lo cierto es que todos
nos enfurecemos en algún momento dado. La pregunta que necesitamos
hacernos es: *¿Cómo debemos tratar nuestro propio enojo y responder al de otras
personas?*

Hay muchos que están enojados sin siquiera darse cuenta de ello. Sólo
saben que algo no está bien en su interior. Lo que necesitan es ser liberados de las ataduras de la amargura y el resentimiento.

También hay quienes saben que están enojados y simplemente no
les importa. Estos individuos nutren su enojo, lo cultivan y lo alimen-
tan, y mantienen hirviendo a fuego lento la hostilidad y el odio durante
años.

Incontables parejas han perdido su matrimonio debido al enojo. Han
perdido a sus hijos, sus empleos y hasta su salud porque dejaron crecer
fuera de control esta emoción, la cual se apoderó de todos los aspectos
de su vida.

Vivimos en un mundo iracundo y lleno de enojo. Al igual que un
incendio azuzado por el viento, el enojo deja una estela de vidas arra-
sadas y una pérdida devastadora. Es una emoción que afecta nuestras

familias, nuestros barrios, nuestras comunidades, toda nuestra nación y el mundo entero.

Si somos sinceros, muchos de nosotros admitiremos sentir cierto grado de enojo en lo más profundo de nuestro ser, el cual es mayor en estos tiempos que lo que hayamos sentido antes. No es cuestión de *si* hemos estado alguna vez enojados, pues todos lo hemos estado en uno u otro momento. Tampoco se puede garantizar que nunca volveremos a enojarnos. Pero la Biblia nos da una enseñanza muy clara con respecto a cómo deberíamos enfrentar esta emoción tan fuerte y de gran capacidad destructiva.

El enojo como tal no es necesariamente malo o perjudicial. El enojo justificado puede ser beneficioso. El problema es que la mayoría de las personas tienen más experiencia con el enojo malo.

Por tanto, permítame de entrada hacerle esta pregunta: ¿Está usted enojado?

Si acaso lo está, ¿sabe por qué?

Como estamos a punto de descubrir, el enojo puede ser muy peligroso.

CAPÍTULO 1

DEFINICIONES

Enojo: el bueno, el malo y el destructivo

Aunque la mayoría de las personas no se ven a sí mismas como personas iracundas, sí se sienten profundamente frustradas y molestas con respecto a ofensas y heridas del pasado. A veces, sin ni siquiera darse cuenta, se llenan de pensamientos odiosos y amargos que se agitan en su interior.

Por tanto, ¿cómo podemos reconocer la ira y el enojo en nosotros mismos y en otros? Considere lo siguiente:

- Las personas enojadas son irascibles, y con frecuencia arremeten con palabras o hechos antes de darse cuenta de lo que hacen. Su enojo se activa al instante, y se les enciende como una llama.

- Las personas enojadas se aferran a su enojo; se sienten tan enojadas en el presente como cuando ocurrió aquello que provocó su ira. Quizá usted sepa de qué le estoy hablando. ¿Se le llenan los ojos de lágrimas ahora con la misma rapidez que entonces? ¿Siente igual que antes aquella herida en su corazón? ¿Acaso el recuerdo de un suceso aún le hace ponerse tenso? Si es así, usted ha resultado demasiado afectado por nuestro mundo saturado de enojo.

- Las personas enojadas justifican su enojo, así que no tienen problema en guardar rencor. Tienen excusas para su ira y tratan de hacer que otros estén de acuerdo en que ellas tienen «derecho» a permanecer enojadas.

Si alguno de los puntos anteriores se aplica a usted, confiese el hecho de que es muy probable que usted esté lleno de enojo.

La Palabra de Dios nos enseña a ser pacientes cuando nos ofenden y humildes cuando nos hacen daño (1 Co 13.4–5). Cualquier otra respuesta a los momentos dolorosos de la vida es contraria a lo que el Señor desea para sus hijos.

Alguien podrá decir: «Pero yo no estoy enojado; apenas estoy un poco irritado o frustrado».

Eso puede ser cierto porque no todas las personas sienten del mismo modo el enojo. De hecho, su definición puede cambiar dependiendo de a quién le pregunte.

DEFINICIÓN DE ENOJO

Yo defino el enojo como un fuerte e intenso sentimiento de desagrado, hostilidad o indignación que resulta de una amenaza, ofensa, injusticia o frustración real o supuesta contra usted o contra otros que sean importantes para usted.

Desglosemos esta definición frase por frase.

El enojo es intenso

Incontables situaciones en la vida pueden hacerle sentir molesto o frustrado. Por ejemplo, descubre que a su camisa o blusa favorita le falta un botón, rompe un vaso por la prisa de preparar el desayuno, se queda dormido y no oye el despertador. En tales casos, pueden surgir sentimientos correspondientes a estar «sólo un poco furioso». En la mayoría de los casos, la irritación por esos incidentes de poca importancia desaparece con bastante rapidez. Los verdaderos sentimientos de enojo tienden a permanecer hasta que la causa sea abordada, superada y eliminada. La intensidad de ese enojo va más allá del momento; gobierna todas las horas y todo el día.

El enojo es un sentimiento

Es una fuerte emoción que con frecuencia se entrelaza con otras emociones. Necesitamos ser sinceros con nuestras emociones. Son nuestra reacción primaria a las situaciones de la vida. Por mucho que una persona pueda desear o esforzarse por actuar y vivir de manera racional, objetiva y elegantemente, actuar de ese modo todo el tiempo *no* es realista. Respondemos en primera instancia a los acontecimientos de la vida con nuestras emociones y con una decisión básica entre dos posturas: «Me gusta esto» o «No me gusta esto». Decidimos casi al instante si algo es bueno o malo, si está bien o mal, si es útil o dañino. La mayoría de las personas deciden antes de tener el tiempo o la oportunidad de analizar una situación y determinar la mejor decisión a tomar.

Dios, quien creó cada aspecto de nuestro ser *para nuestro bien*, nos hizo capaces de sentir y expresar emociones. Él nos creó con la facultad de sentir amor, gozo y paz. El Señor también nos permite experimentar frustración, odio y temor. Él nos dio emociones específicas para ayudarnos a reconocer de manera intuitiva, instintiva e inmediata el peligro, la injusticia y la mala intención.

Si una persona me dice «yo no soy sentimental» o «no quiero ser emocional», sé que algo no anda bien. Dios quiere que experimentemos, expresemos y utilicemos nuestras emociones para poder tener una conducta correcta. Ellas han de ser desencadenantes que nos impulsen a la acción, y nuestra acción ha de ser guiada hacia fines buenos y piadosos.

Este es un concepto importante que debo subrayar.

Usted ha recibido emociones a fin de que *por un acto de su voluntad humana* pueda encaminarse por una conducta correcta.

Sus emociones no deben gobernarlo a usted. Usted ha de ser el amo de sus reacciones y respuestas. La persona que se permite a sí misma ser gobernada por las emociones vive en una montaña rusa emocional. No resuelve los problemas que necesitan una respuesta y vive todo el tiempo en la inestabilidad. Una persona así es fácilmente influenciada y tambaleada por otros, y con mucha frecuencia se comporta de manera inapropiada, improductiva o insolente.

Hemos de sujetar nuestras emociones a nuestra voluntad humana, la cual es también un regalo que nuestro Creador da libremente a cada persona para que pueda hacer elecciones y tomar decisiones. En el momento que usted sienta una intensa emoción, lo primero que necesita hacer es preguntarse: *¿Cómo debería responder?*

La conducta siempre conlleva un elemento de libre albedrío. Hacemos elecciones premeditadas y deliberadas sobre lo que hacemos y no hacemos, lo que decimos y no decimos, y qué actitudes y creencias sostenemos.

Las emociones pueden ser arbitrarias e inestables.

La conducta casi siempre es dirigida y mensurable.

Esto no es lo mismo que decir, desde luego, que toda conducta es racional o predecible. La verdad es que casi todas las reacciones emocionales finalmente terminan manifestándose en palabras y obras. Cuanto más profundamente sentimos una emoción, más impulsados nos sentimos a expresarla de una manera observable en el mundo exterior.

Idealmente, nuestras emociones son filtradas por una voluntad que se inclina hacia los propósitos y mandamientos de Dios. Sin embargo, si el filtro se ha dañado o nunca ha sido implementado, las emociones normalmente darán lugar a conductas sin restricción. Las emociones que no están sujetas al pensamiento piadoso tienden a desbocarse y causar un gran daño.

«Pero es que me gusta ser espontáneo», quizá diga una persona.

«¡Quiero vivir libre!», declara otra.

«Yo soy una persona apasionada, y no puedo cambiar», podría decir una tercera.

Las personas con frecuencia hacen esas afirmaciones cuando se consideran a sí mismas especialmente creativas, artísticas, empresariales, innovadoras o librepensadoras. La verdad es que la persona que siempre es gobernada por las emociones tiene mucha más probabilidad de producir un desastre creativo, de cometer un error empresarial o un desastre innovador, en lugar de crear algo que sea verdaderamente hermoso, sabio o beneficioso.

Sabiendo que nuestras emociones son un regalo de Dios, y que basamos la conducta en emociones filtradas o no filtradas, también debemos comprender que gran parte de lo que usted y yo sentimos es negativo. Nadie tiene una reacción emocional 100 por ciento positiva en la vida, todo el tiempo y en toda circunstancia. *Deberíamos* tener una reacción negativa a ciertas cosas:

Cuando usted se encuentra a una persona sin techo acurrucada junto a la acera mientras comienza a caer la nieve…

Cuando ve a un niño con el rostro ojeroso y el estómago hinchado por la malnutrición…

Cuando oye la historia de una mujer maltratada y madre de niños pequeños que se ve forzada a buscar protección en un refugio para mujeres…

Debería tener una reacción emocional que grite desde las profundidades de su alma: *¡Esto está mal! ¡Esto es malo!*

Además de esa respuesta, debería sentir también el deseo de *cambiar* la situación.

El enojo conlleva otros sentimientos

Las emociones relacionadas con el enojo son normalmente de desagrado, hostilidad o indignación. Todos ellos son sentimientos negativos, aunque eso no significa necesariamente que sean incorrectos. Son emociones legítimas, y no tienen por qué verse expresadas en una conducta negativa.

Por ejemplo, puede que a usted le disguste una situación y sin embargo no haga nada para que la situación cambie. Puede que no le guste alguien pero no demande que la persona sea retirada de su presencia. Puede sentirse ofendido por algo que se haya dicho sin sentir la necesidad de levantar la voz y dejar las cosas claras. Por otro lado, puede que no le guste una situación y se sienta motivado a cambiarla. Puede responder con amabilidad a la hostilidad y apaciguarla. Puede confrontar comentarios críticos y procurar establecer la verdad y un sentido de equilibrio.

El enojo es un sentimiento intenso que impulsa a una persona a actuar con el propósito de eliminar o resolver cualquier cosa que esté causando el desagrado, la hostilidad o la indignación. Es el sentimiento que impulsa a la persona bien sea a huir o a combatir una amenaza real o imaginada.

El enojo llega como respuesta a una amenaza, real o imaginada

Cada uno de nosotros tiene un mecanismo innato que nos hace reaccionar enfrentando una situación o huyendo de ella. Es un regalo de Dios para nuestra supervivencia. Si usted se despierta cuando está en una acampada y ve la sombra de un oso pardo sobre su tienda, es probable que inmediatamente sienta temor y un deseo irresistible de salir corriendo para salvar su vida. Si está en un sendero de alta montaña y ve algo enroscado en el camino más adelante, es probable que piense que se trata de una serpiente y no una manguera. Su reacción va a ser inmediata y emocional. Una vez más, usted dará una respuesta casi instintiva de hacer frente o emprender la huida.

El enojo puede seguir a una amenaza o una pérdida

Usted puede enojarse ante una amenaza dirigida contra usted personalmente o contra alguien que sea importante para usted. Pregunte a cualquier mamá cómo se sintió después de enterarse de que su hijo fue criticado injustamente o amenazado por algún maleante, y es probable que ella le diga: «¡Furiosa!».

Ni siquiera tenemos que conocer personalmente a las personas para sentir enojo por una situación que estén experimentando. Podemos enojarnos cuando somos testigos de cómo un grupo de personas es tratado injustamente como resultado del prejuicio o la intolerancia.

Puede que nos sintamos amenazados por un informe meteorológico de emergencia que nos dice que un tornado o un huracán se acerca en nuestra dirección. O puede que nos sintamos amenazados cuando un gran número de personas en nuestra escuela, lugar de trabajo o comunidad contraen alguna temida enfermedad. Sin embargo, rara vez respondemos a esos tipos de amenaza con enojo. Lo más probable es que se genere una reacción de enojo cuando la amenaza provenga de una persona o de un grupo de personas identificables.

Hace varios años, una mujer me habló acerca de un incidente que sucedió en los primeros años de su matrimonio. Su esposo asistía a la iglesia, pero lo hacía más por obligación social que por fe genuina. Él resentía profundamente la creciente fe de su esposa.

Un día, él se quedó mirando la Biblia de su esposa, la cual ella había dejado abierta. Pudo ver claramente que tenía notas escritas en los márgenes y había subrayado o destacado ciertos pasajes. El hombre agarró la Biblia de su esposa y la lanzó al otro lado de la habitación. Con ira, le gritó: «¡En esta casa no se va a estudiar más la Biblia!».

La mujer se sintió herida. Su esposo estaba lleno de enojo. Pero lo que realmente sucedía en lo más profundo de su ser era que él se sentía amenazado; se sentía en peligro por el temor de que «el grupo religioso» influenciase a su esposa. También tenía temor de que, por medio de ella, su vida pudiera cambiar de maneras que él no quería. Se sentía amenazado en particular por el impacto que algunos predicadores estaban teniendo en su esposa mediante sus sermones en la iglesia y en la televisión.

La buena noticia es que este hombre finalmente llegó a desear estar más cerca de Dios. Comenzó a leer su propia Biblia y su fe creció.

Cuando esta mujer compartió su historia, ¡yo sentí un enojo que hervía en mi interior!

¿Cómo pudo un esposo decir y hacer esas cosas? ¿Cómo pudo herir de modo tan descarado y adrede los sentimientos de su esposa? Yo sentí enojo por ella. Quería acercarme a él y decirle: «¡Cómo se atrevió a hacer eso!». Mi enojo estaba enfocado en el hombre porque había amenazado a alguien que sincera e inocentemente buscaba más de Dios.

Ahora bien, este hombre ya había muerto varios años atrás cuando su esposa me contó la historia; lo supe cuando ella comenzó a relatarme su testimonio. Pero aun así, me provocó enojo.

Puede que usted piense: *Pero no tenía usted derecho a estar enojado.*

Sí, sí lo tenía. Mi derecho a estar enojado no se derivó de mi relación con este hombre o esta mujer. Fue algo que surgió de mis principios, mis creencias y mi comprensión de lo que Dios ha dicho que es bueno y aceptable.

No es necesario conocer a un niño del que han abusado para sentir enojo por el problema del abuso infantil.

No es necesario conocer a una mujer maltratada para enojarse contra la violencia doméstica.

No es necesario conocer a alguien que haya sido víctima de un ataque violento para enojarse con los delincuentes que amenazan a las personas cada vez más violentamente.

No hace mucho, sostuve una conversación con un hombre que tiene más de cuarenta años de experiencia en mercadotecnia. Me dijo: «Una de las cosas que aprendí al comienzo de mi carrera es que si uno quiere ayudar a la gente con causas humanitarias, tiene que ponerle un rostro a la injusticia. Se necesita la fotografía de un niño hambriento, una familia pobre o una persona sin techo caminando por el borde de una carretera. Se necesita una imagen convincente que haga que la gente no sólo sienta tristeza por la situación de la víctima, sino que también se enoje porque alguna persona o algún grupo haya permitido que algo así ocurra. Si uno logra identificar a ese "alguien" y ponerle un rostro al responsable de esa situación, entonces lo único que resta por hacer es decir qué efecto puede tener la contribución de una persona para cambiar la situación o eliminar la fuente del problema. Esa es realmente una combinación ganadora».

Desgraciadamente, muchas veces no es sólo una persona la causante de la injusticia, y tristemente hay innumerables situaciones en las que muchas personas son responsables de malas decisiones y acciones que desembocan en situaciones desesperadas y circunstancias desastrosas. Aun así, deberíamos reconocer esta verdad: cuando nos encontremos ante una amenaza, haremos bien en analizar quién la está generando y por qué.

Debemos preguntar:

¿Es esta amenaza real o imaginada?

¿Es temporal o permanente?

¿Procede de una persona o un grupo al que se pueda identificar?

La fuerza detrás de una amenaza es el «enemigo». Debemos conocer al enemigo y asegurarnos de que no somos nosotros mismos.

ENOJO

Amenaza (real o imaginada)	Contra uno mismo o contra alguien importante para usted	Crea sentimientos de indignación, disgusto y hostilidad	Enfocado como ENOJO	Idealmente filtrado a través de la buena voluntad humana	Produciendo una CONDUCTA que resuelva, reconcilie o haga desaparecer la amenaza

TRES VERDADES ESENCIALES SOBRE EL ENOJO

Además de una sana y sólida definición, debemos entender tres verdades esenciales sobre el enojo y cómo se manifiesta en nuestro mundo lleno de ira.

La universalidad del enojo

El enojo es una emoción universal. Afecta a todas las personas sin distinguir raza, sexo, nacionalidad o edad, desde el pequeño de dos años que grita a pleno pulmón hasta el anciano con su rostro enrojecido por la ira; desde el acaudalado hombre de negocios hasta el ama de casa sin recursos; desde el frío del Ártico hasta el calor del Sáhara; desde una zona de guerra hasta un paraíso tropical. El enojo es una emoción que todas las personas conocen. Independientemente de lo pacífica o pasiva que una persona pueda o quiera parecer, todo el mundo se enoja alguna vez en su vida.

Pero el hecho de que todo el mundo se enoje no lo justifica. La universalidad del enojo no es una excusa para enojarse, ni tampoco es una excusa para no tratarlo o para no dirigirlo hacia buenos fines.

La persistencia del enojo

El enojo no se va por sí solo ni muere. Se debe desarraigar. Tratar con el enojo, y especialmente con aquel que está profundamente arraigado, requiere intencionalidad.

Enojo episódico frente a enojo generalizado

Debemos diferenciar entre episodios de enojo y una naturaleza de enojo predominante.

¿Existe evidencia alguna de que usted sea una persona crónicamente enojada? ¿Está casi siempre enojado por algo, aunque lleve una sonrisa en el rostro y hable con una voz suave y calmada?

Hay una gran diferencia entre la persona que siente enojo como respuesta a una situación o circunstancia específica y aquella cuyo enojo es constante. Si usted es de los que se encuentra malhumorado al comienzo de un viaje y sigue enfadado mil kilómetros después, probablemente sufre de enojo generalizado.

¿ES PECADO EL ENOJO?

El apóstol Pablo les escribió a los efesios: «Airaos, pero no pequéis» (Ef 4.26). De esa manera reconoció abiertamente que el enojo existe y que es parte de la condición emocional de todas las personas, incluso de la persona más madura y espiritual, lo cual implica que *todos* nos enojamos de vez en cuando.

Pablo también está presentando la verdad de que el enojo no es, de por sí, un pecado. La clave está en cómo lo controlamos y qué *hacemos* con él. Por tanto, el enojo como emoción no es necesariamente algo pecaminoso. Algunas situaciones y circunstancias en la vida justifican e incluso requieren nuestro enojo.

En definitiva, usted *puede* enojarse sin pecar.

En lugar de tachar a un individuo que está enojado perpetuamente o generalmente como pecador, la Biblia lo describe así:

- *Una persona insensata.* Proverbios 14.17 nos dice: «El que fácilmente se enoja hará locuras».

- *Una persona inclinada a provocar contiendas y disensiones.* Proverbios 15.18 dice: «El hombre iracundo promueve contiendas, mas el que tarda en airarse apacigua la rencilla».

- *Una persona a la que deberíamos evitar.* Leemos en Proverbios 22.24: «No te entremetas con el iracundo, ni te acompañes con el hombre de enojos, no sea que aprendas sus maneras y tomes lazo para tu alma». La persona enojada es normalmente alguien que tiene mal carácter. Las Escrituras dicen claramente que hemos de evitar un temperamento apresurado o explosivo.

- «Mejor es el que tarda en airarse que el fuerte; y el que se enseñorea de su espíritu, que el que toma una ciudad» (Pr 16.32).

- «No te apresures en tu espíritu a enojarte; porque el enojo reposa en el seno de los necios» (Ec 7.9).

Hay tres principios reflejados en los anteriores versículos y en otras partes de la Biblia:

Principio 1: Evitar asociarse con personas enojadas

Como dice anteriormente, Proverbios nos advierte: «No te entremetas con el iracundo» (22.24). He recitado este versículo a muchas personas a lo largo de los años, especialmente a hombres y mujeres que se preparan para casarse y a los que me piden consejo sobre asociaciones empresariales y vínculos de negocios.

Una de las mejores descripciones de un buen carácter se encuentra en Gálatas 5.22–23. Aquí Pablo nos dice: «Mas el fruto del Espíritu es amor, gozo, paz, paciencia, benignidad, bondad, fe, mansedumbre y templanza». Si usted está considerando tener una relación a largo plazo con una persona, ya sea a través del matrimonio, la amistad, una empresa y demás, le insto encarecidamente a que evalúe su relación con esa persona sobre la base de este fruto.

Un par de versículos atrás, el apóstol Pablo les aconseja a todos que eviten las «obras de la carne». Su lista incluye conductas que o bien son variantes del enojo, o de algún modo están relacionados con él, como: «adulterio, fornicación, inmundicia, lascivia, idolatría, hechicerías, enemistades, pleitos, celos, iras, contiendas, disensiones, herejías, envidias, homicidios, borracheras, orgías y cosas semejantes a estas» (Ga 5.19–21).

Si está considerando comenzar una relación con alguien, le aliento encarecidamente a que someta su carácter y el de la otra persona a la plantilla paulina de la buena conducta.

Sencillamente nada bueno puede obtener de estrechar lazos con una persona llena de enojo. Más bien, escoja a alguien que demuestre tener los rasgos propios de la madurez espiritual.

Una joven me dijo una vez en una sesión de consejería matrimonial hace muchos años: «Me gusta el hecho de que Heriberto sea tan apasionado sobre lo que cree. Veo su enojo como un punto fuerte. Encara sin reservas a personas que estén pecando o maltratando a otras personas».

Yo le respondí: «No verá eso como un punto fuerte cuando él comience a creer que algo que *usted* hace está mal o es inapropiado».

Cuanto más me describía ella algunos de los estallidos «apasionados» de Heriberto para defender sus propias opiniones, más veía el problema que le esperaba a esta joven, así que le aconsejé que pospusiera su matrimonio hasta que Heriberto pudiera recibir consejería que lo ayudara a tratar la raíz de su enojo.

Ella hizo caso omiso a mi consejo, pero cinco años después admitió que lamentaba no haberlo hecho. Heriberto se airaba y se pronunciaba cada vez con más enojo en casi todas las áreas de su vida: el trabajo, las reuniones de la iglesia, en su hogar, en asambleas políticas y en sus relaciones con los vecinos.

Algo que observé cuando esta mujer admitió sentirse atrapada y sin salida fue que *ella* misma parecía estar enojada todo el tiempo.

Por eso le dije: «No deje que el enojo de su esposo infecte su personalidad afable».

Ella contestó con un tono de tristeza en su voz: «Dr. Stanley, creo que ya lo ha hecho. Me enojo mucho con Heriberto. Algunas semanas me parece que estoy más tiempo enojada con él que amable. Su enojo me ha desgastado y está afectando a nuestra hija de dos años. Me siento mal a cada momento».

De nuevo, le recomendé que asistiera a sesiones de consejería, y esa vez tanto ella como Heriberto buscaron un buen consejero. Comenzaron a tratar los hondos problemas subyacentes al enojo de Heriberto, así como a explorar cómo podía ella afrontar y vencer los sentimientos de enojo que había desarrollado.

Lo cierto es que en la mayoría de los casos, es mucho más probable que la persona airada influencie a la persona pacífica que lo contrario. Es difícil para la persona pacífica pueda cambiar la naturaleza básica de alguien que es irascible.

Como una persona me dijo una vez: «Es más fácil sulfurarse que tranquilizarse».

Principio 2: El enojo está vinculado a la insensatez

La Biblia asocia el enojo a un comportamiento insensato. ¿Por qué? Porque la persona irascible o de mal carácter rara vez tiene la disciplina o se toma el tiempo para tomar decisiones sabias, bien fundadas y racionales. La persona enojada es impetuosa y actúa de manera instintiva, y por lo general, ese tipo de conducta tiene muchas más probabilidades de ser problemática y dañina que útil y con sentido.

Nuestro lenguaje está lleno de frases que reflejan la conducta irascible:

• Perder los estribos

• Actuar sin pensar

• A punto de estallar

• Le sale humo por los oídos

Todo esto indica que una persona enojada tiende a actuar antes de pensar. Su reacción es más rápida que su cerebro. Una persona que se encuentra en una situación emocional difícil, especialmente de enojo, no se toma el tiempo de sopesar todas sus opciones y considerar todas las consecuencias. El resultado final a menudo es la insensatez, cuya definición misma es falta de juicio y hacer el ridículo.

Principio 3: Un espíritu indisciplinado gobierna mal

Permítame arrojar un poco de luz al versículo que dice: «Mejor es el que tarda en airarse que el fuerte; y el que se enseñorea de su espíritu, que el que toma una ciudad» (Pr 16.32).

Muchos guerreros poderosos y gobernantes políticos de la antigüedad eran hombres propensos al enojo. Tendían a «buscar pleito» para demostrar que eran líderes. El enojo se percibía casi como un rasgo característico de todo aquel que llegaba a ser alguien «poderoso».

La Palabra de Dios dice que la persona que *tarda* en airarse debería estar en una posición de autoridad. Se puede confiar en que la persona que controla su propio espíritu es capaz de adoptar un enfoque disciplinado y comedido para gobernar a otros. Además, aunque una persona pretenciosa, con hambre de poder e impulsada por la ira pueda capturar un pueblo o una ciudad, rara vez tiene la sabiduría y la cordura para administrarla con éxito o para mantener su control. No puede liderar y capacitar a su pueblo para que sean productivos y prósperos.

Los líderes iracundos tienden a destruir los recursos de aquellos a quienes gobiernan. El hambre de poder a menudo devora todo lo que encuentra a su paso. La persona que tarda en airarse es la que tiene más oportunidades de fomentar el crecimiento y la estabilidad. Esto es cierto en la familia, la iglesia, las empresas y los círculos políticos, así como en casi cualquier otro escenario que se pueda imaginar.

EL ENOJO EMERGE COMO CONDUCTA

Aunque es una emoción, el enojo casi siempre emerge como una *conducta*; rara vez se queda contenido dentro de la persona que está enojada. Normalmente, el enojo encuentra la forma de dejarse ver.

En el cuarto capítulo de Efesios, el apóstol Pablo insta a los creyentes a evitar pecar en su enojo y a tratarlo antes de la puesta del sol. Luego escribe lo siguiente: «Ni deis lugar al diablo» (v. 27).

¿A qué «lugar» se refiere Pablo? A la oportunidad para que el diablo influencie la manera como usted expresa su enojo y justifica tanto su causa como la conducta consiguiente.

Permítame asegurarle que el diablo lo tentará para que muestre su enojo de la manera más mala, vil y vengativa posible. Satanás quiere que usted no se reproche el estar enojado; quiere que usted imponga su opinión y salga triunfante, por así decirlo. También quiere que inflija el máximo dolor posible a la persona con quien esté hablando o contra la que esté arremetiendo. Quiere que las consecuencias sean lo más severas posible, y la mentira del enemigo es que si usted trata a la otra persona de la peor forma posible, dicha persona jamás intentará hacerle daño o criticarlo en el futuro.

El diablo está presto a ayudarlo a tramar o elaborar formas de mostrar su enojo a fin de que usted aparente ser muy ingenioso en su uso del lenguaje sarcástico, o para que parezca extremadamente tranquilo, calmado y sosegado en su comportamiento. Satanás quiere que usted mantenga su compostura a la vez que daña todo lo posible el corazón y la mente de la otra persona.

Permítame además advertirle que el diablo le presentará todo tipo de argumentos para que usted justifique por qué estalló en ira. Entre ellos están decirle que la otra persona «merecía» su estallido de enojo y que nadie habría castigado a la otra persona por su mala conducta si usted no hubiera reaccionado e intervenido.

Son mentiras, todas ellas. Pero la persona que se aferra a su enojo a menudo es incapaz de discernir entre la verdad y la mentira.

Una vez conversé con un individuo que parecía estar muy orgulloso de contarme todo lo que le había dicho a alguien que, según él, le estaba acosando. Casi alardeaba de su comportamiento airado y de odio cuando dijo: «Lo puse en su sitio».

Le pregunté: «¿Y se quedó ahí?».

El hombre se quedó sorprendido. Hizo una breve pausa y luego dijo: «No, no durante mucho tiempo».

LAS PALABRAS AIRADAS SON ACTOS AIRADOS

La conducta airada no sólo se limita a actos violentos como lanzar puñetazos o arrojar objetos. Las palabras airadas *son* una forma de actos airados.

Cuando pronunciamos palabras con ira, sin tener en cuenta las consecuencias posibles, estamos reflejando inmadurez y una naturaleza insensible. Demuestra una falta de amor e interés por los demás.

Vivimos en una época, claro está, en la que muchas personas no quieren hablar de consecuencias. Prefieren no ser responsables de nada negativo que resulte de algo que hagan o digan. Prefieren decir lo que quieran y que el oyente asuma las consecuencias.

La verdad es que todas las palabras tienen impacto de algún tipo y en cierta medida. Lo que decimos es importante. Las palabras tienen significado, y lo que decimos envía un mensaje dirigido tanto a la mente como al corazón. Nuestras palabras desencadenan tanto ideas como emociones en todos los que escuchan, y también en los que oyen por casualidad.

La persona que usted es en el presente, en este mismo momento, es una consecuencia de lo que ocurrió ayer, y de todos los ayeres anteriores. Su naturaleza y carácter son un conjunto de todo lo que usted ha dicho y hecho en el pasado y de todo lo que los demás le han dicho o hecho en el pasado.

Dónde estará usted mañana será una consecuencia de lo que diga y haga hoy, así como de la manera en que interiorice lo que digan y hagan quienes están a su alrededor.

Ninguno de nosotros es inmune al impacto de las palabras y los actos de los demás. Mucho de lo que nos ocurre a usted y a mí está directamente vinculado a nuestro uso de las palabras y a las elecciones y decisiones que hemos comunicado por medio de lo que decimos.

Una mujer me dijo una vez que se sentía totalmente justificada después de haber arremetido contra su supervisora con una enojada estela de comentarios críticos y acusaciones. «Si no lo hubiera dicho yo, nadie lo habría dicho, y ella habría seguido con su conducta dañina y perjudicial sin consecuencia alguna».

«¿Dónde está esa mujer hoy?», le pregunté.

«No sé» respondió ella, «ya no trabajo ahí».

«¿Por qué no?», indagué.

«Porque no le pasó nada a mi supervisora. Ella no cambió, y a nadie en la dirección le importó».

La energía empleada en una explosión negativa rara vez produce un resultado positivo. Más adelante me hice la pregunta: «¿Qué *podría* haber ocurrido si esta mujer hubiera empleado la misma cantidad de energía en orar por su supervisora y conocerla un poco mejor como persona?». Eso podría haber abierto la puerta a una conversación positiva con su supervisora.

Las palabras airadas casi nunca surten un efecto duradero. En el caso de esta mujer, su enojo la llevó al resentimiento, la desilusión y la pérdida de su trabajo. Al parecer, no tuvo impacto alguno sobre la persona que necesitaba hacer los cambios y que seguramente rechazó de plano su explosión de ira.

Usted puede pensar que está anotando un tanto cuando estalla con otra persona, pero en casi todos los casos será usted el que pierda la partida.

«Pero me siento mucho mejor cuando saco lo que tengo dentro», me dijo un hombre.

«¿De verdad?».

«¡Sí, claro! Me siento muy bien».

«¿Y cuánto le dura esa buena sensación?».

El hombre hizo una pausa y entonces dijo: «Hasta la hora de acostarme, cuando me doy cuenta de que estoy durmiendo en el sofá».

El enojo expresado en palabras siempre tiene consecuencias, y normalmente son tan graves como el enojo que se expresa físicamente.

Supervise todo lo diga. Recuerdo como si fuera ayer la primera vez que sentí enojo en mi corazón. Tenía unos cuatro años de edad. Seguro que habría manifestado enojo anteriormente, pero en aquel entonces yo no *sabía* que estaba enojado. Esa vez, *sabía* que me estaba acalorando por dentro mientras insistía en hacer algo a mi manera.

El incidente no fue particularmente grave. Mi madre se estaba preparando para ir a la ciudad, y me dijo que me quedara en casa y esperase su regreso. Pero yo quería irme con ella, no esperarla en casa.

Armé un gran escándalo. Y aunque estoy seguro de que mi vocabulario no se había desarrollado lo suficiente hasta ese momento para expresar bien todo lo que sentía por dentro, también estoy seguro de que conocía las palabras suficientes para hacerle saber a mi madre sin duda alguna que no me gustaba su decisión, que no estaba de acuerdo con ella y que no estaba dispuesto a obedecerla. ¡Yo quería ir con ella!

También recuerdo muy bien lo que ocurrió. Mi madre se dio la vuelta hacia mí, me miró directamente a los ojos y dijo: «La blanda respuesta quita la ira; mas la palabra áspera hace subir el furor».

Yo no sabía que mi madre estaba citando Proverbios 15.1, y tampoco estoy seguro de si ella lo sabía, pero en ese momento supe, y entendí plenamente, que ella me estaba hablando con la verdad. Su tono de voz era coherente con su mensaje y apaciguó mi enojo en ese mismo instante.

Aunque yo tenía sólo cuatro años, inmediatamente me sentí avergonzado y me senté tranquilamente a esperar a que mi madre regresara.

Al reflexionar sobre aquel incidente a lo largo de mi vida, sigo totalmente convencido de que lo importante no es sólo *qué* decimos sino también *cómo* lo decimos. Las palabras dichas con gentileza pueden calmar un corazón enojado. Las palabras dichas con rudeza, o de forma severa, orgullosa, cínica o crítica, despiertan el enojo.

Quizá usted piense que sus duras palabras sólo enojan a la persona a quien se las está diciendo, pero sus duras palabras también encienden el enojo en *usted*. Es como si sus opiniones sobre la otra persona se solidificaran en su propio corazón cuando habla con dureza. Lo que ocurre es que se arraiga firmemente en usted una actitud negativa. Cuando le habla con dureza a otra persona, es mucho más fácil hablarle rudamente en el futuro; y es igualmente muy probable que empiece también a hablarles de igual forma a otras personas que lo frustren o irriten.

Pero no todas las palabras duras se las decimos a las personas que nos rodean. La mayor parte del tiempo reservamos para nosotros mismos las peores críticas.

Casi todas las personas que conozco se hablan a sí mismas a lo largo del día. A veces, nuestras conversaciones con nosotros mismos son una forma de autoenseñanza. Nos recordamos cómo realizar una tarea concreta o no olvidar algo importante. Quizá nos animemos a controlar nuestras actitudes y comportamientos, pero muchas veces nuestro diálogo interno adopta la forma de autocrítica.

¿Se habla a usted mismo en un buen tono, animándose a mejorar y a vivir según los mejores y más nobles estándares?

¿O se trata con dureza y palabras ásperas, clavando críticas y pronunciando juicios sobre sí mismo?

Con mucha frecuencia, la dureza de las propias palabras de una persona se convierte en el combustible que mantiene encendido su enojo.

Antes de casarse con alguien, asegúrese de conocer a su familia. Preste atención a las dinámicas de comunicación entre ellos. ¿Muestran mucho genio? ¿Hay frecuentes y acaloradas riñas? ¿Se producen debates y disputas en cada comida? Asegúrese de que ninguno de los rasgos negativos que observe se haya arraigado en la persona con quien desea casarse. Si ese es el caso, aléjese.

EL CAMINO A LA PAZ

¿Por qué es tan importante que reconozcamos y tratemos el enojo? Porque hasta que lo hagamos, nunca encontraremos la paz que todos tanto anhelamos.

Sólo cuando *admitimos* y *tratamos* el enojo podemos vivir verdaderamente en paz con nosotros mismos y con los demás.

A lo largo de los años he hablado sobre el asunto del enojo con muchísimas personas, y he llegado a estas dos conclusiones:

- Algunas personas admiten sentir un enojo profundamente arraigado, pero su respuesta es: «No quiero tratarlo». Eso quiere decir que no quieren explorar las causas o el alcance de su enojo para poder ser liberadas de él. Si les preocupa algo, se trata de cómo controlar o «manejar» su enojo. Prácticamente no tienen interés alguno en explorar formas para deshacerse del desagrado, la hostilidad y la indignación que han echado raíz en lo profundo de su ser. Están *conteniendo* el enojo.

- Otras personas se niegan a admitir que están llenas de enojo, aunque varios indicadores observables sugieran lo contrario. Los miembros de su familia las ven como personas enojadas. Sus compañeros de trabajo las consideran personas enojadas. Los pastores y los miembros de la iglesia creen que están enojadas. Pero, curiosamente, estas personas se niegan a ver el enojo que los carcome. Están en una fase de negación. Están *reprimiendo* el enojo.

El enojo más destructivo es el que reside en el interior pero no se reconoce ni se trata. El enojo no sólo permanece latente en una persona. Si está presente, está activo. Todo el tiempo está fermentando e instigando, y finalmente encontrará una expresión.

No hay ventaja alguna en el hecho de contener o reprimir el enojo.

ADMÍTALO—TRÁTELO

Considere las siguientes preguntas. Quizá le resulte útil llevar un diario para contestar estas preguntas y las planteadas al final de cada capítulo.

1. ¿Está en estos momentos enojado con alguna persona? Si es así, ¿puede identificar a dicha persona?

2. ¿Está el enojo arraigado en una causa justificable, una causa coherente con los mandamientos de Dios y sus propósitos aquí en la tierra?

3. ¿Procura con su enojo alguna venganza o desquite? En otras palabras, ¿está intentando ajustar cuentas con esa persona?

4. ¿Está animando al enojo?

5. ¿Está el enojo relacionado con un espíritu no perdonador?

Si su corazón respondió «sí» a la mayoría de estas preguntas, su enojo tiene el potencial de destruirlo. Decida admitir su enojo y tratarlo *ahora mismo*.

CAPÍTULO 2

EXPRESIONES

Las tres maneras en que se manifiesta el enojo

La mayoría de las personas exhiben o sueltan su enojo de una forma única y particular para ellas.

Un hombre me dijo un día: «¿Ha observado la amplia variedad de bailes que hacen los jugadores de fútbol cuando consiguen un tanto?».

«Claro», le dije.

«Bueno» prosiguió él, «mi esposa tiene un baile de enojo. En cuanto veo ese baile, me preparo para el temporal. Sé que ella se está enojando y que voy a darme por enterado».

¿Cuál es el baile de enojo que hace usted?

El enojo generalmente se expresa en una de estas tres formas: furia, resentimiento o ira santa.

EL ENOJO EXPRESADO COMO FURIA

La furia es el enojo cuando hace erupción. Yo lo llamo «enojo de barril de pólvora». Sube y estalla con muy poco o ningún aviso previo. Arremete contra cualquier persona que se encuentre lo bastante cerca para estar en el trayecto de la explosión. Es el comportamiento que asociamos con la persona que tiene un «carácter violento».

Un día pensaba que había detectado enojo en una persona, y le pregunté con toda la ingenuidad del caso: «¿Está usted enojado?».

La persona explotó conmigo: «¡No, no estoy enojado! ¡Y no me lo vuelva a preguntar!».

Bien, ya tuve mi respuesta; y no fueron sus palabras las que revelaron la verdad. La actitud y el tono de la persona exhibieron su enojo.

La furia es responsable de la mayoría de los delitos violentos y es la raíz de prácticamente todas las formas de abuso doméstico.

Caminando sobre cáscaras de huevo

Cuando nos encontramos con una persona llena de furia o que expresa su enojo como si fuera un barril de pólvora, tendemos a comportarnos con mucha cautela. Si tiene dudas en cuanto a si usted es una de esas personas, pregúntese: «¿Anda la gente de puntillas a mi alrededor algunas veces? ¿Son reticentes a hablar conmigo? ¿Me evitan?».

Escuché acerca de un hombre que era considerado muy trabajador, pero su enojo era tan destructivo que sus compañeros de trabajo le tenían miedo. Su jefe me dijo: «Realmente no me queda más remedio que despedirlo. Es un polvorín de dinamita esperando que alguien lo encienda».

Le pregunté: «¿Sabía usted que era una persona iracunda cuando lo contrató?».

«No», me dijo. «Al menos no me percaté de ello. No percibí nada de enojo hacia mí o hacia su último jefe». Luego, después de pensar por un instante, añadió: «Quizá debería haberle hecho más preguntas sobre por qué ha tenido tantos trabajos diferentes en los últimos dos años. Probablemente debí haberle preguntado a quemarropa: "¿Le cayeron bien las personas con las que trabajó en su último puesto? ¿Se portaron bien con usted? ¿Lo trataron justamente?"».

Estuve de acuerdo con él en que esas habrían sido buenas preguntas para hacerle. También tomé nota mentalmente para sugerir a otras personas que hicieran esas mismas preguntas, no sólo a sus empleados sino también a futuras parejas con las que estuvieran pensando casarse. Sería una información bastante útil en la mayoría de las relaciones.

«Usted se encuentra en unas circunstancias difíciles», le dije finalmente, estando de acuerdo en que su situación había que tratarla con rapidez.

Oramos para que la situación se pudiera resolver de la mejor manera posible, y al finalizar nuestra oración este empresario me dijo: «Por favor, no deje de orar por mí. Sé que sólo Dios puede darme las palabras correctas para este hombre, y el discernimiento correcto para no contratar a nadie que tenga una rabia contenida similar».

No hay excusa para el mal genio

Quizá debido a que la furia es la expresión más pública y visible del enojo, la gente utiliza todo tipo de excusas para justificarlo. Las tres más comunes parecen ser:

- «Así soy yo». Esta persona está contenta de verse como una persona enojada, y no muestra el deseo de controlar su enojo ni frenarse al descargarlo.

- «Dios me hizo así». La persona que dice esto culpa a su Creador, en lugar de asumir su propia responsabilidad.

- «En mi familia todos tienen mal genio». Esta persona culpa a sus padres y a otros factores externos, considerándolo casi como un asunto genético. Esta persona también rehúsa asumir la responsabilidad de su propio enojo.

Si usted tiene mal genio, mi sugerencia es que haga lo que sea necesario para mejorarlo.

EL ENOJO EXPRESADO COMO RESENTIMIENTO

Una segunda expresión importante del enojo es el resentimiento, que también se podría catalogar como «hostilidad». El resentimiento es enojo que hierve, se asienta y reside dentro de una persona. Esta «olla de barro» de enojo está muy relacionada con la amargura y el odio. Usted sabe cómo funciona una olla de barro. Primero se llena y se enciende el fuego, y la olla lentamente hierve, guisa y cuece a fuego lento su contenido al mismo tiempo que lo revuelve y agita. Y sigue, y sigue, y sigue. Muchas personas viven con este tipo de enojo en su interior. Piensan que está bien, que es algo normal y que no les hará daño.

Sí, sí lo hace.

El resentimiento es una forma peligrosa de enojo. Parece no ser algo violento porque es interno. En realidad, el resentimiento genera un dolor tremendo, dispersando enfermedad y sufrimiento dentro de la persona que lo alberga. Es como un mal emocional que se esparce lentamente por la vida de una persona para destruir su sentido de paz, plenitud y bienestar. El resentimiento puede ser difícil de detectar desde fuera porque rara vez se manifiesta con conductas inmediatas y evidentes, pero al final siempre sale a la superficie. El resentimiento no se disipa ni disminuye con el tiempo, sino que se encona hasta que ya no se puede contener más. Cuando sucede esto, las explosiones son feas y altamente nocivas.

Recientemente leí un artículo sobre un hombre cuya esposa le tuvo un gran resentimiento durante más de dos décadas. Estaba enojada por las horas que él pasaba en el trabajo y celosa de las amistades que tenía con sus compañeros de trabajo. Además, le molestaban las recompensas y elogios que su esposo recibía de sus superiores.

Su resentimiento estaba arraigado en su propia creencia de que su vida como ama de casa y madre de sus cuatro hijos la hacía inferior ante la mirada del mundo. Se veía a sí misma como menos capaz, menos deseable y menos digna de reconocimiento. El resentimiento aumentó con el tiempo, a pesar del aprecio que recibía de su esposo y sus hijos.

Un día, ella escribió una carta a todos los miembros de su familia diciéndole a cada uno con lujo de detalles cómo habían arruinado su vida. Luego, de forma trágica, se quitó la vida.

Esta mujer no sólo permitió que su resentimiento la destruyera desde el interior, sino que sus actos dejaron devastados a su esposo y a sus cuatro hijos. Los efectos de su decisión asoladora resonaron en esa familia durante décadas, afectando incluso a las familias de los hijos y nietos.

¡Qué pérdida de energía emocional! Y que vivo ejemplo de cómo actúa el resentimiento para minar y finalmente destruir la vida de una persona.

¿Hay alguna situación que justifique que nos aferremos a nuestro enojo? ¿Es aceptable en algún caso alimentar el resentimiento o la hostilidad?

No.

Cada tipo de enojo, sin importar cuál sea o qué lo provocó, se puede resolver si una persona decide encararlo y lidiar con él.

LA PÉRDIDA RESULTANTE DEL ENOJO MALO

Tanto la furia (barril de pólvora) como el resentimiento (olla de barro) son expresiones de un enojo malo. Siempre dan como resultado pérdida en algún grado y durante cierto lapso de tiempo.

Un arrebato relacionado con una situación específica puede ser bastante leve en intensidad, durar contados segundos e impactar sólo a la persona que explota. Piense en un hombre que se lastima el dedo con un martillo. O la mujer que encuentra derramada la olla de sopa que dejó hirviendo. Hay un sentimiento de urgencia, intensidad, frustración o dolor que grita: «¡Esto *no* es lo que yo tenía en mente!». El resultado es una pérdida de paz personal, incluso en la expresión más breve de enojo.

Por otro lado, una explosión de enojo puede ser intensa, afectar a muchas personas y continuar durante años. Recientemente leí un artículo sobre los «campos de exterminio» de Camboya. El dirigente de ese país, Pol Pot, en un momento de enojo tomó la decisión de llevar a la muerte a millones de personas en su nación durante un periodo de veinte años. Muchas de sus víctimas fueron forzadas a cavar sus propias tumbas antes de morir enterrados vivos en ellas.

El enojo malo tiene muchos nombres: animosidad, venganza, hostilidad, arrebato, represalia, desquite, disensión, antagonismo y odio, por nombrar sólo unos pocos. No hay nada bueno en el enojo expresado en alguna de estas formas. Como dije anteriormente, el enojo puede destruir su matrimonio, a sus hijos, su trabajo e incluso su salud.

¿PUEDE SER BUENO EL ENOJO EN ALGÚN CASO?

La mayoría de la gente piensa en el enojo sólo en términos negativos porque somos más conscientes del daño que causa. No hemos visto ejemplos suficientes de cómo el enojo afecta nuestras vidas y nuestro mundo de formas positivas.

¿Puede ser *bueno* el enojo en algún caso?

¡Sí!

El enojo bueno puede describirse como ira santa, y tiene el potencial de producir resultados duraderos y positivos.

La ira santa (el enojo bueno) contrasta claramente con la furia y el resentimiento (el enojo malo), el cual es indisciplinado, desenfocado e inflexible. El enojo bueno es:

- *Disciplinado*. No se enfurece como un incendio desbocado. Para que el enojo tenga resultados positivos, debe tener límites y poder ser controlado. Debe estar sometido a la disciplina.

- *Enfocado*. El enojo bueno no es generalizado, sino que se enfoca en la resolución de un problema en particular o en suplir una necesidad concreta. Va dirigido hacia un propósito singular.

- *Breve*. Produce buenos resultados, y termina cuando se han logrado objetivos positivos.

- *Dentro de los límites de los mandamientos de Dios y su justicia*. El enojo bueno, o la ira santa, siempre debe estar arraigada en lo que Dios llama justicia. Defiende nuestros «derechos inalienables» porque nos los ha dado nuestro Creador.

Antes de fundarse los Estados Unidos de América, hubo una revolución. ¿Cuál fue su premisa? Que pagar impuestos sin representación era inaceptable. La lucha por liberarnos de la tiranía comenzó con manifestaciones, no con mosquetones y bayonetas. Pero una mañana de neblina en abril de 1775, «el disparo que se oyó en todo el mundo» de un hombre pequeño y valiente en Lexington, Massachusetts, desató una serie de acontecimientos que cambiarían la historia. En el transcurso de quince meses, dirigentes de las trece colonias de América se reunieron para firmar quizá el documento más importante que se haya escrito jamás: la Declaración de Independencia. Comienza diciendo que «todos los hombres han recibido de su Creador ciertos derechos inalienables, entre los cuales están la vida, la libertad y la búsqueda de la felicidad». La Declaración de Independencia fue una declaración hecha con palabras, no con pólvora. Si Inglaterra hubiera negociado seriamente las demandas de aquellos colonos independentistas, se podría haber evitado mucho más derramamiento de sangre. En cambio, nació una nueva nación a través de la sangre y el sudor de los patriotas. Dios recompensó así su buen enojo e ira santa.

No es pecado defender lo que es justo, hablar a favor de la justicia o defender a los indefensos. No es pecado abogar por aquellos que no tienen voz o ponerse del lado de los que no pueden protegerse a sí mismos.

El pecado entra en juego sólo cuando una persona traspasa los límites de la ley de Dios, ya sea para buscar resultados que Él no honra o desea, o usando métodos que Él condena.

EVIDENCIAS DEL ENOJO BUENO

¿Cómo sé yo que existe tal cosa como el enojo bueno?

En primer lugar, la Biblia dice: «Airaos, pero no pequéis; no se ponga el sol sobre vuestro enojo, ni deis lugar al diablo» (Ef 4.26–27).

Esta expresión de mando, *airaos*, es una que muy poca gente esperaría encontrar en la Biblia. El apóstol Pablo, quien escribió estas palabras a los efesios, sabía que el enojo es una parte integral de la vida. Pero no sólo estaba reconociendo algo inevitable. Pablo declara que es totalmente aceptable, quizá incluso deseable, que una persona sienta enojo. No obstante, debe ir dirigido hacia objetivos buenos. El apóstol reconoció claramente que no todo el enojo está relacionado con expresiones negativas o pecaminosas, y que hay un enojo que puede ser bueno.

En segundo lugar, la Biblia tiene cerca de 500 referencias al enojo. En 350 de esas ocasiones, quien se enoja es Dios.

Si nuestro Padre celestial se enoja, entonces debe existir el enojo bueno, porque Dios no peca.

Consideremos entonces, ¿por qué cosas se enojó el Señor?

En repetidas ocasiones, Él le dijo a su pueblo que no debían de adorar a ídolos. Dios les dejó muy claro a los hebreos que ellos eran su pueblo escogido. Les expresó su amor repetidamente y era celoso de su afecto y devoción. El Señor había protegido y provisto para su pueblo, y anhelaba su obediencia voluntaria para poder bendecirles aun más. La verdad es que Dios ni le hace un guiño al pecado ni tampoco lo pasa por alto. El Padre ve nuestro pecado, y debido a que Él es santo y justo, no puede recompensar ni bendecir a los que cometen pecados. Él sabe que el pecado condena a las personas a la esclavitud y las lleva al sufrimiento y la muerte. Dios anhela que su pueblo sea libre de esa atadura y lo pone en un camino que conduce a la vida en su máxima expresión.

Por estas razones, el Señor hizo hincapié en sus mandamientos al pueblo con respecto a la fidelidad de ellos y su lealtad a Él. Algunas de las palabras más cargadas de enojo por parte de Dios son contra aquellos que desobedecen sus mandamientos contra la idolatría.

A lo largo de la Biblia, nuestro Padre celestial se enoja más, no con individuos específicos, sino con situaciones y comportamientos que afectan a su reino en la tierra y su plan de redención de la humanidad. Dios estaba, está y siempre estará enojado con el pecado, pero Él nos ama a cada uno individualmente y anhela liberar a sus hijos de la esclavitud del pecado. Esto lo vemos claramente en la vida y el ministerio de Jesús.

El enojo justo de Jesús

En el Evangelio de Marcos leemos sobre el encuentro de Cristo con un hombre que tenía una mano tullida. El incidente ocurrió en la sinagoga local en el día de reposo. Los líderes religiosos observaban a Jesús de cerca para ver si Él le sanaría la mano, iendo en contra del mandamiento de descansar en el día santo. El Señor le dijo al hombre: «Levántate y ponte en medio». Y entonces, a los fariseos y saduceos que esperaban atraparlo por quebrantar el día de reposo, Jesús les dijo: «¿Es lícito en los días de reposo hacer bien o hacer mal; salvar la vida o quitarla?». Todos guardaron silencio, sabiendo que cualquier cosa que dijeran sería errónea.

La Biblia nos dice que Cristo los miró «con enojo, entristecido por la dureza de sus corazones» (Mc 3.5). Jesús le dijo al hombre: «Extiende tu mano». Cuando el hombre la extendió, su mano fue curada.

El Hijo del Hombre se enojó por dos anomalías: la falta de compasión y la mala interpretación de la Ley de Moisés que dice: «Acuérdate del día de reposo para santificarlo» (Ex 20.8). Acordarse es considerar, honrar, conmemorar seriamente; «santificarlo» significa separarlo de los demás días y, concretamente, apartarlo para adorar a Dios.

Luego la Ley dice: «Mas el séptimo día es reposo para Jehová tu Dios; no hagas en él obra alguna, tú, ni tu hijo, ni tu hija, ni tu siervo, ni tu criada, ni tu bestia, ni tu extranjero que está dentro de tus puertas» (Ex 20.10).

«Obra» se refiere a cualquier cosa que haga una persona para mantenerse: cultivar alimentos, comprar y vender, atender un negocio, cocinar, limpiar y cualquier otra actividad relacionada con la provisión y la protección propia y de la familia.

Los líderes religiosos a lo largo de los siglos se habían vuelto muy quisquillosos a la hora de definir cuánto trabajo podía o no podía realizar una persona. Por ejemplo, sólo se podía caminar cierto número de pasos en el día de reposo.

En este caso, habían confundido la obra «ministerial» con las labores de manutención de una persona. Si Dios hubiera querido que no se hiciera nada, ningún tipo de esfuerzo en el día de reposo, las personas tendrían que quedarse acostadas en la cama todo el día y evitar hablar, comer o realizar cualquier otra actividad. Cada predicador, líder de alabanza, maestro de escuela dominical, ujier o cualquier otro trabajador de la iglesia estaría incurriendo en esta violación.

La intención de la Ley es que el día de reposo sea dedicado a honrar, adorar y orar a Dios. Hemos de recordarnos unos a otros sus maravillosas obras y estimularnos a leer y estudiar juntos las Escrituras. Todas estas son formas de honrar a Dios Padre y guardar el día de reposo.

Los fariseos y saduceos creían que la Ley permitía al hombre rescatar a su buey en caso de haber caído en un hoyo en el día de reposo, pero no permitía pronunciar un mandato de sanidad a un enfermo. No tenía sentido. Ellos no interpretaron bien el mandamiento benévolo de Dios. Jesús lo sabía, e hizo lo que era correcto delante del Padre.

Permítame asegurarle que cuando las personas interpretan mal la Palabra de Dios y se quedan pegados a la letra de la Ley en lugar de discernir la intención de la misma, esto sigue enojando al Señor.

Dios aborrece el pecado por lo que produce en sus hijos, e interpretar mal su Palabra aparta a la gente del camino de la justicia y la aleja de Él.

Dios quiere que reconozcamos nuestro pecado, que le pidamos perdón a Él y que sigamos avanzando con un espíritu de arrepentimiento y cambio.

Jesús dijo en más de una ocasión que Él vino para cumplir la Ley, no para anularla. Él vino para mostrarnos cómo vivir la Ley en la fragilidad de nuestra carne humana. El Hijo de Dios quiere que tengamos una buena relación con el Padre para que podamos experimentar la libertad, el perdón y la confianza que provienen de una relación íntima con Él.

Ira santa con el propósito de advertir

En el capítulo 23 del Evangelio de Mateo, Jesús dio uno de los discursos más llenos de enojo que yo haya escuchado jamás. Se dirigió a los fariseos y saduceos, llamándolos hipócritas, insensatos, guías ciegos. ¿Estaba enojado Jesús? Sí, lo estaba. ¿Por qué estaba enojado? Porque la interpretación impuesta por ellos legalizaba tanto la ley, que estaba impidiendo que la gente pudiera confiar en Él y obedecerle.

En este capítulo, Jesús usó la palabra *¡Ay!* ocho veces como una seria advertencia para aquellos que, a través del legalismo, estaban dificultándole a la gente su entrada al cielo. *Ay* no es una palabra amable. Significa «aviso y destrucción para ustedes». Cristo la usó para desafiar a los líderes religiosos que:

- «cierran el reino de los cielos» (v. 13).

- «devoran las casas de las viudas» tomando su dinero a cambio de oraciones (v. 14).

- Dan mayor importancia al oro del templo que al templo mismo (vv. 16–22).

- Piden todo tipo de donativos pero hacen caso omiso de «la justicia, la misericordia y la fe» (v. 23).

- Están «llenos de robo y de injusticia» (v. 25).

- Se han «llenado de hipocresía e iniquidad» al enfocarse en la apariencia externa (vv. 27–28).

- «Edifican los sepulcros de los profetas y adornan los monumentos de los justos» a la vez que son «hijos de aquellos que mataron a los profetas» (vv. 29–31).

El legalismo y los requisitos impuestos por los hombres escalaron a tal punto que los «escribas y fariseos» no tenían compasión ni aportaban esperanza a quienes verdaderamente querían tener una buena relación con Dios. ¿Tenía razón Jesús para estar tan enojado con ellos? Claro que sí. ¿Pecó Él en su enojo? Claro que no.

Ira santa que limpia y restaura

Quizá el ejemplo más conocido del enojo de Jesús sea un incidente conocido como la purificación del templo (véase Mt 21.12–13). El templo era el centro de toda la devoción judía. Todo lo relativo a la fe judía que era considerado santo, hermoso e importante tenía al templo como su punto focal. El aspecto más vital de su culto era el sacrificio de animales y aves. Estos rituales eran una señal de la dependencia total de Dios por parte de los judíos y su rendición a Él.

Las personas que llegaban al templo con la intención de guardar la Ley y ofrecer sacrificios, tenían que comprar un cordero o una paloma con la moneda del templo. Tenían que cambiar su moneda habitual por monedas del templo. Pero los avaros sumos sacerdotes podían fijar muy alto el precio del cambio y el precio de los animales.

En Mateo 21, Jesús acude al templo a enseñar, sanar y adorar, pero lo que encuentra el Señor allí le hace enojar tanto que «echó fuera a todos los que vendían y compraban en el templo, y volcó las mesas de los cambistas y las sillas de los que vendían palomas» (Mt 21.12).

Los sumos sacerdotes habían hecho imposible que los pobres pudieran entrar en el templo y adorar a Dios a través del sacrificio.

Así que Jesús los echó del templo diciendo: «Escrito está: Mi casa, casa de oración será llamada; mas vosotros la habéis hecho cueva de ladrones» (Mt 21.13).

El enojo del Señor fue motivado por la extorsión desmedida en el templo y el daño que estaba causando. Su ira santa se oponía a la avaricia y la conducta manipuladora de las autoridades religiosas que estaban maltratando a los pobres de Israel.

¿Qué justifica entonces una expresión o conducta enojada? El enojo justificado tiene un propósito y es beneficioso para alguien que esté siendo maltratado, herido o del cual se estén aprovechando. Permítame recalcar un punto que ya mencioné antes: el enojo justificado siempre intenta alinear una situación o circunstancia con los mandamientos de Dios y extender el reino de Dios aquí en la tierra.

El enojo injustificado es egoísta y vengativo. Pretende arreglar cuentas o destruir. En última instancia, no beneficia a ninguna persona, aunque la persona enojada pueda *pensar* que está obteniendo una victoria temporal. La mayoría del enojo en nuestros tiempos es malo o injustificado porque se centra en el individuo y sólo en lo que esa persona quiere o desea.

¿Estaba justificado el enojo de Jesús al purificar el templo? Claro que sí. La gente estaba abusando de la casa de Dios. Los principales sacerdotes y escribas estaban robando, mintiendo y usando mal sus posiciones y privilegios. Estaban impidiendo que muchas personas pudieran entrar y adorar en el templo porque los pobres no podían costear el precio de una paloma o un cordero.

Siempre que la Biblia muestra a Jesús o a Dios Padre enojados, hay una razón coherente e invariable para ello. Están enojados por la injusticia y las cosas que hacen daño al pueblo de Dios, a aquellos que son sus seguidores y creyentes. Cuando el Señor se enoja, lo hace siempre con una razón y un propósito.

Ira santa en la época de Nehemías

Uno de los mejores ejemplos de enojo bueno en la Biblia se encuentra en Nehemías. Después que los judíos hubieron regresado tras décadas de exilio en Babilonia, Nehemías fue el líder que organizó al pueblo para reconstruir los muros y las puertas de Jerusalén. Los judíos que realizaron el trabajo lo hicieron bajo constantes amenazas y el ridículo de sus enemigos. Nehemías tenía un gran reto ante sí para mantener motivados y esperanzados a los judíos, ya que el temor que rodeaba su trabajo era intenso. Al final, el muro se terminó en cincuenta y dos días, lo cual fue una hazaña increíble.

Durante aquellos dos meses de intensa lucha y esfuerzo, no vemos a Nehemías enojarse con los enemigos de los judíos ni con quienes trabajaban en el muro. Sin embargo, leemos que Nehemías se enojó cuando oyó que los judíos estaban siendo tratados de manera injusta.

Les cobraban un interés muy elevado por el dinero que pedían prestado para pagar los impuestos al rey de Persia. Algunos judíos que no pudieron pagar vieron cómo sus hijos e hijas fueron tomados como esclavos. La respuesta de Nehemías ante la situación estaba justificada: «Y me enojé en gran manera cuando oí su clamor y estas palabras» (Neh 5.6).

Luego leemos que Nehemías «lo meditó». En otras palabras, pensó mucho en la situación hasta que decidió en su mente y en su corazón lo que debería hacerse. Más adelante en el mismo versículo dice que Nehemías «reprendió a los nobles y los oficiales», lo que significa que los confrontó acerca de esa injusticia contra los judíos. Y en tercer lugar, «convocó contra ellos una gran asamblea».

Nehemías expuso sus argumentos ante todo el pueblo. Al final, los prestamistas acordaron que devolverían lo tomado, incluyendo tierras, viñas, olivares, casas, dinero, grano, vino nuevo y aceite (v. 12).

Entonces Nehemías se puso ante el pueblo y sacudió su vestido, y dijo: «Así sacuda Dios de su casa y de su trabajo a todo hombre que no cumpliere esto, y así sea sacudido y vacío». Todo el pueblo respondió diciendo: «¡Amén!». Alabaron al Señor y actuaron de acuerdo a su promesa (v. 13).

¿Se enojó Nehemías? Sí, claro.

¿Canalizó su enojo de maneras correctas? Sí.

Nehemías llegó a las decisiones correctas de forma racional y tranquila antes de decir una sola palabra. Buscó a los ofensores y los confrontó. Obtuvo apoyo público para su postura. Habló a todos los que estaban involucrados y apeló a su sentimiento de justicia y decencia porque también ellos habían sido liberados de la esclavitud. Los llamó a adoptar una línea de actuación bien razonada y les pidió hacer un juramento que los comprometía a hacer lo correcto.

¡Eso es un buen enojo en acción!

EL RETO DE EXPRESAR EL ENOJO COMO IRA SANTA

Los sentimientos de ira santa se pueden y se deben expresar, pero hasta el buen enojo puede crear un alboroto interior si estos sentimientos no encuentran una buena expresión dirigida a la resolución de situaciones perjudiciales. La ira santa no se desarrolla dentro de una persona como lo hacen el resentimiento y la amargura, pero si no se expresa puede producir un espíritu de confusión, duda y frustración. Cuando sienta ira santa, y pueda hacer algo al respecto, pase a la acción.

Levántese

Nuestro enojo bueno debería hacer que nos levantemos en defensa de lo que es justo. Podría usted unirse a un grupo que esté luchando contra una situación negativa o alguna injusticia. Si no lo encuentra, quizá pueda usted mismo formarlo.

Trabaje dentro de los márgenes de la ley. Trabaje pacíficamente. Busque formas eficaces de protestar y resolver problemas. Es importante no sólo que persiga buenas metas sino que también actúe correctamente.

Involúcrese en esfuerzos ministeriales para cambiar, corregir y poner fin a cosas contrarias a los deseos de Dios: abuso, ignorancia, pobreza, esclavitud, pornografía, aborto y cualquier otra cosa que usted sepa que es claramente una violación de sus mandamientos.

Hable

La ira santa también debería hacernos hablar. Cuando usted o yo sepamos que se está enseñando o predicando algo que es contrario a la Palabra de Dios, tenemos la obligación de decir algo.

No hace mucho tiempo, una amiga mía me dijo que su pastor había predicado un mensaje sobre dos formas en que una persona puede ser salva. Dijo que una forma de experimentar el perdón de Dios y recibir la promesa de vida eterna era por la fe en Cristo Jesús. La segunda forma era «siendo bueno con otras personas».

Yo le dije: «Tiene que confrontar a su pastor. La Biblia no tiene un doble sistema. La Palabra de Dios dice que una persona llega al Padre sólo por medio de su Hijo Jesucristo».

Ella dijo: «El que yo lo confronte no cambiará nada. Él dijo como parte de su mensaje que cualquiera que no estuviera de acuerdo con él era duro de corazón y un ignorante».

«Entonces necesita salir de esa iglesia», le dije.

Ella respondió: «He estado considerándolo, pero todas mis amigas van allí».

Si se queda en esa iglesia, mi amiga vivirá con un continuo alboroto interior. Ella siente una ira santa por lo que se predicó. Su enojo es bueno, pero ahora necesita el valor para honrar sus convicciones.

No permita que algo le impida pronunciarse cuando oiga mentiras, falsa doctrina o una enseñanza errónea.

Busque el momento oportuno y utilice el método correcto para sacar a la luz la verdad. El momento oportuno podría ser la siguiente reunión de los miembros de la iglesia, el consejo de la ciudad, la junta educativa o la asociación de padres de la escuela de su hijo. Ponga manos a la obra y prepárese con antelación.

El método correcto podría ser escribir una carta, poner un anuncio en los periódicos o incluso escribir y publicar un blog en Internet. Pídale a Dios que le muestre la mejor forma de hablar.

Ore

Siempre es apropiado expresar la ira santa en una petición de oración dirigida a Dios. Si ve que están hiriendo a otra persona o aprovechándose de ella, su primera respuesta debería ser orar. Si usted libra sus batallas de rodillas, siempre obtendrá la victoria.

Nuestra ira santa surge cuando vemos a gente que está siendo maltratada. Queremos ser capaces de corregir la situación, y la mejor manera de hacerlo es encomendársela al Señor por medio de la oración, y luego ver cómo Él actúa.

TRABAJE Y CREA EN FUNCIÓN DE LO MEJOR DE DIOS

La ira santa tiene como fin producir lo mejor de Dios en su vida y en las vidas de los demás. Las expresiones de enojo bueno requieren dos cosas: trabajo arduo y creencia correcta.

Podemos sentir ira santa y al mismo tiempo no tener la oportunidad de remediar la situación que provocó nuestro enojo. Esto lo descubrí hace varios años. Mi madre me estaba hablando de mi padre, y más concretamente de la enfermedad que acabó con su vida. Al describirme sus últimas horas, ella dijo: «Tu padre estaba muy débil, y finalmente supo que ya estaba muriendo. Le pregunté: "¿Y qué voy a hacer yo sin ti?". Él dijo: "Tendrás que hacer lo que puedas"».

Tan pronto mi madre dijo esas palabras, sentí que el enojo surgía dentro de mí. Las palabras de él me sonaron muy frías y sin corazón. Yo nunca había sentido enojo hacia mi padre, pero en ese momento mi enojo era pleno. ¿Cómo pudo decir semejante cosa? ¿Por qué no ofreció una respuesta mejor? ¿Acaso no pudo decir algo que aportara un poco más de ánimo o consuelo?

Pero al reflexionar en las palabras de mi padre, y tras haber conversado con mis tías durante estos años, he llegado a comprender mejor la situación en que se encontraban mis padres. En primer lugar, la enfermedad del riñón que cobró la vida de mi padre le llegó de manera repentina. Con la medicina actual, su enfermedad no habría sido fatal; en aquella época, sin embargo, se sabía muy poco sobre su enfermedad o sobre algún tratamiento eficaz. ¿El resultado? Realmente era muy poco lo que mi padre pudiera haber hecho para proveer algún tipo de apoyo o sustento para mi madre y para mí. Y dada su situación económica en aquel momento, había poco dinero ahorrado, invertido o disponible en algún seguro de vida.

En segundo lugar, una de las cosas que yo escuché decir repetidamente a mi madre durante mi niñez, fue precisamente lo mismo que mi padre le dijo a ella: «Haz lo mejor que puedas». El pensamiento subyacente de nuestra familia era que hacer lo que uno pudiera era realmente lo único que se *podía* hacer. Mi padre muy bien pudo haber intentado asegurarle a mi madre que nadie podía esperar más de lo que ella pudiera hacer. Tal vez estaba dándole su voto de confianza de que ella no era una mujer que iba a fracasar en los momentos difíciles, sino que seguiría haciendo todo lo que pudiera en su trabajo, en sus oraciones y dando su mejor amor de madre y cuidado a su único hijo.

Finalmente, pude vivir en paz con esa frase de mi padre en un sentido adicional: parte de «hacer lo mejor que se pueda» es creer en Dios lo mejor que uno pueda. Cuando confiamos verdaderamente en el Señor con toda nuestra fe, estamos en la mejor posición para recibir su mayor protección y provisión.

Quizá se pregunte: «¿No estará tratando de darle a todo este asunto su interpretación más optimista?».

Sí, es cierto, pero no me disculpo por ello. Cuando uno se encuentra lleno de enojo, una de las cosas más sabias que puede hacer es creer que la otra persona está actuando con sus mejores motivos, sus mejores intenciones y su mejor carácter. Uno no tiene nada que perder cuando cree lo mejor.

Además, decidir creer lo mejor lo motivará a buscar la mejor solución o respuesta posible, aunque por dentro se esté tambaleando por el fuerte golpe del rechazo o el dolor emocional.

La verdad es que, más de cuarenta años después de la muerte de mi padre, yo no podía hacer nada para cambiar lo que ocurrió o hacer que sus palabras para mi madre fueran más reconfortantes. La mejor respuesta que podía darle en ese momento era alentarla diciéndole que ella había hecho todo lo mejor que había podido. También le dije que estaba eternamente agradecido por todo lo que me había dado y por la manera en que me había amado.

Quizá haya injusticias en su historia familiar o en su propia infancia que no pueda cambiar en esta etapa de su vida, pero aún puede orar por quienes resultaron heridos y puedan seguir sintiéndose afectados en la actualidad. Dígales palabras de consuelo y aprecio. Dígales que es consciente de lo que pasaron y que siente mucho lo que tuvieron que soportar. Dígales que admira su perseverancia en la fe, y que valora mucho sus vidas y su ejemplo.

Hace muy poco escuché la historia de una joven que fue puesta en un hogar de tránsito cuando tenía seis o siete años de edad. El hombre con quien vivía su madre había abusado de las hermanas de la niña. Por suerte, fue retirada de ese ambiente antes de sufrir algún daño. Finalmente, la niña fue enviada con una familia que la adoptó. Pero los años de adolescencia de esta mujer no fueron felices. Su padre adoptivo terminó enviándola a un reformatorio, y fue allí donde conoció a Jesús. Aceptó el perdón que Dios ofrece a través de Jesucristo y se perdonó a sí misma por las formas inapropiadas en que se había comportado.

En la actualidad, esta joven trabaja en un orfanato patrocinado por una iglesia y en una casa para niñas desplazadas, como ella también lo fue. Como padres en esa casa hogar, esta mujer y su esposo cuidan de varias niñas, mostrándoles a esas almas preciosas el amor del Señor y educándolas de una manera muy especial.

Ella le dijo a una amiga mía no hace mucho tiempo: «Yo fui una adolescente enojada, molesta tanto con Dios como con la gente por las maneras en que me sentí descuidada y abandonada. Pero nada de mi enojo produjo algo positivo. Hoy, aún estoy enojada porque algunas niñas tienen que ser retiradas del hogar de sus padres para que estén seguras y reciban el cuidado que necesitan, pero estoy empleando ese enojo en una acción positiva para ayudar a sanar sus corazones rotos y construir un mejor futuro para ellas».

Qué ejemplo tan maravilloso de como Dios puede convertir el enojo malo en enojo bueno.

ADMÍTALO—TRÁTELO

1. ¿Ha experimentado enojo en forma de furia en usted mismo o en otra persona?

2. ¿Cuáles fueron las repercusiones físicas, emocionales y espirituales en usted o en su relación con la otra persona?

3. ¿Ha retenido alguna vez el enojo hasta permitir que se convirtiera en resentimiento o amargura? ¿Qué puede hacer para librarse de tal amargura?

4. ¿Cómo puede enfocar la ira santa en metas y acciones positivas?

CAPÍTULO 3

CONSECUENCIAS

░░

El impacto del enojo sobre nosotros,
nuestros semejantes y Dios

El enojo afecta nuestras vidas de manera física, psicológica, emocional y espiritual. También influye en nuestro desempeño a la hora de terminar tareas o cumplir con las responsabilidades de nuestro trabajo. El enojo nunca es algo que nos afecta sólo a nosotros; siempre tiene consecuencias para quienes nos rodean. Lo más importante es que el enojo también tiene un impacto sobre Dios.

EL IMPACTO DEL ENOJO SOBRE USTED PERSONALMENTE

░░

El enojo le afecta personalmente de diversas maneras, cinco de las cuales exploraremos en este capítulo.

El enojo afecta su salud

Cada vez más, las investigaciones científicas y médicas están descubriendo que un número significativo de enfermedades graves, incluidas algunas de las más funestas, son crónicas en naturaleza. Esto significa que están relacionadas con nuestro estilo de vida y vinculadas a nuestra manera de pensar y de procesar nuestras emociones. El enojo ciertamente es una de esas emociones negativas que ha sido conectada a una gran variedad de achaques.

Dios no creó el cuerpo humano para que albergara enojo durante largos periodos de tiempo. La medicina actualmente sitúa el colesterol, el fumar y el enojo al mismo nivel cuando se trata de analizar su influencia destructiva. El enojo tiene efectos tanto inmediatos como duraderos.

Cuando una persona está muy enojada, su corazón late con más rapidez, su presión sanguínea se eleva y sus manos transpiran. Estas reacciones naturales ocurren inmediatamente y no son conscientes. El estómago se tensa y se dificulta la digestión. El rostro se enrojece, los músculos se tensionan y la persona tiende a hablar en un tono de voz más alto de lo normal. Todas estas son reacciones que Dios creó como parte de nuestra capacidad de huir o de enfrentar el peligro o la amenaza.

Además, el cuerpo produce una subida de adrenalina para poder controlar la crisis. Esto permite que la persona tenga más fuerza para luchar o para alejarse lo más rápidamente que pueda del peligro. Pero la adrenalina puede ser tanto un amigo como un enemigo.

Cuando se contiene el enojo, el cuerpo continúa produciendo adrenalina en pequeñas cantidades para tratar el posible peligro que la mente y el corazón perciben como presente. Con el tiempo, este goteo de adrenalina y otras hormonas dentro del cuerpo humano se torna en extremo perjudicial. Produce un estado alterado de estrés interno, algo parecido a tratar de conducir un vehículo con un pie en el acelerador y el otro en el freno. Los efectos a largo plazo incluyen úlceras, enfermedades cardíacas, infartos, artritis y depresión. Cada sistema y órgano en el cuerpo se ve afectado de forma negativa.

En lugar de confesar su enojo, las personas tienden a atribuir sus síntomas físicos negativos al estrés. O bien no son conscientes, o se niegan a reconocer que deben culpar al enojo. Un doctor me dijo una vez: «Parece que un tercio de mis pacientes toma medicinas para el estómago, otro tercio toma medicinas para el dolor y el resto tranquilizantes. Y la mayoría de ellos no necesitaría ningún medicamento si trataran los problemas emocionales que tienen».

Hace unos meses, un hombre pasó al frente al final de nuestro servicio en la iglesia. Estaba encorvado y usaba un bastón. Me había escuchado hablar sobre los efectos físicos negativos del enojo, y dijo: «Dr. Stanley, los doctores me han dicho que mi infarto lo provocó el enojo. Hoy estoy como estoy a causa del enojo. Dígale a la gente que el enojo puede hacerles lo que me hizo a mí».

No vale la pena aferrarse a ningún problema ni a ninguna cantidad de enojo acumulado porque este terminará destruyendo su salud.

El enojo influencia su actitud y conducta

Usted no puede ocultar su enojo. Una persona sensible y perspicaz no tarda mucho en reconocerlo en otra persona. Hay algo en el brillo de los ojos, el cierre de la mandíbula o el elevado tono de voz. Por mucho que una persona intente ocultarlo, el enojo se revela por sí solo. A veces, las palabras que emplea una persona enojada, aunque estén empapadas de bondad, la delatan.

Los que estudian el comportamiento humano han observado varias características en las personas enojadas:

- *Tardanza:* muy a menudo es un intento de controlar la situación o de llamar la atención para poder expresar su enojo.

- *Obstruccionista en grupos:* falta de cooperación al punto de volverse totalmente desagradable. Pone objeciones a cada idea sugerida con un aire de desdén. He estado en muchas reuniones donde una persona se opone a *todo* lo que se propone o se aporta como solución posible. Casi siempre he identificado a la persona obstructiva como alguien que está enojado.

- *Cinismo:* buscarle faltas a cualquier persona o situación.

- *Hacer chistes:* contar historias embarazosas con la intención de herir al sujeto que se menciona en la broma.

- *Interrumpir conversaciones:* la persona enojada a menudo siente una profunda necesidad de dar su opinión, aunque no venga al caso.

- *Rendimiento descuidado en el trabajo:* la persona enojada a menudo está resentida, hasta el punto en que ya no le importa si hace o no bien su trabajo. No se siente motivada a dar lo mejor de sín.

- *Pérdida del entusiasmo:* la persona enojada no quiere estar contenta. Esto a menudo se traduce en una actitud decaída. La persona enojada quizá se aleje de reuniones sociales o rechace invitaciones a eventos públicos. La persona enojada prefiere estar melancólica que reírse.

- *Depresión:* lo que comienza como una falta de entusiasmo autoimpuesta puede terminar en una depresión plena. Las personas enojadas a menudo entran en periodos de gran desánimo y angustia, en parte porque detestan que nadie se tome su enojo tan en serio como ellos.

- *Postergación:* la persona enojada tiene muy pocas ganas de comenzar cosas nuevas que requieran enfoque o creatividad.

- *Trastornos alimenticios:* las personas enojadas pueden comer en exceso, malcomer o ejercitarse en exceso. Frecuentemente se ven lidiando con la obesidad, el desgano (anorexia) o la voracidad (bulimia).

- *Disfunción sexual:* muchas personas tienen problemas en su vida sexual porque están enojadas. Cuando una persona está enojada y quiere sexo, lo que está haciendo es expresarle su enojo a otra persona a través de un acto. El sexo sin amor es un acto animal. Las personas enojadas no se dan cuenta de que un esposo o esposa amante y sensible sabe que no hay amor en lo que están haciendo. Es algo dañino que puede destruir una vida y un matrimonio. Así de poderoso y engañoso es el enojo. Pero cuando el amor verdadero, genuino, bueno, maravilloso, íntimo y real está presente, es una historia totalmente distinta.

El enojo altera el sueño

Las personas enojadas por lo general son incapaces de experimentar una paz interior profunda. Aunque su enojo vaya dirigido sólo a una persona o situación, salpicará las demás áreas. Es algo que no se puede compartimentar. El enojo manchará cada aspecto de la vida.

Esto se ve claramente cuando se trata de tener un descanso apropiado. Su cuerpo se rejuvenece durante el sueño: las células viejas son reemplazadas por otras nuevas, los niveles de hormonas se vuelven a equilibrar y los tejidos se limpian de toxinas. La mente misma se renueva con el descanso. El sueño tiene beneficios demasiado numerosos para describirlos aquí.

Pero el enojo puede alterar los patrones del sueño e impedir que las personas obtengan todo el descanso nocturno que necesitan. ¿Hay alguien que le está impidiendo dormir por la noche debido a sus comentarios ofensivos o críticos? ¿Está afrontando una situación que le frustra tanto que no puede quitársela de la mente? ¿Se da cuenta de que está reviviendo una y otra vez lo que alguien le hizo o dijo?

Una persona me dijo una vez: «He estado discutiendo con mi esposo, Dan, durante diez años. A veces las discusiones son muy intensas y pueden llegar a durar hasta la medianoche».

«Eso es mucho tiempo para estar discutiendo con alguien», le respondí.

Ella me dijo: «Sí, lo es, especialmente porque llevamos divorciados once años».

Esta mujer seguía teniendo «conversaciones» con su esposo mucho después de separarse de él. Dan no podía escuchar sus quejas, sus razonamientos ni sus lloriqueos. Ella sentía tanto enojo hacia él que eso le impedía dormir durante varias horas. Expresaba su frustración y su enojo en voz alta como si él pudiera oírla, o le importara o marcara alguna diferencia.

El engaño es que cuando usted finalmente logra dormir tras una conversación acalorada con alguien que esté o no presente, cree que finalmente ha expresado del todo su enojo y que, por tanto, ya se ha ido. Pero ese no es el caso. Su enojo no ha desaparecido; simplemente se ha movido a su subconsciente donde hervirá y volverá a brotar. Su enojo saldrá a la superficie nuevamente, de alguna forma y en algún momento; y no es cuestión de *si acaso*, sino de *cuándo*.

La Biblia nos dice claramente: «No se ponga el sol sobre vuestro enojo» (Ef 4.26). En otras palabras, no se vaya a la cama enojado. Deshágase de su enojo antes de conciliar el sueño.

No puede exagerarse la importancia de dormir bien por la noche, y una de las claves para asegurarse de obtener el mejor descanso posible, es guardar su corazón y su mente de los mensajes potencialmente dañinos o molestos que su cerebro procesará durante la noche.

Las partes del cerebro que gobiernan los músculos y sistemas involuntarios de su cuerpo siguen trabajando para mantener sus pulmones respirando y su corazón latiendo mientras usted duerme. Su cerebro mantiene el cuerpo en funcionamiento, coordina su restauración, repara y nutre células y tejidos, utiliza los nutrientes que usted ha consumido durante el día y le da energía y fuerza para hacerle frente al día que está a punto de comenzar.

Algo similar ocurre en sus esferas cognitiva y emocional. Lo que usted almacena en su mente se procesa durante toda la noche de una forma que, o bien beneficia o perjudica su bienestar.

Si se duerme cuando sus últimos pensamientos son de gozo y agradecimiento, de paz en su relación con Dios y de entusiasmo por lo que le deparará el día siguiente, es probable que duerma bien toda la noche y se despierte recuperado, vigorizado y listo para afrontar los retos que le esperan. Quizá se despierte con ideas creativas que no tenía el día anterior, lo cual podría incluir respuestas y soluciones a preguntas y problemas que hasta entonces eran confusos o difíciles para usted.

Por otro lado, si sus últimos pensamientos antes de dormirse estaban marcados por amargura, venganza, odio y enojo, probablemente tendrá un descanso nocturno intermitente. Lo más seguro es que se levantará sintiéndose agotado, aletargado y con muy poca energía que lo motive a hacer su trabajo o a contribuir con su mejor esfuerzo a las responsabilidades que le esperan.

Durante años he animado a personas a orar y a leer la Biblia, especialmente los Salmos y otros libros que son especialmente reconfortantes y alentadores, antes de irse a dormir cada noche. Leer las Escrituras y hablar con Dios son los dos mejores somníferos que yo conozco.

Leer la Biblia nos llena de verdad positiva y eterna. Nos hace tomar conciencia del hecho de que Dios está, ha estado y siempre estará en control de cada aspecto de nuestra vida. Cuando ese conocimiento se convierte en parte de nuestro pensamiento noche tras noche, crea un sentimiento muy profundo de confianza. Los problemas pequeños de la vida no nos afectan mucho, y los grandes podemos afrontarlos con calma. Veremos cada desafío y oportunidad en el contexto del propósito, el plan y la voluntad eterna de Dios para nuestra vida; y veremos cada situación y circunstancia en el contexto del amor eterno del Padre celestial y su increíble gracia.

Mantener una conversación con Dios justamente antes de irse a dormir llena su corazón y su mente de la conciencia y la seguridad de que tiene usted una relación personal con Aquel que es omnisciente, todopoderoso y amoroso. En esos momentos finales del día, lo animo a ponerse de rodillas y darle gracias a Él por todo lo que le ha permitido hacer. Pídale a Dios que guíe su pensamiento y su trabajo el día de mañana, y dele gracias por su presencia constante en su vida. Pídale al Señor que perdone cualquier pecado en su vida y que le ayude a perdonar los pecados de otros. Ore para que Él haga los cambios que sean necesarios en su vida, para que usted pueda llegar a ser la persona que Él quiere que sea y que Él creó. Una conversación así lo dejará con un sentimiento de limpieza, renovación y paz con Dios. En la Biblia se pensaba que cada día comenzaba al anochecer. Cuando el sol se ponía el lunes en la noche, eso marcaba el comienzo del martes. En Génesis aprendemos de la historia de la creación: «Y fue la tarde y la mañana un día» (Gn 1.5, 8, 13, 19, 23, 31).

Adán y Eva caminaban con Dios «en el frescor de la noche», que es justamente cuando el sol se esconde y antes de que el cielo esté completamente oscuro. Comenzaban el día siguiente con Dios hablando del día anterior con Él. Cada uno de los días de Adán y Eva comenzaba con descanso, logros y paz entre ellos y Dios.

Durante miles de años, los hombres judíos se han reunido entre la puesta del sol y la hora de acostarse para leer y estudiar la Torá y el Talmud. Su objetivo es permitir que sus mentes se llenen de la Palabra de Dios, para que todas las noches el Señor pueda obrar ahondando su verdad en sus mentes y renovando su deseo de obedecer sus mandamientos y aplicar su ley a sus vidas.

Compare eso con el modo en que muchas personas en nuestro mundo moderno emplean sus últimas horas del día. En las últimas horas antes de irse a la cama, la mayoría de hombres y mujeres comen algún tipo de comida chatarra o algo saturado de dulce que activa en exceso su sistema digestivo y nervioso. Ven programas de noticias que con mucha frecuencia presentan imágenes de guerras o actividades criminales. O ven un episodio de televisión lleno de violencia, inmoralidad sexual o lenguaje inapropiado. Algunos leen una novela llena del mismo contenido nocivo. Luego apagan las luces y se preguntan por qué no pueden relajarse.

Sus cuerpos están intentando digerir y absorber lo que han ingerido, mientras sus mentes están aceleradas en un intento de dar sentido a todas las imágenes negativas que han visto y oído. Cualquier paz que deseen tener se convierte en agitación, frustración y preocupación, todo lo cual se intensifica cuanto más tiempo permanezcan despiertos. Es un círculo vicioso, y con demasiada frecuencia, un ritual nocturno.

Le garantizo esto: si se va a la cama enojado, se despertará enojado.

Si se va a la cama enojado con alguien, seguirá sintiendo enojo hacia esa persona al día siguiente, y su enojo probablemente será mayor y más intenso.

Si se va a la cama enojado consigo mismo, se despertará igualmente enojado y se sentirá víctima de sus propias emociones. Probablemente desarrollará un sentimiento de fracaso personal y baja autoestima. Tendrá menos optimismo, menos entusiasmo y menos deseos de perseguir buenas metas.

Si se va a la cama enojado con Dios, se despertará sintiendo una pérdida terrible de esperanza, gozo y paz. No tendrá la fe para vencer lo que le espera por delante.

El enojo altera su perspectiva

Las personas enojadas a menudo alzan un escudo ante la persona que las hirió o decepcionó. Quizá se desvíen de su camino para evitar a ese hombre o mujer. La mayoría de nosotros somos reticentes a aceptar invitaciones o recibir afecto de personas que nos han hecho enojar.

¿Describe alguno de esos actos cómo se relaciona usted con las personas con quienes está enojado? Aunque no piense que está hiriéndose por hacer una o varias de estas cosas, lo cierto es que así es. Si levanta un escudo contra una persona, probablemente lo levantará también contra todas las demás. Quienes están muy enojados con alguien que los ha herido o rechazado, a menudo dicen frases muy fuertes como: «Nunca volveré a confiar en nadie en esa área de mi vida» o «Me voy a proteger y no me voy a acercar a ninguna otra persona mientras viva». El enojo tiene un efecto de aislamiento e interferirá en su capacidad de desarrollar amistades cercanas, duraderas e íntimas.

A pocas personas les gusta relacionarse con personas enojadas. La gran mayoría de nosotros elegiríamos a una persona pacífica y jovial antes que a una sombría y siniestra. Esto es cierto para casi todas las relaciones, ya sean personales o profesionales, íntimas o casuales. Como resultado, las personas enojadas están cada vez más solas y cada vez las incluyen, invitan o involucran menos. ¡Este efecto de aislamiento hace que las personas enojadas se enojen más! Les molesta que las rechacen e intentan justificar o expresar su enojo todavía más. El resultado neto es una vida vacía. Con el tiempo, la persona enojada se encuentra cada vez más sola.

El enojo deteriora sus procesos mentales

El enojo prolongado cambia la manera de pensar de un individuo. Invariablemente se convierte en parte de los patrones de pensamiento de uno mismo. Todos lo hemos visto o experimentado personalmente. Cuando usted está enojado con alguien, a menudo le cuesta mucho mantenerse enfocado en su trabajo. Le cuesta tener ideas creativas, o quizá no pueda mantener un alto nivel de rendimiento. Las personas enojadas a menudo ven que sus pensamientos divagan lejos de la tarea que tienen entre manos y se dirigen a lo que pudieron o debieron haberle hecho o dicho al sujeto causante de su enojo.

Un antiguo proverbio judío dice: «El enojo priva a un sabio de su sabiduría, y a un profeta de su visión». No tengo duda de la veracidad de esta declaración. El enojo produce una mente doble. La concentración de la persona puede persistir en su enojo y en los incidentes que lo provocaron, aunque se proponga enfocarse en el trabajo y las responsabilidades del día. Queda, por tanto, muy poca energía mental para la creatividad, la innovación o para procesar la información a la luz de la Palabra de Dios. El enojo debilita nuestra capacidad de tener una visión clara e inspirada y de hacer nuevos planes.

EL IMPACTO DEL ENOJO EN SUS RELACIONES PERSONALES

El enojo siempre afecta sus relaciones, en especial las que más importancia tienen para usted. Cuanto mayor sea su enojo, mayor será su potencial de impacto negativo duradero. Simplemente no es posible trabajar en armonía con otra persona, establecer metas o lograr nada si una o ambas personas en la relación albergan enojo. Un matrimonio sufrirá mucho si este está presente. El enojo interrumpe la vida familiar e interfiere en las relaciones de padres e hijos. Un grupo de trabajo no será tan productivo o creativo si uno o más de sus miembros están enojados. Una iglesia no evangelizará eficazmente si está llena de personas enojadas.

Un hombre discutía cierto día conmigo, diciendo: «Mi enojo no le hace daño a nadie. Si alguien resulta herido es porque elige ser herido. Si no quieren oír mis palabras airadas, pueden alejarse».

Ese no es realmente un argumento válido. Nadie puede desentenderse totalmente de la explosión de enojo de otra persona. Puede que decida no dejar entrar al enojo de la otra persona a su corazón, pero no puede evitar tener que lidiar con ello de alguna manera. A menudo, las personas inocentes son víctimas del enojo de una persona a la que ni siquiera conocen.

Ese fue el caso en un partido de béisbol de los Orioles en 1894. Los jugadores comenzaron a discutir con los miembros del equipo contrario, y más tarde los fanáticos se implicaron también. Se produjo un disturbio a gran escala y, por razones que no están totalmente claras, las gradas de madera del estadio se incendiaron. Tras extinguirse el fuego, 107 edificios en Baltimore quedaron convertidos en cenizas.

Los estallidos de enojo causan que todos los presentes sientan algún grado de dolor emocional, ya sea intencionado o no. Esa es una razón por la cual la gente busca distanciarse de una persona enojada. A menudo, vemos el enojo como una señal de que alguien se está distanciando de un grupo o individuo. Sentimientos de aislamiento, alienación y rechazo son comunes en las personas enojadas.

Un vendedor admitió que explotaba de enojo frecuentemente. «Pero nunca en público», declaró. Sin embargo, no veía ninguna conexión entre el enojo que desahogaba en su casa y el hecho de que su esposa hubiera sido admitida en un hospital mental. Los psiquiatras vieron la situación bajo una perspectiva diferente y sugirieron que el esposo enojado buscara consejería. «¿Para qué?» preguntó el hombre. «No soy yo el que tiene la depresión». Una enfermera que estaba de pie cerca dijo para sí: «Pero usted es el causante de la depresión».

El enojo no sólo surge ante críticas o acusaciones, sino que también genera críticas y acusaciones. El enojo en cualquier entorno crea desasosiego, tensión y frustración. Todos los aspectos de productividad, calidad y moral se ven afectados de forma negativa.

La triste verdad es que este entorno existe aunque la persona enojada no haya tenido la intención de crearlo.

Hace unos meses escuché acerca de una señora que había pasado más de veinte años casada con un hombre muy enojado. No estaba enojado con su esposa, sino con las personas con quienes trabajaba. Mantenía un comportamiento externo agradable hacia sus supervisores y compañeros de trabajo; pero cuando llegaba a su casa, desahogaba todo su enojo con diatribas blasfemas que a veces duraban dos o tres horas.

Su esposa se encogía por dentro con sus estallidos. Sabía que él no estaba enojado con ella, pero aun así, sus palabras y su tono de voz alteraban profundamente su paz interior. Se preguntaba qué podría ocurrir si alguna vez ella lo decepcionaba de la forma en que sus compañeros de trabajo parecían hacerlo. Comenzó a buscar formas de escapar emocionalmente y cerrarle partes de su corazón a él para no sentirse herida.

Por tanto, cuando llegaba la hora de irse a la cama por la noche, lo último que esta mujer quería era que su esposo quisiera intimar con ella, así que se alejó de él tanto emocional como físicamente.

Su distanciamiento, claro está, hizo que él se enojara con ella al paso del tiempo. Aunque este hombre nunca golpeó a su esposa ni le gritó, creó un estado de agitación continua por su incapacidad para controlar su enojo y crear una atmósfera de amor en su relación con su esposa. Recurrió al alcohol para calmar su enojo, y poco después dejó de estar enojado solamente; se volvió un alcohólico enojado. Esta espiral en descenso fue ganando velocidad con los años, y su matrimonio finalmente terminó en un triste y amargo divorcio.

En la mayoría de los casos, el enojo es cíclico. Permítame asegurarle que el tiempo, por sí solo, no lo sana. Si no se trata adecuadamente, el enojo crece cada vez más y no disminuye por sí solo.

Los hijos y los padres pueden llegar a enojarse entre sí, y también caer en un ciclo que se intensifica con el tiempo. Cada acto de negligencia, daño, abuso, crítica o mentira contribuye al deterioro de la relación, y el resultado es un pozo de enojo cada vez más grande. Si ese enojo deriva en distanciamiento o tragedia de algún tipo, el enojo no se disipa, sino que toma nuevas formas relacionadas con la culpabilidad, la recriminación, la venganza y una acumulación de críticas y dolor.

Hace poco, una señora me contó lo que ocurrió tras la muerte de su madre. Todos los hijos y nietos comenzaron a discutir por el patrimonio de la difunta. El dinero era el asunto principal y parecía ser lo único que importaba. Todos estaban enojados entre ellos y luchaban por ver quién se iba a quedar con esto y aquello. ¡Pero una de las cosas por las que más peleaban era por quién se quedaría con la Biblia de la señora!

Entiendo que las notas que esta dedicada mujer cristiana escribió en los márgenes de su Biblia pudieron haber sido su legado más preciado para sus hijos, pero pelear así por la posesión de un ejemplar de la Palabra de Dios es algo totalmente inaceptable.

EL IMPACTO DEL ENOJO SOBRE DIOS

¿Puede afectar a Dios el enojo de una persona? Por supuesto.

Con el paso de los años, cada vez me sorprende más la cantidad de gente que cree que Dios no tiene emociones y que su conducta no provoca en Él una respuesta emocional. La verdad es que lo que decimos y hacemos causa que Dios se alegre o se entristezca, y el enojo malo no agrada a nuestro Padre celestial. Por eso la Biblia nos advierte: «Y no contristéis al Espíritu Santo» (Ef 4.30).

El enojo obstaculiza la obra que Él nos ha llamado a realizar. Es una barricada que impide experimentar el amor, la fe, la esperanza, el gozo y la paz de Dios en nuestras vidas. El testimonio de una persona constantemente enojada que identifica a Jesucristo como Salvador tiende a caer en oídos sordos. Cualquier mensaje suyo de la bondad del Padre tiende a verse con sospecha. Además, nuestro enojo puede obstaculizar la obra que Dios desea hacer en la vida de otra persona.

Finalmente, el enojo trabará las bendiciones de Dios en nuestras vidas. El pecado nos separa del Padre y nos impide recibir lo mejor de Él. El enojo puede mortificarnos a tal punto que ya no podamos percibir las bendiciones de Dios y, por consiguiente, tampoco podamos recibirlas.

NO DESESTIME EL IMPACTO DE SU ENOJO

Su enojo no es motivo de risa. Niéguese a tomarlo a la ligera, y no permita que otros se rían de su mal genio. Tómese en serio el enojo.

Resista cualquier intento de restar importancia o trivializar el impacto del enojo. Los efectos del enojo pueden ser devastadores en términos de dolor y sufrimiento físico, emocional y espiritual.

La salud, la felicidad, la prosperidad y el propósito se ven negativamente afectados por el enojo. Si quiere un futuro mejor, debe lidiar con su enojo.

ADMÍTALO—TRÁTELO

1. Haga una lista de lo que considere consecuencias del enojo. Reflexione en lo que escribió.

2. ¿Cómo le han ayudado esas consecuencias a resolver el asunto de raíz que lo llevó al enojo?

3. ¿Cómo han obstaculizado estas consecuencias la resolución del asunto? Discuta sus pensamientos con una o dos personas de confianza y pídales sus comentarios francos.

4. Ahora escriba detalladamente lo que puede hacer y lo que en efecto hará para lidiar con su enojo.

CAPÍTULO 4

RAÍCES

░░

Exploremos las causas del enojo

Las raíces del enojo de una persona pueden ser muy profundas. La historia del enojo puede revelar la lucha de toda una vida para vencer el resentimiento, la amargura y la hostilidad; y las razones del enojo de una persona pueden o no estar justificadas. Le invito a explorar siete raíces del enojo y someterlas a seria consideración y oración.

SIETE RAÍCES DEL ENOJO

1. Culpa y vergüenza

¿Quién fue la primera persona de la Biblia en enojarse?

Cuando hago esta pregunta, la mayoría de la gente responde: «¡Caín!».

No cabe duda que él fue un hombre iracundo y lleno de enojo, pero no creo que Caín sea la primera persona en la Biblia que se enojó.

Piense por un momento en lo que ocurrió en el huerto del Edén. Adán estaba casado con la mujer más hermosa que hubiera podido imaginar. Su vida era un paraíso. Tenía una estrecha relación con Dios, gobernaba la creación y disfrutaba de una renovación constante de vida. Y de repente, un día, comió del fruto prohibido y todo su mundo se desplomó a su alrededor. Fue expulsado del huerto y su destino fue trabajar con el sudor de su frente hasta el día de su muerte.

Ahora bien, ¿no es posible que Adán estuviera muy enojado con Eva? Claro que sí. ¿Cómo lo sé? Porque la culpó a ella de lo que les había ocurrido. Cuando Dios lo confrontó en el huerto, Adán respondió: «La mujer que me diste por compañera me dio del árbol, y yo comí» (Gn 3.12).

El juego de la culpa tiene sus raíces en el enojo. Avergonzado y renuente a asumir la responsabilidad de lo que había hecho, Adán arremetió y culpó a Eva de lo ocurrido. Es un patrón que ha continuado durante miles de años y sigue ocurriendo cientos de veces al día a nuestro alrededor.

En cuanto a Eva, ella también estaba enojada. Cuando Dios la confrontó con lo que había hecho, también le echó la culpa a otro: «La serpiente me engañó, y comí» (Gn 3.13).

Culpar es fácil.

Asumir la responsabilidad es difícil.

Enojarse es fácil.

El dominio propio es difícil.

Externamente, puede que nos enojemos con aquellos que nos tientan o seducen a hacer algo que moralmente no está bien y va en contra de nuestro buen juicio. Y puede que nos enojemos cuando alguien miente o se abalanza sobre nuestra vulnerabilidad o debilidad.

Internamente, puede que nos enojemos con nosotros mismos por ser crédulos, creernos una mentira o participar en un acto pecaminoso, aun cuando sabíamos que estaba mal.

Muy cerca de la culpa está la vergüenza, que es sentirse desacreditado, deshonrado, indigno o incómodo. Normalmente experimentamos vergüenza cuando alguien señala nuestra mala conducta. Y la vergüenza es especialmente poderosa cuando alguien señala nuestra mala conducta delante de un grupo de personas. Muchas personas reaccionan ante la vergüenza con enojo.

Quiero señalar cuanto antes en este punto que no toda la vergüenza está justificada. Algunas personas la sienten después de ser forzadas a participar en un acto pecaminoso contra su propia voluntad. Por ejemplo, niños que son víctimas del abuso sexual a menudo luchan con la culpa y la vergüenza aunque ya son adultos. Pero esos sentimientos de culpa y vergüenza no están justificados porque lo que les ocurrió fue algo totalmente fuera de su control.

2. Orgullo

La mayoría de las personas nacen con el deseo de ser el número uno. Ha sido parte de nuestra naturaleza humana desde que Adán y Eva se rebelaron contra Dios en el huerto del Edén e introdujeron el pecado en el mundo.

Los bebés lloran demandando ser alimentados en sus primeras horas de vida. A medida que crecen, los niños tienden a aprender que llorar «les funciona». Es una manera de que se cumplan sus deseos. Y si a un niño no se le enseña disciplina y se le forma «para hacer las cosas como se debe», llorar se puede convertir en toda una pataleta.

Hace varios meses cargué un niño en mis brazos que era realmente tierno. Le estaba diciendo a su madre lo mucho que me gustaba el niño, e inmediatamente ella respondió: «Pues también tiene su otro lado».

Los niños comenzarán a hacer pataletas a los pocos meses de vida, y la triste realidad es que algunas personas siguen haciendo pataletas cuando tienen veinte, cuarenta, sesenta, ochenta o cien años de edad. ¿Por qué? Porque quieren hacer las cosas a su manera. Quieren *lo* que ellos quieren *cuando* lo quieren, independientemente de las necesidades o sentimientos de otra persona. El orgullo es su fuerza impulsora.

El orgullo fue también la raíz del pecado de Caín.

No debería sorprendernos mucho que las primeras dos personas en sentir enojo tuvieran un hijo que se enojó y recurrió a echar la culpa.

Abel guardaba los rebaños, probablemente ganado, cabras y ovejas. Caín labraba la tierra, era un agricultor que sembraba y cosechaba.

Ambos llevaron sus ofrendas de sacrificio como una forma de reconocer a Dios o adorarlo. Abel llevó una ofrenda de sus rebaños, lo cual reconocía el sacrificio de sangre que requería el Padre. Caín llevó un sacrificio de la tierra, la cual Dios había maldecido. Fue un sacrificio que conllevaba un arduo esfuerzo, como parte de la maldición sobre Adán y sus descendientes, pero no incluyó sangre.

La Biblia nos dice que Dios aceptó la ofrenda de Abel pero «no miró con agrado a Caín y la ofrenda suya». Como resultado, Caín se «ensañó en gran manera y decayó su semblante» (Gn 4.1–5).

Dios vio el enojo de Caín y le preguntó: «¿Por qué te has ensañado?». Y luego el Señor le dio a Caín la oportunidad de enmendar su ofrenda y aceptar su segundo sacrificio. La propuesta de Dios llegó con unas consecuencias asociadas a cada decisión: «Si bien hicieres, ¿no serás enaltecido? y si no hicieres bien, el pecado está a la puerta; con todo esto, a ti será su deseo, y tú te enseñorearás de él» (Gn 4.7).

Caín buscó a su hermano. No sabemos exactamente qué ocurrió entre ellos, pero la Biblia sí nos dice que estando los dos juntos en el campo, Caín se alzó contra Abel y lo mató. El primer homicidio ocurrió en la primera familia como resultado de un enojo desbocado que se había arraigado en el orgullo. Caín quería hacer las cosas a su manera más que a la manera de Dios.

Si lee con atención las palabras y actos de Caín, verá lo pervertida que se había vuelto su decepción. Es muy probable que Caín matase a su hermano no por celos, sino por su propio enojo con una actitud alevosa de ajustar cuentas con Dios. Fue como si Caín estuviera diciendo en su corazón: *¿Quieres sangre? ¡Pues la vas a tener!*

Siempre que una persona no consigue lo que quiere de todo corazón, el enojo es un resultado probable. Puede ser una cuestión de:

- *Celos:* desear la relación que otra persona tiene en todo su derecho.

- *Envidia:* sentir que no recibió o ganó algo porque otra persona lo recibió o ganó.

- *Avaricia:* un deseo de tener más de lo que actualmente tiene o necesita.

- *Subestima propia:* enojo porque le hayan quitado algo que está muy relacionado con su identidad.

- *Temor a la pérdida o el daño:* sentir que le han negado algo que verdaderamente creía que necesitaba por su valor emocional o psicológico.

Nadie puede hacer las cosas a su manera todo el tiempo y en todas las situaciones. Muchas personas se enojan cuando no tienen control sobre una situación o individuo deseados. Su enojo puede acelerarse hasta el descontrol cuando se dan cuenta de que no pueden tener control sobre Dios y nunca lo tendrán.

En la otra cara de la moneda del orgullo está el deseo humano de fama y admiración. Muchas personas se enojan cuando no obtienen la atención o el reconocimiento que creen merecer. Este aspecto del orgullo se descontrola cuando una persona quiere el reconocimiento y la adoración que le pertenecen a Dios.

La verdad es que nuestro Padre celestial siempre será Aquel y único digno de nuestra más alta alabanza y obediencia.

Encontramos ejemplos del enojo relacionado con el orgullo por toda la Biblia. Moisés es uno de los personajes principales del Antiguo Testamento que mostró su enojo en muchas ocasiones. La primera vez que lo vemos enojado es cuando mató al soldado egipcio que estaba golpeando a un esclavo hebreo (Ex 2.11–12). Moisés terminó huyendo para salvar su vida y permaneció oculto en el desierto durante décadas, hasta que Dios lo llamó para regresar a la corte de Faraón y librar a los hijos de Israel de la esclavitud, a fin de llevarlos a la tierra prometida.

Moisés volvió a enojarse cuando los israelitas se rebelaron bajo su liderazgo cuando erraban por el desierto. En su enojo, Moisés destruyó las tablas sobre las que Dios había escrito los Diez Mandamientos. Además, golpeó la roca en Meriba en su enojo, y a veces se enfadaba con Dios por requerirle que fuese el líder de un pueblo que continuamente volvía a la rebelión y la idolatría. Moisés no podía controlar al pueblo de Dios como él quería.

Saúl, el primer rey de Israel, exhibió con frecuencia su enojo, especialmente hacia David. Aunque Saúl reconoció intuitivamente a David como el siervo escogido y ungido de Dios para liderar al pueblo hebreo, el rey se enojó cuando el pueblo alabó al joven por su victoria sobre Goliat. Saúl incluso intentó matar a David arrojándole una lanza dos veces. En una ocasión, Saúl mandó a matar a David mientras dormía, y más adelante él mismo persiguió sin descanso al futuro rey hasta las regiones más remotas de Israel. Todo esto lo hacía el rey Saúl por una ira celosa arraigada en su percepción de que David se proponía tomar el control de su reino.

El profeta Jonás se enojó cuando Dios perdonó a los ninivitas, quienes habían venido persiguiendo a los judíos con mucha severidad. Se enojó aun más cuando una planta que le había provisto sombra fue atacada por un gusano y se secó. ¿Por qué estaba enojado Jonás? Porque no tenía el control que deseaba. Jonás quería que las cosas se hicieran a su manera, no a la manera de Dios (véase Jon 4).

En el Nuevo Testamento, Pedro le cortó la oreja al soldado del templo en el huerto de Getsemaní. El apóstol se enardeció al ver que Jesús era arrestado, pero el Señor inmediatamente le dijo: «Porque todos los que tomen espada, a espada perecerán» (Mt 26.52). Una y otra vez, la Palabra de Dios revela que su pueblo mostró enojo en formas que no produjeron buenos resultados. De hecho, su amargura, hostilidad e ira resultaron en reprimenda o consecuencias negativas para ellos, y a veces para la gente que estaba a su alrededor. La mayoría de estos ejemplos están relacionados directamente con el orgullo y su deseo intrínseco de hacer las cosas a su manera.

3. Inseguridad

Cuanto más inseguras son las personas, más fácil les resulta sentir enojo. ¿Por qué? Porque la inseguridad a menudo está relacionada con sentimientos de baja autoestima que provienen de

- rechazo

- temores, en especial el temor de perder algo

- decepción

- sentimientos de ineptitud

No todos los que tienen estos sentimientos terminan enojándose, pero a muchos les sucede. Se culpan a sí mismos; culpan a otros; sienten vergüenza; se crea en ellos una honda frustración que toma la forma de enojo. Y como dije anteriormente, cuando la persona comienza a actuar basándose en sus emociones, los resultados son casi siempre negativos.

La inseguridad en la mayoría de las personas proviene de no experimentar el amor que necesitaron y desearon recibir cuando eran niños. Si usted es padre o madre, permítame animarlo encarecidamente a que ame intensamente a sus hijos. Hágales saber que los valora, los quiere y desea estar con ellos. Dígales que está orgulloso de ellos y que los considera regalos de Dios. El niño que recibe mucho amor no es propenso a manifestar un gran enojo. El niño que no sabe que es querido, o teme que no lo vayan a querer, podría convertirse en un niño enojado.

4. Sueños aplazados o negados

Una vez conocí a un hombre que soñaba con llegar a ser doctor. Estudió mucho durante la primaria y la secundaria y obtuvo calificaciones excelentes, pero cuando llegó la hora de ir a la universidad, su padre se negó a ayudarlo. En cambio, fue obligado a quedarse en la granja de la familia y trabajar. Los tiempos eran difíciles, el dinero escaso, y este joven sintió que tenía que obedecer las demandas de su padre.

A los veintitrés años de edad, no aguantó más como granjero. Empacó todas sus pertenencias, las cargó en su auto y se fue. Con su ropa y unos cuantos libros, se llevó consigo un corazón lleno de amargura y resentimiento hacia su padre. Durante el resto de su vida se aferró a ese enojo y culpó a su padre de la pérdida del sueño de su vida.

A medida que pasaban los años, este joven les permitió a muy pocas personas acercarse a él. La amargura que albergaba en su interior brotaba en cada relación que formaba, por lo cual lidiaba constantemente con sentimientos de rechazo y aislamiento. Pasó de trabajo en trabajo, incapaz de situarse y tener éxito en su trabajo.

Finalmente, conoció a una mujer que se interesó en él genuinamente, y tras un corto noviazgo, se casaron. Después de tres semanas de matrimonio, una inesperada explosión de enojo casi puso fin a todo el afecto que su esposa sentía por él. Aunque no lo abandonó, la sobrecogía su temperamento violento y su lenguaje vulgar. La mayoría de sus amigas no querían ir a su casa, pues no podían tolerar la proximidad de una persona tan llena de enojo y amargura.

Este hombre se aferró a su ira hasta los últimos días de su vida. Aún cuando estaba casi ciego, senil e incapaz de cuidar de sí mismo, el veneno del resentimiento y la amargura continuaba carcomiéndole por dentro. Cuanto más se aferraba a su enojo, más ardía el fuego en su interior.

Me encantaría poder decirle que este hombre tuvo una sanidad espiritual increíble y que se convirtió en una persona llena de gozo y paz, pero ese no fue el caso. Murió lleno de enojo y amargura.

No conozco todas las razones por las que el padre de este hombre no le permitió dejar la granja. Quizá se viera amenazado por la inteligencia de su hijo o sus metas profesionales. Quizá fuera egoísta, no queriendo perder un jornalero. Quizá deseó lo mejor para su hijo dentro de su corazón. Lo que sé con certeza es que ninguna de las razones relacionadas con la decisión del padre estaba justificada en la mente del hijo. Como joven que era, no cabe duda de que su enojo le pareciera muy justificado.

Pero permítame preguntarle: «¿Quién sufrió más durante todos esos años?». Seguro que no fue el padre, sino el hijo.

El enojo y la amargura envenenaron su vida.

5. Mentiras y encubrimientos

A veces, el meollo de una mentira está en la médula del enojo. Esa mentira pudo haber sido expresada en forma de rumor, difamación o crítica. Pudo haber sido una mentira para encubrir la verdad, esquivar la verdad o dar la verdad a medias.

¿Se ha enojado alguna vez por algo que otra persona dijo de usted, quizá por un rumor que se divulgó para atacar su carácter o manchar su buen nombre? ¿Tenía ese rumor algo de verdad? De no ser así, ¿cómo se sintió? ¿Cuánto tiempo y energía empleó enojándose con alguien o con algo que nunca fue cierto desde un principio?

Si lo que se dijo era cierto, ¿cuánto tiempo y energía empleó en desmentir el rumor en lugar de afrontar la verdad y hacer los cambios pertinentes para vivir una vida recta?

Una señora me dijo no hace mucho que había seguido cierta telenovela durante cinco años. Según ella, la veía con «un ojo y dos oídos» durante una hora en la que también hacía las tareas de la casa. Le pregunté qué beneficio había obtenido de ello, imaginándome que no sería posible que hubiese algún beneficio verdadero. Me dijo: «Entiendo mejor qué es lo que tiene trastornados a muchos matrimonios en nuestra nación. La novela presenta constantemente venganzas y mala conducta sexual».

Siguió diciendo: «También entiendo mejor cuáles son los asuntos que más interesan a los norteamericanos. Algunos son problemas que deben tratarse, como el impacto de conducir bajo los efectos del alcohol, la necesidad de órganos para trasplantes y el problema de los adolescentes que abandonan el hogar. Ahora entiendo mejor que la raíz principal del "drama" casi siempre es un caso de mala comunicación. Puede ser en forma de rumor, de no hacer las preguntas correctas, de no querer dar toda la información necesaria o de mentir en forma empedernida».

«¿Y a qué conclusión ha llegado usted?», pregunté.

«Que se pueden tener problemas válidos y buenas intenciones, pero si hay una mala comunicación y una conducta inmoral, las cosas que uno más valora acaban en un montón de sufrimiento y ruina». Yo añadiría también de mucho enojo.

No hace mucho tiempo, escuché acerca de un hombre que fue acusado de mala conducta en su trato con varios miembros de su equipo de trabajo y contratistas que trabajaban en el club campestre del que era miembro. Este hombre formaba parte de la junta directiva del club, y se encargaba personalmente de que ciertos trabajos se hicieran únicamente porque *él* pensaba que debían hacerse. Era «o a su manera o no se hace».

Cuando su comportamiento amedrentador salió a la luz y cuando los resultados se calcularon en términos de dinero malgastado, le pidieron a este hombre que dimitiera de su posición en la junta. La intención era que el asunto se tratara de forma privada. El liderazgo del club decidió que los miembros no necesitaban conocer los detalles, para que las amistades personales de este hombre y su familia no se vieran perjudicadas.

Su esposa sólo veía que su esposo estaba fuera de la casa mucho tiempo y que se la pasaba haciendo «cosas buenas por el club». Ella sintió que su esposo había sido tratado injustamente cuando la junta le pidió que renunciara, así que salió en su defensa. En seguida, todo el club se enteró de lo que había ocurrido. Se empezaron a formar diferentes bandos sobre quién tenía la razón y quién no. La esposa, abiertamente y con todo detalle, describió todas las formas en que pensaba que se estaban equivocando con respecto a su esposo.

El hombre y su esposa además decidieron, basados en su enojo mutuo, que venderían su afiliación al club. Ahora bien, su precipitada y ruidosa salida del club suponía que sus hijos ya no podrían hacer uso de las instalaciones ni participar en las actividades de los demás jóvenes, que también eran amigos. Significaba asimismo que la pareja no tendría el mismo tipo de acceso o contacto con sus amigos. La pareja dejó muchos hilos sin atar y sentimientos de dolor y pérdida tras su salida.

Esto ocurrió en una localidad bastante pequeña; por tanto, uno de los aspectos decepcionantes de la historia es que muchos de los amigos del club también eran amigos en la iglesia. Al sentir que ya no podrían relacionarse con el club ni con sus miembros, la pareja desarraigó a su familia y se fueron de la única iglesia a la que sus hijos habían asistido. Y cuando este hombre intentó formar parte de otro club, su solicitud fue rechazada cuando el comité de afiliación revisó las razones por las que había salido del club anterior. La conducta arraigada en el enojo llevó a esta familia a un descenso en picada.

En los meses siguientes, la esposa que había permanecido junto a su marido negando todo y enojada con todos, se vio obligada a afrontar la verdad acerca de los problemas de control y de enojo de su esposo.

Las cosas que ella había creído que no podían ser ciertas, sí lo eran. Las conductas que en un tiempo consideró como algo impensable no sólo estaban presentes, sino que eran generalizadas. Ella había pasado años negándolo todo. Cuando finalmente se supo toda la verdad, esta mujer y sus hijos estaban devastados emocionalmente, y sin el apoyo de sus mejores amigos.

¿Cuál es la lección a aprender aquí?

El enojo basado en los rumores, una verdad parcial o una mentira manifiesta puede llevarlo por un camino largo y oscuro de decepción, frustración y dolor. Afrontar la verdad puede resultar doloroso, pero la alternativa es mucho peor.

6. Disfunción cerebral

Una raíz de enojo que es más común de lo que muchas personas piensan es la disfunción cerebral o la enfermedad mental.

La disfunción cerebral puede venir como resultado de una enfermedad degenerativa o un accidente. También es posible que el cerebro no funcione bien debido a un desequilibrio químico desde el nacimiento, el cual se manifiesta como una enfermedad mental. O pudo haber sido autoprovocada, debido al consumo de alcohol o drogas.

Seremos sabios en reconocer que algunas personas han perdido la capacidad de controlar su enojo como resultado de un accidente, lesión, enfermedad o adicción. Cualquiera de estas cosas puede destruir células cerebrales o afectar la función cerebral.

Por ejemplo, muchos veteranos de guerra que sufrieron lesiones físicas o traumas emocionales, tienen explosiones de ira que son mucho más automáticas que intencionales. Tratar el enojo resultante de una disfunción cerebral o una enfermedad mental es extremadamente difícil en el matrimonio, las amistades y las relaciones laborales.

Escuché recientemente sobre una mujer cuyo esposo tuvo un terrible accidente de automóvil cuando iba de regreso a casa tras haber trabajado toda la noche. Se quedó dormido al volante, se salió de la carretera, se estrelló contra un árbol y estuvo dos meses en coma. Su esposa dijo: «La persona que surgió tras el accidente no era el hombre dulce, pacífico y amoroso con el que me casé. Llegó del hospital enojado y violento. Tuve que aprender a relacionarme con él de una forma totalmente diferente».

Por supuesto, no todas las personas con daño cerebral o mentalmente enfermas viven constantemente enojadas; pero tristemente, así es en algunos casos.

Ciertos tipos de demencia también producen cambios negativos de personalidad y una exacerbación del enojo. De nuevo, esto no ocurre en todos los casos pero sí en algunas personas.

La esperanza en estas situaciones reside en la paz y el poder sanador de Dios. Hay poco que la persona pueda hacer por sí misma. Quienes cuidan y aman a esta persona necesitan un apoyo tremendo de sus familiares y amigos. En todo momento debemos entender que Dios está obrando y sanando a la persona de formas que tal vez no sean visibles para nosotros, pero no por ello dejan de ser reales.

Aunque mi corazón se duele por quienes están en tales situaciones, yo opto por creer en su sanidad mientras vivan. Lo cierto es que Dios puede sanar cualquier enfermedad o condición, y al final Él es quien tiene el control. Puede que Dios no sane a la persona en este lado del cielo, pero la sanidad llegará, no me cabe duda. Y hasta que la sanidad ocurra, prefiero seguir creyendo en que Dios obrará lo mejor, no sólo en la vida del

individuo que ha sufrido el daño o la enfermedad sino también en aquellos que lo rodean.

Frecuentemente es la persona que presta cuidados al afectado, como
su cónyuge o un hijo adulto, quien experimenta un gran milagro de sanidad y crecimiento personal. Quizá los encargados de cuidarlo vean que
Dios resuelve ciertos problemas en sus vidas y produce cambios importantes en sus actitudes y conductas. Nunca debemos subestimar o de-
valuar la fidelidad del Señor para cumplir su voluntad, plan y propósito
para todas las personas involucradas en una situación de daño cerebral o
enfermedad cerebral.

Si la disfunción cerebral es el resultado de algo que se hizo la persona,
ya sea accidental o intencionalmente, quizá sea necesario perdonar. Esto
puede ser muy difícil, especialmente si los actos de la persona le dañaron
el cerebro y lo llenaron de enojo. Sea cual fuere la causa, el perdón es vital por dos razones. En primer lugar, libera a los cuidadores y familiares
de sus sentimientos de enojo o resentimiento; y en segundo lugar, crea
una actitud en la que el cuidado se brinda con paciencia, paz y perseverancia.

Pídale a Dios que le ayude a perdonar, que le dé un corazón que ame
a la persona, y que le bendiga con la fuerza y la paciencia diarias que
necesite para aportar cualquier nivel de cuidado que deba proporcionar.

7. Adicción química

Al considerar la disfunción cerebral, debemos reconocer que ciertos productos químicos son veneno para el cerebro. El alcohol es uno de ellos.
Hay otras drogas y medicamentos que son tóxicos para el cerebro al
ser consumidos en grandes cantidades o por un periodo prolongado de
tiempo.

La mayoría de las personas están familiarizadas con el término *borracho patán*. Algunos individuos se enojan cada vez más a medida que
consumen más alcohol. Si usted es víctima de un estallido de enojo de
una persona que haya consumido mucho alcohol o drogas, lo mejor que
puede hacer es alejarse. No intente discutir o razonar con la persona.

No tendrá éxito en el intento, y al final puede que acabe con algún daño físico o psicológico si permanece ante dicha persona.

La Biblia nos cuenta la historia de un hombre muy rico llamado Nabal que tenía tres mil ovejas y mil cabras. Era costumbre en su época recompensar a los vigilantes autónomos o mercenarios que protegían a los rebaños de los ladrones. Antes de convertirse en rey, David dirigió a una banda de estos hombres. Los propietarios del rebaño normalmente compensaban a quienes habían protegido su inversión durante la época en que los rebaños eran trasquilados. David envió a algunos de sus jóvenes a Nabal para cobrar lo que les debía, pero el hombre rico se negó a darles nada. Cuando el futuro rey oyó lo sucedido, se enfureció y partió con cuatrocientos hombres armados para destruir a Nabal y todo lo que poseía.

En ese momento, intervino la esposa de Nabal, Abigaíl. Sin que su marido lo supiera, reunió una gran cantidad de comida y otras provisiones para David y sus hombres. Abigaíl también acudió a David humildemente para pedirle que se abstuviera de derramar sangre. Le recordó a David su posición ante el Señor y le suplicó que no hiciera algo que perjudicase su reputación o su capacidad de gobernar en el futuro. Abigaíl fue una mujer valiente y sabia. David recibió sus regalos y respondió a su súplica: «Sube en paz a tu casa, y mira que he oído tu voz, y te he tenido respeto» (1 S 25.35).

Abigaíl regresó a su casa y encontró a Nabal celebrando un banquete por todo lo alto. La Biblia nos dice que estaba «completamente ebrio». Aprendemos más sobre la sabiduría de Abigaíl cuando las Escrituras nos explican: «Ella no le declaró cosa alguna hasta el día siguiente» (1 S 25.36). Abigaíl esperó hasta que «a Nabal se le habían pasado los efectos del vino» (v. 37), y entonces le refirió lo sucedido con David y lo que ella misma había hecho para evitar el derramamiento de sangre.

Yo recomiendo sinceramente el proceder de Abigaíl si usted tiene que tratar con alguien que está borracho, es alcohólico o ha tomado muchas drogas. El alcohol y las drogas no suavizan a nadie, ni hacen más agradable el estar con esa persona. La mayoría de las veces, quienes consumen estas sustancias se tornan rudos, bruscos y molestos. Su estilo de vida frecuentemente desemboca en un mayor estado de agitación y frustración. Tienen problemas o asuntos que los llevaron al consumo de alcohol o drogas, y si la adicción se establece, se suma el estrés adicional para poder vencerla.

Aunque una persona no se vuelva adicta, incluso pequeñas cantidades de alcohol o droga pueden

- *nublar el juicio de una persona*, llevándola a tomar malas decisiones.

- *reducir el tiempo de reacción de una persona*, lo cual puede ser muy peligroso si conduce un vehículo o si opera una maquinaria.

- *disminuir la capacidad motriz de una persona y las habilidades motoras gruesas*, lo que lleva a caídas y otros daños físicos.

- *disminuir la capacidad de la persona de razonar y hablar con claridad*.

- *intensificar las emociones negativas de una persona*, incluyendo enojo, frustración, odio, amargura y resentimiento.

No hay absolutamente nada bueno en el consumo de alcohol o drogas, pero sí mucho que perder.

Si usted está constantemente enojado, evalúe su consumo de alcohol y drogas. Dependiendo de su situación y circunstancias, quizá quiera considerar buscar ayuda profesional para asegurarse de que esas sustancias no le están impidiendo recibir lo mejor de Dios para su vida.

Si conoce a alguien que sea alcohólico o drogadicto, haga todo lo posible para que reciba tratamiento. Pregúntele a un psiquiatra, médico, pastor o farmacéutico cómo darle a su amigo o ser querido la ayuda que necesita. No espere más. La vida que salve puede ser la de su esposa, amigo o compañero de trabajo. Puede que incluso sea su propia vida o la vida de su hijo.

EL VÍNCULO DEL ENOJO A OTRAS EMOCIONES

El enojo sabe cómo ligarse a muchas otras emociones, y el resultado final casi siempre es negativo. Considere las siguientes combinaciones:

Enojo + Odio = Furor

Enojo + Amargura = Venganza

Enojo + Preocupación = Mente dividida

Enojo + Confusión = Alboroto/indecisión

Enojo + Inseguridad = Manipulación/tácticas de control

Enojo + Estrés = Agotamiento/colapso físico, mental o emocional

Enojo + Resentimiento = Hostilidad

Enojo + Temor = Actos irracionales

Enojo + Tristeza = Desorientación/Incapacidad total de desempeño

Ciertamente, estas no son todas las combinaciones posibles entre el enojo y otras emociones, ni tampoco los únicos resultados que se producen de tales combinaciones. El enojo es impredecible.

Aun así, considere lo que implica combinar dos o más emociones tóxicas. Al igual que ciertos productos químicos explotan o reaccionan al combinarse, el enojo a menudo es un catalizador de comportamientos intensamente negativos.

EL VÍNCULO DEL ENOJO
A OTROS FACTORES

El enojo también tiende a tomar diferentes formas dependiendo de los factores de tiempo, espacio y situación. Considere estas combinaciones:

Enojo + Urgencia = Pánico

Enojo + Reclusión = Conducta explosiva

Enojo + Obligación = Pataleta

Enojo + Duelo = Pensamiento nublado

Enojo + Demasiadas opciones = Mala toma de decisiones

¿Por qué deberíamos preocuparnos por otros factores asociados con el enojo? Por su volatilidad. Lo que hace que una persona esté enojada no es normalmente invariable durante mucho tiempo. El enojo en una relación tampoco se deriva siempre de las mismas circunstancias ni sigue siempre los mismos patrones de comportamiento.

Si usted logra identificar otro factor asociado con el enojo, muy a menudo podrá tratar cada situación de una forma que lo reduzca o atenúe. Por ejemplo, si se da cuenta de que su enojo es causado por el estrés, tratar ese asunto específico de manera personal o profesional marcará la diferencia. Las personas que viven continuamente estresadas harán bien en aprender habilidades concretas para administrar su tiempo y técnicas para controlar el enojo. En el mundo de hoy es fácil aceptar demasiadas obligaciones en un espacio de tiempo muy corto y con un alto nivel de expectativas.

Reconozca que las causas y los efectos del enojo no son siempre simples. En sus intentos por descubrir la causa principal de un problema de enojo, puede que se vea lidiando con varios problemas. Pero está bien. Trate cada uno a medida que surja, y no deje de lidiar con ellos uno por uno.

ADMÍTALO—TRÁTELO

1. ¿Cuál de estas raíces del enojo le parecen relevantes a usted o a algún ser querido?

Culpa o vergüenza
Orgullo
Inseguridad
Sueños aplazados o negados
Mentiras y encubrimientos
Disfunción cerebral o enfermedad mental
Adicción

2. ¿Cómo le ayuda conocer la raíz de su enojo o el de otra persona para poder tratarlo y lidiar con él?

3. ¿Qué puede hacer para ayudar a la persona enojada que hay en su vida a liberar su enojo?

4. ¿Qué hará para deshacerse de su propio enojo?

CAPÍTULO 5

LIBERACIÓN

Cómo soltar el enojo

Siempre me han asombrado los extremos a que pueden llegar las personas para aferrarse a su enojo en lugar de soltarlo, pues los beneficios de soltar nuestro enojo sobrepasan de lejos cualquier «derecho» o «beneficio» percibido de mantenerlo encerrado dentro. Pero, ¿cómo podemos soltar el enojo y encontrar libertad y paz?

SEIS REQUISITOS PARA SOLTAR EL ENOJO

Considere los siguientes seis requisitos que nos sirven de fundamento para liberar el enojo.

1. Elimine las excusas

Las personas ponen muchas excusas para justificar su enojo. Las cinco principales excusas que oigo son:

1. Todo el mundo se enoja. Yo no soy distinto a los demás.

2. Siempre he tenido muy mal genio.

3. Tengo buenas razones para estar enojado.

4. Me han hecho tanto daño que no puedo evitar estar enojado.

5. Si no permanezco enojado, me harán aun más daño del que ya me han hecho.

Estas excusas no son lo suficientemente buenas para justificar que usted se aferre a algo que puede destruir su vida. Deje de poner excusas y póngase a la tarea de soltar su enojo.

2. Dispóngase a cambiar su actitud

Me acuerdo que de niño me decían que «cambiara mi actitud». Eso me resultaba muy difícil. ¿Acaso había un botón que podía presionar y que cambiaría instantáneamente algo dentro de mi cabeza? Yo nunca descubrí ese botón.

Liberar el enojo casi siempre conlleva un ajuste serio de actitud. No hay un botón mágico aquí. El cambio de actitud ocurre cuando alguna información nueva produce en nosotros un sentimiento de compasión en lugar de furia.

Escuché la historia de un niño que vivía con su madre y su abuelo. Aunque no era muy anciano, el abuelo estaba en silla de ruedas y tenía muy poca movilidad en sus brazos. Su rostro tenía cicatrices notorias, y le costaba mucho tragar la comida. La mayoría de los días necesitaba que alguien lo ayudase a comer. Todos los días al mediodía, esta tarea recaía en el niño, quien hacía su trabajo fielmente pero sin mucha alegría. Era bastante desagradable y complicado alimentar al abuelo.

A medida que el niño crecía, se fue cansando más de su responsabilidad. Un día entró en la cocina y dijo enojado: «¡Mamá, desde ahora tú alimentarás al abuelo!».

La madre dejó sus tareas, le indicó a su hijo que se sentara, y dijo: «Ahora eres un hombrecito. Es hora de que sepas toda la verdad sobre tu abuelo». Continuó: «Tu abuelo no siempre estuvo en una silla de ruedas. De hecho, fue un buen atleta. Pero cuando tú eras bebé, ocurrió un accidente».

El hijo se inclinó hacia adelante en su silla. No había escuchado eso nunca.

La madre dijo: «Hubo un incendio. Tu padre estaba trabajando en el sótano y pensó que tú estabas arriba conmigo. Yo pensé que estabas abajo con él. Ambos nos apresuramos a salir de la casa y te dejamos solo arriba en tu cuarto. Tu abuelo estaba de visita con nosotros en esos días, y fue el primero en darse cuenta de lo que había ocurrido. Sin decir palabra, entró en la casa, te encontró, te envolvió en una manta mojada y salió corriendo entre las llamas, trayéndote a nosotros sano y salvo.

«Las cicatrices en la cara de tu abuelo y el tejido dañado de su boca y su esófago que le impiden comer con normalidad son resultado de las quemaduras que sufrió aquel día».

Sin decir palabra, el joven tomó la bandeja de la comida de su abuelo. Con lágrimas en los ojos, fue a atender a su abuelo y nunca más se volvió a quejar por tener que alimentarlo.

Las actitudes cambian cuando tenemos toda la información o cuando vemos una situación desde otro ángulo. Pídale a Dios que le revele exactamente lo que necesita saber a fin de abordar su enojo. Pídale también que le permita tener una visión de cómo podría ser su vida cuando sea totalmente capaz de librarse de su enojo.

3. Decida no preocuparse

El enojo surge a veces por las preocupaciones de una persona por su futuro.

Usted no puede controlar todas las dificultades que saldrán a su encuentro, pero puede hacer mucho para controlar el nivel de ansiedad que experimenta en medio de la adversidad. El apóstol Pablo escribió: «Por nada estéis afanosos» (Flp 4.6).

«¿Pero cómo?», quizá se pregunte.

En ese mismo versículo, Pablo sigue diciendo: «sino sean conocidas vuestras peticiones delante de Dios en toda oración y ruego, con acción de gracias». En otras palabras, hable con el Señor sobre su situación. Entréguele el problema y dele gracias por escuchar su oración, tratar el problema y proveer la solución que usted necesita.

El agradecimiento produce un fruto maravilloso en el alma de una persona. Al darle gracias a Dios por todo lo que Él ha hecho y está haciendo por usted, obtendrá una confianza renovada en que Dios cuida de usted. El Señor está, siempre ha estado, y siempre estará en control absoluto de todas las cosas. Dele gracias por su bondad, su constante presencia y por estar en control de todo lo que afecta su vida.

¿Cuál es el resultado de su expresión de agradecimiento junto con sus peticiones específicas para que Dios actúe?

Pablo escribió que el resultado es la «paz de Dios», una calma que sobrepasa todo entendimiento (Flp 4.7). Es una paz que guardará su corazón y su mente contra toda tentación a preocuparse o confiar en su propio intelecto, fuerza o habilidad.

Sólo cuando usted y yo confiamos en Dios totalmente, podemos experimentar una paz verdadera y duradera.

4. Rehúse conservar su enojo

Algunas personas conservan su enojo. Lo valoran; lo ven como un indicio de fortaleza. Están tan acostumbradas a sentir enojo que éste se convierte en parte de su identidad. Un psicólogo amigo mío me contó una vez el caso de una señora a la que había dado consejería durante mucho tiempo. A pesar de lo mucho que mi amigo lo intentó, ella se negaba a liberar su enojo. En su última sesión, habló con esta señora sobre su espíritu no perdonador hacia alguien y le imploró que lo dejara.

Me dijo que la señora se acercó a la ventana, levantó sus dos manos y gritó: «¡No puedo dejarlo! ¡No puedo dejarlo! ¡No puedo dejarlo! ¡Porque si lo dejo no me quedará nada más!».

Era presa de su propio enojo. Si lo dejaba, no tendría nada más en qué pensar en la vida. Conservar el enojo es decir: *Lo tengo, y me lo voy a quedar hasta que me muera.* ¿Hay algo en su vida que no pueda dejar? La verdad es que, con la ayuda de Dios, sí puede.

5. Rehúse automedicar su enojo

Una de las peores formas posibles en que la gente intenta controlar su enojo es con alcohol, drogas o el consumo excesivo de medicamentos recetados. Estas sustancias puede que enmascaren el enojo temporalmente o incluso ayuden a mantenerlo a baja temperatura; pero al final, este enfoque de automedicación contra el enojo siempre falla. Es más probable que conduzca a la dependencia o la adicción; y llegado a ese punto, tendrá usted dos problemas que tratar en vez de uno.

Decida soltar su enojo en lugar de enmascararlo.

6. Sea paciente

Soltar su enojo no es un proceso simple. Puede ser una progresión muy complicada y difícil que lleve tiempo, así que sea paciente y persistente. Ahora que ha puesto un buen cimiento para soltar su enojo, está listo para comenzar a dar pasos activos para liberarse de su atadura.

DIEZ PASOS PARA TRATAR EL ENOJO

Paso 1: Admita su enojo ante Dios

Una señora me dijo una vez: «Llevo enojada toda mi vida. Nunca lo vi como algo que necesitara confesar, pero un día me di cuenta de que mi enojo era algo que Dios podía sanar». Siguió diciendo: «Sabía que el primer paso que necesitaba dar para recibir la sanidad era admitir que hay un problema. Así que acudí a Dios y le dije: "Admito que estoy enojada. No estoy totalmente segura de por qué estoy enojada, pero sé que lo estoy. Por favor, ayúdame"».

Poco después de la oración de esta señora, el Señor trajo a su memoria tres experiencias dolorosas distintas de su infancia. Al recordar cada una de ellas, sintió un enojo muy intenso surgiendo en su interior. Así que oró: «Señor, ayúdame a soltar todos los sentimientos negativos y el dolor que siento ahora mismo. Por favor, limpia mi corazón y mi mente de estos recuerdos, para que nunca vuelva a tener una reacción negativa a esa experiencia tan horrible».

Ella dijo: «Cada vez que oraba eso, inmediatamente rompía a llorar. Lloraba y lloraba hasta que sentía que ya no me quedaban más lágrimas. Sentía un fuerte alivio, como si algo muy hondo en mi ser se hubiera desalojado y evacuado con el fluir de mis lágrimas. El sentimiento de alivio fue tremendo, y después me sentí muy tranquila.

«Le pedí al Señor que me llenara de su paz y trajera a mi mente un recuerdo feliz que reemplazara al negativo. Decidí recordar la grata experiencia con todo detalle, incluso hasta el punto de reírme. Al hacerlo, sentí el amor del Señor derramándose dentro de mí. Compartí mi dolor con Dios y permití que Él me limpiara y renovara áreas de mi alma con su amor y gozo. Fue la experiencia espiritual más increíble de toda mi vida».

Le pregunté: «¿Volvió a estar enojada después de esa experiencia?».

«Sí» dijo ella, «pero el enojo no tenía la misma intensidad, y no provenía de un lugar tan hondo de mi alma. El enojo que sentí después de esto se debió a otras situaciones o circunstancias. Fue algo mucho más del momento y no tenía que ver con personas o experiencias de mi pasado».

Luego esta señora dijo algo sorprendente: «Fue como si mi enojo se hubiera convertido en un hábito. Yo respondía con enojo porque no sabía reaccionar de otra manera. Hablé de esto con una sabia amiga mía de muchos años, y me dio sugerencias sobre cómo responder a situaciones negativas y a los problemas sin enojo. Con el tiempo, me he sentido cada vez menos enojada. Hace dieciocho años tuve esa sanidad emocional y espiritual, y ahora realmente me cuesta bastante enojarme».

Creo que es cierto que para muchas personas el enojo se ha convertido en algo habitual. Si este es su caso, le recomiendo que hable con Dios al respecto. Dígale: «Padre, confieso que no sé cómo responder al dolor emocional o al rechazo sin enojarme. Enséñame una forma nueva de manejar las situaciones difíciles de la vida. Llévame a la información correcta y ayúdame a hacer los cambios que tenga que hacer. Confío en que me ayudarás a romper este hábito de enojo».

La historia de esta señora también ilustra el segundo principio para soltar el enojo.

Paso 2: Identifique la fuente de su enojo

Una persona me dijo hace muchos años: «Pensaba que mi esposo me hacía enojar, pero un día comprendí que realmente no eran sus actos los que provocaban mis emociones, sino un recuerdo de los actos de mi padre que había establecido un patrón de enojo en mi vida». Esto les ocurre a muchas personas. Algo que dijo mamá o papá hace mucho tiempo aún resuena como una crítica en los oídos de esa persona. El «disco» gira una y otra vez, suena, resuena y vuelve a sonar:

No vales nada.

Nadie te quiso nunca.

Nunca llegarás a nada.

Nunca tendrás lo que sueñas alcanzar.

Su «grabación» podría ser algo que su esposa le dijo durante una discusión o lo que su hijo adolescente gritó antes de irse de casa dando un portazo. El dolor de esos recuerdos, unido a un fuerte sentimiento de rechazo, puede dar como resultado un alboroto que frecuentemente se manifiesta en forma de enojo.

Cuando alguien está enojado con usted, tiene que considerar varias cosas. Si está siendo acusando falsamente, hay poco que pueda hacer para calmar el enojo de la persona. La persona enojada probablemente no quiera escuchar su versión de los hechos. Quizá no quiera recibir ninguna explicación o excusa, por válida que sea.

A veces, las personas se enojan por algo que no tiene nada que ver con usted, pero necesitan encontrar alguien a quien culpar, así que se lo transfieren a usted. Cuando eso ocurre, usted tiene que tratarlo rápida y adecuadamente.

En Mateo 18, Jesús nos da instrucciones muy claras sobre cómo tratar el conflicto: «Por tanto, si tu hermano peca contra ti, ve y repréndele estando tú y él solos; si te oyere, has ganado a tu hermano. Mas si no te oyere, toma aún contigo a uno o dos, para que en boca de dos o tres testigos conste toda palabra. Si no los oyere a ellos, dilo a la iglesia; y si no oyere a la iglesia, tenle por gentil y publicano» (vv. 15–17).

Lo maravilloso de esta enseñanza es que también funciona al contrario. Si usted es quien pecó y alguien está justificado en su enojo hacia usted, entonces usted tiene que ir a esa persona, confesar su pecado y pedirle que lo perdone. Si la persona no acepta sus disculpas, puede que tenga que intentarlo de nuevo con «uno o dos», como dijo Jesús, que vayan con usted.

Ya sea que el enojo de alguien contra usted esté justificado o injustificado, puede orar por esa persona para que sea sanada emocionalmente y encuentre paz. Pídale a Dios que ayude a esa persona a soltar su enojo y enfocarse en algo positivo. Ore para que Dios se mueva en el corazón de la persona enojada trayendo sanidad y gozo. Finalmente, pídale al Señor que bendiga y restaure su relación con esa persona.

Paso 3: Propóngase en su corazón ceder todos sus derechos a enojarse

Su forma de manejar el enojo es cuestión de su voluntad. Usted puede y debe tomar autoridad sobre sus emociones y *decidir* soltar el enojo.

No intente justificar su enojo.

No ponga excusas.

No lo transfiera, ni culpe a otros.

Confiese sus sentimientos a través de la oración: «Dios, ayúdame a tratar esto de forma rápida y eficaz. No dejes que el enojo envenene mi alma».

Una vez escuché a una señora describirlo de esta manera: «El enojo es como derramar algo sobre una camisa o blusa blanca. Si lo limpia rápidamente y de la forma correcta, es muy probable que no deje una mancha permanente. Pero si lo ignora y espera demasiado tiempo para tratar la mancha, es muy probable que su prenda se estropee para siempre». Y esto *no* se refiere a arrojar el enojo al ofensor en el mismo instante, pues eso no resuelve el problema sino que lo ensaña.

«Pero tengo derecho a enojarme», quizá diga alguien. «Si no hablo de inmediato, perderé mi oportunidad de que la otra persona sepa que merezco respeto».

O quizá escuche que alguien da esta explicación: «Tengo derecho a responder de una forma que le haga saber a la persona que tengo derecho a tener mis propios sentimientos y expresarlos como yo quiera, incluyendo el enojo».

La verdad es que usted no tiene ninguno de esos supuestos derechos. Los derechos que la gente suele pensar que tiene se dividen principalmente en dos categorías: autodefensa y autorrealización.

USTED NO TIENE DERECHO A LA AUTODEFENSA

La mejor defensa contra las palabras y actos hirientes llenos de enojo muy a menudo es no hacer ni decir nada. Muchas veces y en muchas situaciones, Dios me ha mostrado los tremendos beneficios de guardar silencio.

Ahora bien, si alguien se acerca a usted con un sartén en la mano, no estoy diciendo que tenga que quedarse ahí quieto y dejar que le dé en la cabeza, pero si una persona le está profiriendo obscenidades y amenazas, no se las devuelva. Aléjese. Si entra en la lucha, sólo estará alimentando el enojo de la otra persona. Deje que Dios trate con la persona y lo defienda. Es sorprendente cómo Él puede llevar a la persona correcta con las palabras correctas a la vida de la persona enojada, confrontándola con la verdad y el amor de Dios y convenciendo a la persona enojada de su mala conducta.

«¿Pero qué ocurre con las situaciones en las que otros están acusando a una persona públicamente o llevándola a juicio?», quizá esté pensando. Mi consejo en esas situaciones es decir lo menos posible, hablar y actuar lo más amablemente que se pueda y resolver el asunto fuera del escenario público y de los tribunales, de ser posible. Dentro de veinte años, a nadie le importará si usted tuvo o no tuvo la razón, pero sí recordarán si actuó de manera correcta o si se enzarzó en una riña fea. Su reputación y su legado están siempre en juego en las disputas y los desacuerdos públicos.

Es un mito pensar que responder con enojo vaya a hacer que la otra persona lo respete. Puede que la otra persona le llegue a tener miedo, pero no respeto. Ese honor se les da a las personas prudentes y pacientes que perseveran calladamente en buenas acciones.

USTED NO TIENE DERECHO A AUTORREALIZARSE

No hay un derecho que le asegure su propia definición del éxito a través de sus propios esfuerzos, inteligencia o fuerza física. Algunas de las personas más brillantes y piadosas que conozco no serían consideradas como personas de éxito según los estándares del mundo. Nunca han prosperado económicamente o materialmente, pero están haciendo todo lo que Dios les ha pedido y están teniendo éxito en términos que Él valora.

El derecho que usted sí tiene cuando mantiene una relación con Dios está arraigado en sus promesas. Cuanto más rinda sus habilidades y deseos al plan, la voluntad y el propósito de Él para su vida, más le bendecirá Dios y le guiará. Le dará oportunidades y le ayudará a identificar, desarrollar y perfeccionar todos los talentos y dones que le ha dado, además de experimentar su paz sin igual (véase Flp 4.6–7).

Cuando usted insiste en hacerlo a su manera, quizá resulte con algo totalmente opuesto a lo que Dios desea hacer en usted y a través de usted. Le animo a que le pida al Señor que le revele su plan, voluntad y propósito para usted según los caminos y el tiempo de Él.

No le estoy sugiriendo que elimine o niegue todos los sueños y deseos de su corazón. Como creyente, usted necesita fijarse metas y perseguirlas. Lo estoy llamando a someter sus sueños, deseos y metas a Dios. Pídale que le revele su definición de éxito para usted y cuál es la mejor forma de lograrlo.

RENUNCIE A TODOS SUS DERECHOS

Rendirle a Dios por completo su enojo puede ser algo muy difícil. Significa que renuncia a su «derecho» a ajustar cuentas con una persona que le hizo algún mal o le hizo enojar. Está diciendo: *No intentaré hacerle daño ni devolverle lo que me hizo.* Está dispuesto a perdonar independientemente de lo que le haya hecho la persona. Cuando se rinda por completo, verá que Dios sana, bendice y guía de formas que son verdaderamente milagrosas.

Paso 4: Tómese un descanso

Yo aliento a las personas a desarrollar el siguiente hábito cuando sientan que el enojo está surgiendo dentro de ellas. Si comienza usted a ponerse rojo, decida visualizarlo en forma de una señal de PARE. Imagínese en un cruce de calles, donde tiene que frenar. Piense lentamente en todas las direcciones en que podría ir su enojo, y luego responda de manera lenta y deliberada.

El Salmo 103.8 dice que Dios es «lento para la ira».

Santiago 1.19 nos exhorta a cada uno de nosotros a ser «pronto para oír, tardo para hablar y tardo para airarse».

Asegúrese de que su respuesta sea buena.

Controle su lengua. No hable con demasiada rapidez.

Paso 5: Vaya a la raíz del problema

En muchos casos, el enojo de una persona no tiene que ver con lo que usted dijo o hizo. La persona está respondiendo por frustración, estrés, inseguridad, celos, fatiga u otra razón totalmente aparte de su interacción con usted. No es extraño que las personas se enojen cuando se encuentran en situaciones severas de hambre, soledad o cansancio.

En mis primeros años como pastor, cuando escuchaba las historias de otras personas, yo no tenía tanta paciencia como ahora. Pensaba (al igual que muchos otros hombres y también pastores) que me tocaba solucionar sus problemas. Cada vez que alguien empezaba a contarme una necesidad o problema, yo quería darle la solución cuanto antes, especialmente si veía con claridad la respuesta en términos de principios bíblicos. No me percataba del valor de dejar que la persona me contara todos los detalles, pero ahora entiendo el tremendo beneficio que es para las personas cuando se les permite contar sus historias con lujo de detalles. He descubierto que yo también me beneficio de tener una mejor idea de cómo Dios ha obrado, está obrando y obrará en la vida de una persona.

Cuando era joven, mi madre me decía: «Dime lo que quieras que sepa». Nunca me presionaba para que le contara lo que ella quería oír o lo que pensaba que *debía* oír. Mi madre me permitía decir exactamente lo que yo quería decir cuando yo quería. Y, claro está, yo terminaba contándole todo. Creo que el método de mi madre es sabio para la mayoría de las relaciones.

Paso 6: Cuéntele su enojo a Aquel que mejor puede ayudarle

Hay muy poco provecho en desahogar el enojo sólo por desahogarlo. Los científicos de la conducta han descubierto que incluso después de que un individuo grite en una almohada, la mayoría de los sentimientos de enojo que se han asentado en esa persona siguen ahí. Expresar el enojo no produce sanidad.

Sí es beneficioso desahogar nuestras emociones conversando con un amigo de confianza o consejero que pueda darnos consejos útiles y nuevas perspectivas para encontrar soluciones racionales. No obstante, no siempre es posible tener a la persona adecuada disponible en el momento exacto en que se necesita un corazón que se interese y escuche. Pero hay Alguien a quien usted siempre puede acudir para contarle sus emociones más hondas.

Vaya a Dios con su enojo. Vaya a solas, de rodillas, con su Biblia abierta, y pídale al Señor que le muestre por qué está usted enojado y qué puede hacer para redirigir sus sentimientos negativos hacia una conducta positiva. Él sabe por qué usted está enojado, y conoce su situación y sus circunstancias. Confíe en que Él le revelará la mejor manera de identificar, tratar y soltar del todo su enojo.

Cuando lea su Biblia, enfóquese en las palabras de Jesús en los cuatro

Evangelios. O vaya al libro de los Salmos para encontrar ánimo y paz. En el libro de Proverbios puede hallar consejos prácticos, y para recibir una verdadera guía cristiana, abra su Biblia en cualquiera de los escritos de Pablo, incluyendo Romanos, Efesios y Filipenses.

Paso 7: Redirija su energía

El enojo produce energía que se puede redirigir hacia innumerables conductas buenas y provechosas. Use su enojo para hacer algo útil y productivo.

- Lave, encere y brille su auto. Si sigue enojado cuando acabe, limpie el interior.

- Limpie y ordene un armario, el ático, los muebles o cualquier otra zona de su casa o su oficina.

- Quite las malas hierbas de su jardín o labre la tierra de su huerto.

- Vaya al campo de golf y golpee un cubo grande de bolas de golf.

Hay algo terapéutico y beneficioso en realizar una actividad física vigorosa. Le ayuda a desfogarse, y cuando recanaliza esa energía negativa en la dirección correcta, puede ser algo beneficioso. Sólo piense en todo lo que puede lograr, así que deshágase de ello. Reemplace su enojo con una buena actividad física.

Sin embargo, no le recomiendo manejar maquinaria pesada o herramientas eléctricas como una forma de redirigir su enojo. Los descuidos son comunes en una persona que está enojada. Lo mismo se aplica a operar cualquier tipo de vehículo. No deje que su auto o motocicleta sean un escape para su enojo.

¿Qué tal caminar, correr, nadar o montar en bicicleta? Estas actividgades son buenas para el cuerpo y no siempre requieren toda su atención. Puede seguir enojado mientras hace algún ejercicio de este tipo.

¿Qué tal hacer un rompecabezas o leer un libro? Son buenas maneras de enfocar su mente, pero no son actividades que liberen la energía física contenida. Escoja una actividad que incorpore tanto la mente como el cuerpo de una forma saludable y productiva.

El enojo intenso tiene un elemento de confusión asociado. En la mayoría de los casos, es una emoción que flota libremente en busca de un lugar donde arribar. Como resultado, las personas enojadas a menudo quieren golpear algo con su puño o hacerse de un objeto que puedan tomar y arrojar. Dele un enfoque positivo al enojo. Gaste esa energía negativa de una forma que sea productiva y no destructiva.

Paso 8: Reajuste su cuadrante emocional personal

El apóstol Pablo instó a los efesios a «quitar» su ira (Ef 4.31). En griego, esta expresión significa literalmente desnudarse o levantar y arrojar. En otras palabras, la Biblia ordena que quitemos completamente el enojo de nuestros corazones.

Si usted es creyente, tiene el poder del Espíritu Santo en su interior para hacerlo. Lo único que necesita decir es: «Dios mío, no quiero este enojo en mi vida, y escojo dejarlo por tu gracia, amor y bondad».

Ahora bien, hay otras cosas que aún tiene que tratar. Ese no es el final del asunto, pero sí una parte importante de soltar el enojo. Quítelo, deshágase de él. Deshágase de la «amargura, enojo, ira, griterío y maledicencia, y toda malicia» (Ef 4.31).

Además, si Pablo no hubiera querido decir que se lo «quitara», nunca hubiera animado a la iglesia a hacerlo. Usted puede hacerlo por el poder del Espíritu Santo. Como creyente en el Señor Jesucristo, dentro de usted reside el poder para vencer el enojo.

Usando un contraste muy interesante, Pablo le dijo a la iglesia en Éfeso el equivalente opuesto a lo que les dijo a los creyentes en Colosas. A ellos, el apóstol les escribió: «Vestíos... de entrañable misericordia, de benignidad, de humildad, de mansedumbre, de paciencia» (Col 3.12). La frase «vestíos» significa literalmente ponerse la ropa. También nos está diciendo que vistamos estas cualidades y nos cubramos con ellas. Pablo hace una distinción muy marcada y clara entre las emociones que necesitamos «vestir» y las que necesitamos «quitar».

Paso 9: Predetermine cómo responderá en el futuro

Después de un encuentro enojado con alguien, es sabio decidir cómo responderá la próxima vez que vea a esa persona. Quizá quiera ensayar en su mente lo que dirá y cómo se comportará. Visualícese en una situación o circunstancia similar y pregunte: *¿Qué haría de modo diferente? ¿Cómo debería comportarme la próxima vez que ocurra algo como esto?*

Quizá se diga: «Pero no sé de qué humor vendrá la otra persona». Su estado de ánimo o su conducta no importa. Lo que importa es que usted decida en su corazón que va a saludar a esa persona con paz en su corazón, una actitud alegre y un tono positivo. No deje que el humor o la conducta de la otra persona dicten sus respuestas a la vida. Decida cómo actuará.

Mantenga siempre en mente que usted no puede predecir ni controlar lo que otra persona hará o cómo responderá en una situación en particular. Usted sólo puede controlar cómo responderá *usted*; y hasta cierto punto, puede decidir de antemano cómo responderá.

No deje que la otra persona afecte el brío de sus pasos o el brillo de sus ojos.

No deje que nadie le robe su sonrisa.

No deje que otros le desanimen o entristezcan.

Durante décadas, los psicólogos y entrenadores deportivos han enseñado a los atletas los beneficios de la visualización. Hombres y mujeres en deportes individuales como clavado o patinaje sobre hielo, se ven a sí mismos realizando con éxito una maniobra difícil en su mente. En los deportes de equipo, como el béisbol y el baloncesto, los jugadores se visualizan haciendo una carrera o anotando la canasta que les da la victoria. Hay una correlación directa entre el buen entrenamiento, tanto mental como físico, y un excelente rendimiento en todas las disciplinas, desde la música hasta el hablar en público, desde el teatro hasta los deportes.

Cuanto más se prepare mentalmente para experiencias futuras difíciles, más paz tendrá en los momentos de enojo o frustración.

Paso 10: Fije metas emocionales en relaciones clave

Hable de sus relaciones. No necesita analizar en exceso, hasta el punto de agobiar una comunicación y relación normales y abiertas, pero tampoco debería dejar de hablar con las personas más allegadas a usted sobre sus sentimientos, anhelos, sueños y deseos. Y también debería pasar algo de tiempo aprendiendo sobre los de ellos. Encuentre un grato equilibrio.

Pase tiempo a solas con su cónyuge, con cada uno de sus hijos y con sus amigos íntimos. Señale aspectos positivos del carácter, la actitud y la personalidad de la otra persona. Medite en lo que ha significado esa relación para usted durante los años, y hablen sobre formas en que podrían fortalecer su matrimonio, su relación de padres e hijos o su amistad. Exprese su deseo de ver que la relación se fortalezca.

Pregúntele a la persona: «¿Cómo puedo orar por ti?», y busque oportunidades para orar juntos. Puede aprender mucho sobre alguien escuchando cómo ora.

Un hombre me dijo una vez: «Yo le mido la presión atmosférica a mi matrimonio cada vez que oigo a mi esposa orar por mí. Pensaba que era el único que tomaba apuntes, pero un día ella me dijo: "Sé cómo te sientes conmigo, por las cosas sobre las que le pides a Dios que me ayude". Desde ese momento, comencé a prestar atención no sólo a lo que decía mi esposa, sino a lo que yo mismo decía cuando orábamos juntos. Obtuve importantes perspectivas no sólo de nuestra relación, sino también de mis propios motivos y deseos».

Estoy totalmente convencido de que dos personas pueden decidir intencionalmente que no van a enojarse entre sí. Se pueden poner ciertas salvaguardas y cotas para impedir que una discusión se convierta en una pelea. Por otro lado, si no se toma una decisión intencional, el enojo *seguirá* manifestándose. Nunca suponga que todo el enojo se disipará sólo porque se aman. Algunas de las diatribas más virulentas y furiosas se producen entre personas que dicen estar enamoradas.

Cuando dialogue sobre su relación con otra persona, hable sobre lo que pueden hacer para ayudarse el uno al otro a confrontar las situaciones difíciles y dolorosas sin recurrir al enojo, la amargura o el resentimiento. Una de las mejores cosas que puede hacer para controlar su propio enojo es mantenerse flexible y tener sentido del humor sobre sus propias faltas y flaquezas.

Aprenda a decidir lo que es verdaderamente importante en la vida y lo que no lo es. Los asuntos que son urgentes no son necesariamente los más importantes. No se atasque en cuestiones triviales que lo alejan de Dios y lo mejor que Él tiene para su vida.

PREVENGA LO QUE PUEDA PREVENIR

Tenga estos tres principios en mente para lidiar con su enojo:

- Prevenga lo que pueda prevenir.

- Aprenda de lo que no puede prevenir.

- Pídale a Dios que lo ayude a dejar a un lado las respuestas enojadas que no aporten un resultado positivo.

INVITE A DIOS A SANAR SU ENOJO

A veces el enojo es tan profundo que sólo la gracia de Dios puede sanarlo.

El enojo ha estado ahí durante mucho tiempo, y se ha convertido en un aspecto tan predominante de la vida cotidiana que la persona no puede liberarse de él. La buena noticia es que ningún grado de enojo está fuera del alcance de Dios. Pídale al Señor que pode cualquier enojo de su corazón.

Hace décadas, A. B. Simpson escribió este gráfico retrato de lo que podría significar pedirle a Dios que sanara su enojo:

Antes de que el Santo de los Santos pueda ser totalmente abierto a nuestro corazón y podamos entrar en comunión con Dios, el velo de nuestro corazón debe ser rasgado, y esto se produce como sucedió en el Calvario: con la muerte de nuestra carne. Cuando cedemos nuestro propio yo natural a Dios para que muera y Él nos hace morir por el poder de su Espíritu, la obstrucción de nuestra comunión con Dios desaparece y entramos en su plenitud más profunda. El mayor obstáculo para nuestra paz y victoria está en la carne. Siempre que la conciencia del yo se alce vivamente ante usted, y quede absorbido en sus propios problemas, ansiedades, derechos o errores, pierde en un instante su comunión con Dios y una nube de oscuridad cae sobre su espíritu. Realmente no hay nada que nos hiera o estorbe tanto como este gran peso de maldad, el cual por nosotros mismos nunca podemos hacer pedazos, pero el Espíritu Santo sí… Lléveselo a Él, dele el derecho de rasgarlo, y el velo quedará roto… y la gloria del cielo será revelada en su vida.

¿Realmente quiere usted todo lo que Dios desea darle? Si es así, pídale que quite cualquier obstáculo que haya en su camino. Uno de esos obstáculos puede ser el enojo asentado en lo profundo de su ser.

PÍDALE A DIOS DIARIAMENTE QUE LO LIMPIE

Cada día, pídale al Señor que quite cualquier enojo, amargura o pensamientos impíos que pudieran haberse arraigado. Ore para que Dios le dé paz, le ayude a perdonar, le capacite para soltar diariamente sus ansiedades, problemas, heridas y sufrimientos. Pídale que llene su mente con pensamientos de su bondad hacia usted. Estoy seguro de que si hace de esto un hábito diario, se sorprenderá de lo bien que duerme y lo renovado que se siente al despertar cada mañana.

Muchas veces oro al irme a la cama: «Señor, gracias por este día. Te pido que tomes control de mi mente subconsciente mientras duermo y permitas que el Espíritu Santo siga obrando en mí en las horas de la noche. Tú sabes lo que necesito y las ideas que debo tener para hacer el trabajo que me has llamado a hacer. Te pido que comiences el proceso de nacimiento de esas ideas mientras duermo».

A menudo me maravillo de que mis primeros pensamientos al despertar sean ideas creativas que son exactamente lo que necesitaba para un sermón, proyecto o decisión en particular que tengo ante mí. Son ideas concebidas y nacidas en la paz del Señor.

A veces, Dios me despierta en medio de la noche con una idea que es muy clara. Cuando eso ocurre, la escribo de inmediato y normalmente puedo volver a dormirme. Por la mañana, no sólo estoy agradecido por haber anotado la idea, sino al descubrir que esas interrupciones divinas de mi sueño nunca me dejan sintiéndome exhausto; todo lo contrario, me siento vigorizado.

Por el contrario, si me voy a la cama preocupado por algo, mi mente sigue masticando ese tema mientras mi cuerpo intenta dormir. Si me despierto a mitad de la noche, rara vez tengo una respuesta porque mi mente sigue anclada en el problema. Cuanto más pienso en el problema durante la noche, más se angustia mi mente y más me costará volver a dormir. Raramente me siento renovado y plenamente descansado tras una noche así.

Si lucha usted con el enojo hacia otra persona o si tiene una explosión de enojo durante el día, entréguele ese problema a Dios antes de irse a dormir. Pídale que le perdone por las duras palabras que dijo o el enojo que expresó de manera incorrecta. Pídale al Señor que lo limpie por completo de todo pensamiento negativo que tenga hacia cualquier persona o situación. Pídale a Dios que tome el control. Confíe en que Él obrará una solución y la respuesta mientras usted duerme. Dele gracias de antemano por darle paz y por renovar su capacidad de amar, trabajar, brindar cui dados o cualquier otra manera en que deba relacionarse con la persona que estaba enojada con usted, o con la que usted estaba enojado.

TOME LA DECISIÓN DE VIVIR LIBRE DE ENOJO

¿Qué tiene que pasar para que usted se enoje?

¿Se enoja cada vez más o cada vez menos?

Hace años leí una frase que cambió mi vida. El autor, cuyo nombre olvidé hace tiempo, escribió: «El tamaño del enojo de un hombre es la medida de ese hombre».

Tan pronto leí esa frase, decidí abandonar todo enojo en mi vida. No me iba a dejar gobernar por el enojo, y no infligiría mi enojo sobre otros. Ciertamente no tuve éxito al instante, pero al mirar atrás en mi propia vida, reconozco con claridad cosas que antes me frustraban o enojaban y que ya no me afectan.

Eso no significa que yo, o cualquier otra persona, pueda quedar totalmente inmune al enojo. No significa que no sienta punzadas de enojo de vez en cuando. Lo que significa es que he determinado, por un acto de mi voluntad, vivir una vida libre de enojo. Y estoy confiando en Dios diariamente para que convierta mi espacio personal en una zona libre de enojo. Sé que es la única manera en que puedo ser el pastor, maestro y amigo eficaz y productivo que anhelo ser.

ADMÍTALO—TRÁTELO

1. Vuelva a leer los requisitos citados al principio de este capítulo. Mientras medita en las siguientes preguntas, pídale a Dios que le revele respuestas honestas.

2. ¿A qué excusas se está aferrando aún para su enojo?

3. ¿Por qué le resulta difícil cambiar su actitud o dejar de preocuparse?

4. ¿Sigue aún conservando su enojo, considerándolo algo valioso?

5. ¿Cómo ha estado medicando su enojo? Sea específico.

6. ¿Con quién o con qué está usted lidiando para ser paciente?

7. Pídale a Dios que lo libere de cualquier tendencia a ser una persona llena de enojo.

CAPÍTULO 6

CURA

///

El bálsamo para el enojo es el perdón

Una mujer me dijo un día: «Lo último que quería hacer era lo que realmente tenía que hacer».

Su afirmación se refería a la manera en que finalmente soltó el tremendo enojo que había sentido hacia su anterior esposo.

No cabía duda de que esta mujer había sido muy maltratada. Su esposo tuvo varias aventuras amorosas antes de que ella se enterase de su infidelidad. Él la dejó con dos hijos adolescentes y muy poca ayuda económica. Un día simplemente salió por la puerta y nunca regresó a su casa. Ella no supo nada de él durante varios meses hasta que recibió una carta en la que le pedía el divorcio.

La invité a que me contara toda la historia, y esto es lo que ella me contó.

Un día, mientras le relataba su dolorosa experiencia a su pastor, él le dijo: «Tiene que perdonar a su esposo, perdonarse a sí misma y abrir su vida al futuro que Dios aún le tiene por delante».

Ella dijo: «No puedo perdonarlo».

Él contestó: «No es que pueda perdonar, sino que debe hacerlo».

«¿Por qué?».

«Porque Jesús nos manda perdonar. El perdón no es una sugerencia, sino un mandamiento».

Esta mujer comenzó a discutir sobre el tema del perdón con su pastor y se dio cuenta de que no había entendido bien la verdadera naturaleza del mismo. Los errores de entendimiento que tenía eran los que mucha gente tiene, así que aclaremos el asunto:

- Perdón *no* significa que nada malo ha ocurrido. No es negación.

- Perdón *no* significa que la parte herida no sintió dolor. Es muy probable que la persona herida sintiera un gran dolor y quizá aún lo sienta.

- Perdón *no* significa que no hay consecuencias negativas para la parte ofensora. Más bien es confiar en que Dios hará justicia y tratará con la persona de la manera que Él considere mejor.

Perdonar es simplemente «soltar». Es rehusarse a mantener a la persona en la prisión de su propio corazón ni un segundo más. Perdonar es zafarse de todo lo relacionado con lo que hizo el ofensor y dejar su castigo a Dios.

¡SUELTE AL REHÉN!

En nuestro mundo de hoy, desafortunadamente todos sabemos lo que significa que alguien sea tomado como rehén. Todos nos sentimos ultrajados cuando nos llegan las noticias de un delito así. Sin embargo, cuando rehusamos perdonar a otros (o a nosotros mismos), es como si tuviéramos a esa persona (o a nosotros mismos) como rehén. Permítame explicarlo.

Cuando alguien es tomado como rehén, los captores normalmente quieren algo a cambio. Puede ser dinero, armas, la liberación de prisioneros o cualquier otra cosa. En esencia, el mensaje que se envía es: *Denos lo que queremos, y les devolveremos lo que hemos tomado.* Siempre hay alguna condición, algún tipo de rescate que se debe pagar.

Cuando usted o yo rehusamos perdonar a alguien que nos ha lastimado o herido, estamos participando en una conducta similar. Hasta que la persona con la que estamos enojados cumpla nuestras demandas, retiramos el amor, la aceptación, el respeto, el servicio, la amabilidad, la paciencia o cualquier otra cosa que la persona valore. El mensaje enviado es: *Hasta que no me pagues por el mal que me has hecho, no recibirás nada bueno de mí.*

Las personas que verdaderamente perdonan, cancelan toda exigencia de compensación por las heridas emocionales que les hicieron.

OLVÍDESE DE TODAS LAS DEMANDAS

El perdón es el abandono del resentimiento, la furia y el enojo, incluyendo el derecho individual de ajustar cuentas.

Decir «te perdono» a alguien y decirlo de verdad son dos cosas muy diferentes. Cuando usted perdona a alguien de manera sincera y total, está renunciando a cualquier «derecho» que piense que pueda tener de ajustar cuentas. De hecho, una manera de saber que realmente ha perdonado a alguien es cuando ya no tiene deseo alguno de buscar venganza o ajustar cuentas por lo que le hizo esa persona.

La falta de perdón es la renuncia a abandonar el enojo y la venganza. Se arraiga en la noción de que «alguien tiene que pagar». ¿Cuál cree que sería un justo pago o compensación por el dolor que usted ha sufrido? Si viene a su mente alguna forma de retribución que le parezca adecuada, está albergando falta de perdón.

ABANDONE SU «DERECHO» A NO PERDONAR

He leído la Biblia y no he encontrado un sólo libro, capítulo o versículo que justifique el aferrarse a la falta de perdón hacia una persona.

No importa cuánto me duela, cuántas lágrimas vierta o lo desesperado que esté para que Dios resuelva la situación a mi favor. Él me da un papel vital que desempeñar en su proceso de sanidad y restauración: debo perdonar.

LIBÉRESE EN EL PROCESO

Muchas personas que sufren de un espíritu no perdonador ni siquiera saben que la falta de perdón es la raíz de su problema. Lo único que saben es que no pueden estar en compañía de ciertas personas. Se dan cuenta de que cuando se tratan ciertos temas, quieren repartir golpes. Se sienten incómodos o inquietos cuando se encuentran con personalidades de cierto tipo. Pierden su compostura por pequeñeces y luchan constantemente con la culpa por pecados del pasado. Pero sienten poco remordimiento por odiar a personas que saben que deberían amar. Todos estos sentimientos y emociones a menudo se entretejen en un tapiz de falta de perdón. Para ser libre en la vida emocional, usted debe perdonar.

Los beneficios del perdón son principalmente para *usted*. En muchos casos, realmente no hay un beneficio directo para la persona a quien usted perdona. Su perdón puede capacitar a la otra persona para perdonarle a usted, a ella misma o a otros, pero el mayor beneficio es para su propia relación con esa persona. El perdón restaura:

- Su libertad para amar

- Su libertad para comunicarse

- Su capacidad de asociarse o trabajar juntos

CRISTO NOS MANDA PERDONAR

Pablo escribió: «Antes sed benignos unos con otros, misericordiosos, perdonándoos unos a otros, como Dios también os perdonó a vosotros en Cristo» (Ef 4.32). El apóstol les estaba recordando a los primeros creyentes lo que Jesús había enseñado de manera vigorosa y reiteradamente. Como parte del Sermón del Monte, Cristo les dijo: «Sed, pues, misericordiosos, como también vuestro Padre es misericordioso. No juzguéis, y no seréis juzgados; no condenéis, y no seréis condenados; perdonad, y seréis perdonados» (Lc 6.36–37). La palabra *perdonados* también se puede traducir «indultados». Note que los mandamientos de Jesús son inequívocos. No hay en ellos ningún si, y, pero o quizá.

El Señor siguió diciendo: «Porque con la misma medida con que medís, os volverán a medir» (Lc 6.38). En otras palabras, el grado en que usted perdone es el mismo grado en que Dios el Padre lo perdonará a usted.

Cuando les enseñó a orar a sus discípulos, ver el capítulo seis de Mateo, Jesús subrayó la importancia de perdonar incluyéndolo como parte de lo que conocemos como el Padrenuestro. Dijo: «Y perdónanos nuestras deudas, como también nosotros perdonamos a nuestros deudores» (v. 12). Jesús explicó este principio más a fondo: «Porque si perdonáis a los hombres sus ofensas, os perdonará también a vosotros vuestro Padre celestial; mas si no perdonáis a los hombres sus ofensas, tampoco vuestro Padre os perdonará vuestras ofensas» (vv. 14–15).

Esta es una de las afirmaciones más importantes de la Biblia. Si usted perdona a quienes lo han herido, el Padre lo perdonará. Si rehúsa perdonar a quienes lo ofenden, el Padre rehusará perdonarlo. En ambos pasajes de la Escritura, Jesús nos da la responsabilidad de perdonar a otros *antes* de buscar el perdón de Dios. Con demasiada frecuencia, la gente intenta hacerlo al revés. Le pedimos al Señor la gracia que hemos rehusado darle a otra persona. Pero Jesús invirtió el orden. Perdone a otros, y luego pida a Dios que lo perdone a usted.

Es importante destacar que Jesús no se está refiriendo aquí a la salvación. El perdón de nuestros pecados cuando lo recibimos a Él como Salvador y comenzamos a seguirlo como Señor es un evento puntual sellado por el poder del Espíritu Santo. Lo que Jesús está diciendo aquí es que mi falta de disposición a perdonar a alguien, mi negación a soltar, mi rechazo a dejarlo todo a un lado, me coloca en una posición donde el Padre celestial no me perdonará mi pecado. Esto no tiene que ver con la salvación, que es un tema resuelto. Esta enseñanza tiene que ver con su caminar diario.

Si usted y yo nos aferramos al enojo con alguien, no estaremos en una buena relación con Dios, lo cual es pecado; y si yo de forma deliberada y voluntaria peco contra Él, lo único que estoy haciendo es hundirme más en estos sentimientos de hostilidad, amargura y enojo. Podremos tratar de racionalizarlo, pero la verdad es que la falta de perdón es una actitud crítica, perjudicial y destructiva que destruirá por completo su vida y lo retraerá en su comunión con Dios.

Hace algún tiempo escuché una historia increíble de perdón de un consejero amigo mío. Trataba de ayudar a una joven a la que su padre había golpeado severamente cuando era niña. Estaban hablando del asunto en sesiones de consejería, sin tener un éxito definitivo. Ella había logrado distanciarse de su padre pero no había sido capaz de perdonarlo del todo. Ahora se preparaba para tener una sesión que incluía a su madre. La joven suponía que su mamá sabía todo acerca de las palizas y de alguna manera había acatado la conducta del padre, pero no lo sabía con certeza.

Varias horas antes de la sesión, una buena amiga de esta joven llegó a la ciudad y le preguntó: «¿Has perdonado a tus padres por lo que te ocurrió de niña?».

«¿Cómo puedo hacerlo?», le dijo la joven. «Lo que me ocurrió es imperdonable».

La amiga salió del apartamento donde habían estado hablando y regresó unos minutos después con dos piedrecitas. Se las entregó a la joven y dijo: «Sostén una de estas piedras en cada mano lo más fuerte que puedas». Y esperó.

Tras unos minutos, la joven dijo: «¿Por qué estoy haciendo esto? Ya estoy lista para soltar las piedras».

«No», respondió su amiga. «Sigue sosteniéndolas. Es muy importante que no las sueltes».

«Bueno» dijo la joven, «tú vas a tener que cortar la tarta y hacer el café».

«De acuerdo», dijo la amiga. «Yo te daré de comer la tarta, pero tú tendrás que sostener la taza de café, aunque sé que no va a ser fácil con esas piedras en tus manos. Pero no las sueltes».

Tras un par de horas, la mujer atribulada finalmente dijo: «Está bien, ya me harté de esto. Voy a soltar tus dichosas piedras, y me vas a decir por qué me hiciste sostenerlas durante tanto tiempo».

La amiga le explicó: «Estas piedras son como la falta de perdón que tienes en tu corazón hacia tus padres. Cuando rehúsas perdonar, cada aspecto de tu vida está limitado de alguna forma. Si quieres volver a funcionar del todo y estirar tus manos hacia Dios para recibir todo lo que Él desea darte, entonces tienes que perdonar a tus padres. El plan del Señor para ti es que los sueltes, para que puedas recibir de Él».

«¿Cómo puedo hacer eso?», preguntó la chica.

«Caminemos hasta el estanque que hay detrás de tu apartamento», dijo su amiga. «Trae las piedras».

Las dos mujeres caminaron hasta el estanque, donde oraron juntas. La joven clamó a Dios diciendo: «Padre celestial, admito que no he perdonado totalmente a mi padre y a mi madre por el daño que me hicieron. Los estoy reteniendo en mi corazón con el deseo de verlos castigados. Por favor, ayúdame a liberarlos y ponerlos en tus manos para que yo pueda recibir tu perdón en mi vida. En fe, te doy lo peor de mi vida, creyendo que me has prometido la mejor vida posible a través de una relación contigo. Ayúdame a perdonar, Dios. Ayúdame a recibir tu perdón ahora mismo. En el nombre de Jesús te lo pido. Amén».

Al terminar de orar, la joven atribulada, con lágrimas rodando por su rostro, arrojó las piedras lo más lejos que pudo en el estanque.

Al día siguiente, mi amigo consejero notó un cambio en la expresión de la joven en cuanto ella entró en su oficina. Durante su sesión, la madre dijo que no sabía lo que le había hecho su esposo y le pidió a su hija que la perdonara porque no supo cómo protegerla.

La joven sonrió y dijo: «Mamá, ya te he perdonado».

El perdón es el acto más positivo y productivo que puede realizar una persona para borrar el dolor de las heridas del pasado. Es también algo crucial para soltar el enojo.

DESPÓJESE DE SUS RAZONES
PARA *NO* PERDONAR

En vista del mandamiento de Cristo de perdonar, y de las muchas bendiciones relacionadas con su obediencia, ¿por qué no perdonamos?

Quizá alguien le diga: «No tienes que perdonar. Tú no hiciste nada malo, así que mejor olvídate de lo ocurrido». Hay dos cosas erróneas en este tipo de consejo amigable. En primer lugar, no podrá usted olvidar lo que ocurrió *mientras* no perdone. En segundo lugar, el perdón le permitirá dejar de aferrarse a cualquier carga en contra de la otra persona. No importa si la otra persona está 100 por ciento equivocada y usted tiene el 100 por ciento de la razón. Si está albergando heridas, resentimiento o frustración hacia alguien, está obligado a perdonar a esa persona para seguir siendo obediente y tener una buena relación con Dios.

A lo largo de los años, he oído todo tipo de razones para no perdonar. A continuación están las diez más populares que me he encontrado como pastor. Déjeme asegurarle que, al igual que debe despojarse de sus excusas para no soltar su enojo, debe dejar a un lado todas sus razones para no perdonar.

EXCUSA #1: La persona no merece ser perdonada.

La verdad es que nadie se merece el perdón. Todo verdadero perdón, ya sea dado por Dios o por otra persona, es una cuestión de misericordia inmerecida. Ninguna persona puede hacer nada para ganar el favor de Dios. Es un regalo gratuito para cualquiera que decida creer en la muerte expiatoria de Jesús en la cruz.

Quizá piense que la persona que le hizo mal debería hacer algún esfuerzo para merecer su perdón, pero no es probable que eso ocurra. Aunque la persona intentara ganarse su perdón, no hay una báscula exacta para determinar la cantidad de disculpas que la persona debería pedir. En la mayoría de los casos, el ofensor no intentará enmendar la falta o pedir perdón. A final de cuentas, el perdón debe ser algo que usted decide darle a la otra persona.

EXCUSA #2: Si no me aferro al recuerdo de lo que hizo la persona, nadie más hará que la persona dé cuentas de lo sucedido.

Dios se acuerda, y ya hizo responsable a la persona. Usted no tiene que hacerlo.

Usted conoce la verdad, pero mejor aun es que Dios conoce la verdad, y eso es lo único que realmente importa.

EXCUSA #3: No puedo perdonar hasta que no oiga una disculpa.

Tal vez se quede esperando el resto de su vida. Algunas personas insisten en que el ofensor dé el primer paso hacia la reconciliación. Eso es orgullo en su máxima expresión. ¿Qué ocurre entonces con las personas que le hicieron mal y ya han fallecido? No recibirá jamás ninguna disculpa de su parte. El perdón genuino no conoce requisitos previos ni impone demanda alguna sobre los demás.

EXCUSA #4: Si perdono con demasiada facilidad, la gente pensará que soy débil.

¿Por qué le importa tanto lo que piensen otras personas? Dios le ordena perdonar. Él se agrada cuando usted le obedece, y honrará su perdón.

Otras personas nunca podrán recompensar su conducta de la forma en que sólo Dios puede hacerlo.

EXCUSA #5: Si perdono, la persona que me hizo mal se aprovechará de mí.

El perdón no le hace más débil o vulnerable. El perdón le hace obediente a Dios. Esa es una posición de fortaleza y siempre es la posición correcta.

EXCUSA #6: La persona que me hizo mal no está lista para recibir mi perdón.

La otra persona no tiene que estar lista para recibir su perdón. El perdón ocurre en *su* corazón y mente. No es cuestión de alcanzar algún tipo de acuerdo con la persona que le hirió.

EXCUSA #7: He perdonado parcialmente lo que me hizo la persona.

No existe el perdón parcial. Si usted tiene algo contra otra persona, aún no le ha perdonado. El concepto de «perdón parcial» es como decir que usted es «parcialmente obediente», y la obediencia parcial es desobediencia. El perdón genuino es total.

EXCUSA #8: Ahora mismo no tengo ganas de perdonarlo.

¿Por qué no? ¿Qué gana con no perdonar? Si no siente ganas de perdonar ahora mismo, puede que nunca las tenga. Su decisión de perdonar no debería estar basada en sus sentimientos, sino que debe ser un acto de obediencia al Padre. No hay nada que ganar en la espera para perdonar.

EXCUSA #9: Intenté perdonar, pero no pude. Soy un fracaso perdonando.

Inténtelo de nuevo. Esta vez, pídale a Dios que lo ayude a perdonar y soltar su dolor, enojo, amargura o resentimiento. Si alguien parece incapaz de perdonar, quizá necesite un acto de liberación de Dios. Pídale al Señor que intervenga y haga que su perdón sea genuino y duradero.

EXCUSA #10: No estoy seguro de si la conducta de la otra persona fue tan mala. Quizá me merezca lo que me ocurrió.

No le dé vueltas a su dolor emocional ni intente justificar el pecado de la otra persona. El perdón es mucho más fuerte y mejor que la justificación. Al poner excusas por lo que ocurrió o echarse parte de la culpa, estará evadiendo tratar el verdadero problema. Simplemente está poniendo excusas para no perdonar.

EL *PROCESO* DEL PERDÓN

Como mencioné anteriormente, no existe el perdón parcial. Pero a menudo existe un proceso por el que algunas personas deben pasar antes de llegar al punto del perdón genuino. Al igual que hay un proceso para superar el dolor que permite a la gente volver a estar bien, también existe un proceso en el perdón.

Etapa 1: Confusión

En los momentos iniciales de un estallido de enojo, la víctima puede sentirse cegada hasta el punto de entrar en estado de shock y confusión. A la persona quizá le cueste encontrar una explicación a lo que ocurrió y cuáles podrían ser las consecuencias de ese estallido.

Etapa 2: Desvío

A veces, la respuesta de una o más personas después de la disputa es la negación. Esta reacción es un desvío que devalúa la importancia o naturaleza del impacto. Normalmente, la persona que adopta este enfoque es la que inició el conflicto, o la que se enojó más. La persona objeto del enojo tiende a tomar un desvío llamado «distanciamiento». Esta persona intentará poner algo de espacio entre ella y el instigador de la disputa.

Etapa 3: Descubrimiento

Finalmente, el enojo reprimido y contenido encontrará la manera de salir y expresarse. Una persona sabia intentará descubrir qué fue lo que causó el enojo y buscará razones por las que el enojo tomó residencia en ella o en otra persona. Idealmente, esta etapa de descubrimiento llevará a la persona a buscar formas de frenar el enojo y quitarlo de su corazón y de sus relaciones.

Etapa 4: Perdón

Esta etapa a menudo comienza con la confesión del enojo pecaminoso ante el Señor. Luego la persona le pide a Dios que la limpie de su resentimiento, amargura y hostilidad. Para las víctimas del enojo, esto conlleva tomar la decisión de perdonar a sus ofensores y liberarlos de cualquier amenaza de represalias o venganza.

La falta de perdón detiene el flujo del amor en el corazón de una persona: amor hacia Dios, hacia ella misma y hacia otros. El perdón nos capacita para caminar junto a nuestro Padre celestial y experimentar la plenitud de una relación íntima con Él.

Si un creyente no siente el amor de Dios, probablemente esté albergando falta de perdón. Podría ser debido a no perdonar a otra persona o a sí mismo. Rehusar soltar el enojo a menudo nos sitúa en una posición de sentirnos indignos ante Dios. Una buena relación con el Padre requiere que nos quitemos cualquier cosa que no sea coherente con el carácter de Él, incluyendo el enojo malo.

VOLVER A PERDONAR

¿Qué ocurre cuando cree que ya ha perdonado genuinamente a otra persona y luego descubre que aún siente enojo, resentimiento o amargura hacia esa persona?

Hay casos en los que perdonar a una persona una vez no es suficiente. En Mateo 18, Pedro el discípulo le preguntó a Jesús: «¿Cuántas veces perdonaré a mi hermano que peque contra mí? ¿Hasta siete?» (v. 21). Los rabinos en ese tiempo enseñaban que sólo era necesario perdonar a alguien tres veces. Así que Pedro debió haber pensado que estaba siendo muy generoso al proponer siete veces.

Pero Jesús le respondió: «No te digo hasta siete, sino aun hasta setenta veces siete» (Mt 18.22). Dios quiere que perdonemos a la gente todas las veces que pequen contra nosotros. No podemos justificarnos diciendo: «Ya he perdonado todo lo que podía». Si nos acordamos de una ofensa una y otra vez, entonces debemos perdonar cada vez que la recordemos. Debemos estar prestos a decir: «Yo perdono. Padre, ayúdame a perdonar por completo».

PEDIR PERDÓN CARA A CARA

Si cree que Dios lo está guiando a ir a una persona y pedirle perdón, hágalo con humildad. Reconozca que en este paso usted está asumiendo la responsabilidad de sus acciones y su actitud. No intente solicitar una disculpa o arrepentimiento de la otra persona a cambio de su disculpa.

PERDONAR A ALGUIEN DE SU PASADO

Si tiene algo contra una persona que ha fallecido o está muy alejada, hay una manera de lidiar con ello.

Ponga dos sillas en una sala de frente una contra la otra. Siéntese en una de las sillas e imagine que la persona con quien está enojado está en la otra silla, e inicie una conversación con esa persona.

Dígale a la persona que visualice en la otra silla exactamente cómo le hirió. Diga con todo detalle lo que diría si estuviera ante el ofensor. De hecho, debería ser más fácil porque la persona no puede responderle nada. Y no hay defensa; usted es el único que habla, así que es libre para decir lo que tenga que decir.

Dígale a quienquiera que fuera esa persona: «Tuve una mala actitud hacia ti, y estoy confesando que mi actitud no ha sido la correcta. La he albergado dentro de mí todos estos años, y quiero que me perdones. Sé que mis sentimientos hacia ti no han sido muy cristianos aunque así me denomino y considero». Cuando acabe y haya lidiado con el asunto, perdone a la persona y reclame por fe que ese es el fin de la historia. No tiene razón para hacer otra cosa. Ha hecho todo lo posible para expresar su falta de perdón, así que ponga aquí su punto final.

EL RETO DE PERDONARSE A SÍ MISMO

He conocido a muchas personas a lo largo de los años que han tenido mucha dificultad en sus intentos de perdonarse a sí mismas. Algunas se han culpado por un accidente que se llevó la vida de un amigo o familiar. Otras se han aferrado a la culpa de un aborto, un divorcio o algo que dijeron que motivó a su hijo adolescente a irse del hogar.

La capacidad y habilidad de perdonarnos a nosotros mismos es absolutamente esencial si queremos tener éxito en soltar el enojo y experimentar la paz. Si no aprende a perdonarse a usted mismo, probablemente...

- Se castigará continuamente, privándose de cosas que Dios quiere que usted disfrute.

- Vivirá bajo una nube de incertidumbre, sin estar nunca seguro de en qué términos está con Dios o con otras personas.

- Lidiará con sentimientos de indignidad y de baja autoestima.

- Luchará compulsivamente para ser «lo suficientemente bueno» como para merecer el perdón de Dios o de los demás.

Si es este su caso, lo animo a leer y aferrarse a estas palabras del Salmo 103:

Misericordioso y clemente es Jehová;

Lento para la ira, y grande en misericordia...

No ha hecho con nosotros conforme a nuestras iniquidades,

Ni nos ha pagado conforme a nuestros pecados.

Porque como la altura de los cielos sobre la tierra,

Engrandeció su misericordia sobre los que le temen.

Cuanto está lejos el oriente del occidente,

Hizo alejar de nosotros nuestras rebeliones.

Como el padre se compadece de los hijos,

Se compadece Jehová de los que le temen.

Porque él conoce nuestra condición;

Se acuerda de que somos polvo (vv. 8, 10–14).

Dios entiende su debilidad y fragilidad. Él conoce su pecado y está dispuesto a perdonarlo y olvidarlo. Su reto y tarea es creer lo que Dios dice y perdonarse a sí mismo, mientras confía totalmente en que Él lo perdona.

Dios lo dice muy claro: «Si confesamos nuestros pecados, él es fiel y justo para perdonar nuestros pecados, y limpiarnos de toda maldad» (1 Jn 1.9). La palabra griega que se traduce «confesar» en este versículo significa «estar de acuerdo con Dios sobre la naturaleza de nuestros pecados». Es muy probable que usted sepa que ha pecado. Simplemente admita ante Dios que ha pecado y que su pecado ha roto su relación con Él. Pídale a Dios que sane y restaure su relación. Él promete hacerlo en su Palabra.

PERDONAR Y OLVIDAR

Muchas personas me han dicho a lo largo de los años: «Puedo perdonar, pero no puedo olvidar». Dios nos ha dado la capacidad de recordar para ayudarnos a no repetir errores. También para tener presentes sus mandamientos y vivir en obediencia a Él. Pero Dios no nos dio la memoria para recordar con todo lujo de detalle los errores de otros. Él no desea que les recordemos a las personas sus errores.

La manera más rápida de estropear una conversación es que una persona diga: «Me acuerdo de la última vez que...» o «Nunca olvidaré lo que...». Estas frases, y otras parecidas, rara vez son productivas y pueden llevar a generalizaciones más acusatorias como: «Es que tú siempre...» o «Es que tú nunca...». En poco tiempo, se alzarán las voces, aumentará la presión sanguínea y el enojo estallará.

De hecho, puede que no sea físicamente posible olvidar por completo algo que le haya ocurrido. Los científicos que estudian el cerebro dicen que nadie puede olvidar algo que haya experimentado, a menos que sufra un daño cerebral. Pero así no podamos olvidar completamente, ciertamente podemos olvidar de forma funcional. Es decir, podemos decidir *no* recordar experiencias emocionales dolorosas de nuestro pasado.

En su libro *Tramp for the Lord* [Vagabunda por el Señor], Corrie ten Boom escribió: «Cuando Dios perdona su pecado, lo entierra en el mar más hondo y pone una señal de "prohibido pescar"». Cuando Dios perdona, Él también olvida. Su Palabra nos dice: «Y nunca más me acordaré de sus pecados y transgresiones» (Heb 10.17).

Decida olvidar lo que Dios olvida. Una vez que admita su pecado ante Él y reciba su perdón, pídale al Señor que le dé acceso a su «olvido». Rehúse albergar resentimiento contra otra persona. Niegue cualquier impulso a recordar intercambios de enojo, comentarios amargos y acciones hirientes.

PROCURE PERDONAR COMO JESÚS PERDONÓ

Si alguien ha tenido alguna vez razón para estar enojado, fue Jesús en el momento de su crucifixión. Él era 100 por ciento inocente de todos los cargos de los que había sido acusado. Fue escupido, golpeado, lacerado, azotado y le pusieron una corona de espinas en su cabeza. Luego fue obligado a cargar una pesada cruz de madera a través de las calles en total suplicio y agonía. Él fue un hombre sin pecado alguno, y para colmo de males iba a ser sometido a la pena de muerte más tortuosa conocida en su tiempo. Nadie tuvo jamás una causa mayor que Él para estar lleno de enojo.

Sin embargo, ¿qué dijo Jesús cuando lo clavaron en la cruz?

«Padre, perdónalos, porque no saben lo que hacen» (Lc 23.34).

No hay perdón que se iguale a este. Si Jesús puede perdonar, usted y yo podemos perdonar. En sentido físico y emocional, es probable que ninguno de nosotros llegue a experimentar la tortura y el maltrato que Jesús soportó.

No hay manera de racionalizar que alberguemos rencor contra alguien y al mismo tiempo decir que vivimos bajo la autoridad de la cruz. Como creyente, tengo la responsabilidad de perdonar, a pesar de todo.

Es más fácil perdonar a otros cuando recordamos las enormes bendiciones que Dios nos ha dado, perdonando libre y gratuitamente todos nuestros pecados. Quienes hemos experimentado el perdón del Padre, conocemos el gozo y la paz que vienen al saber que hemos sido lavados de nuestros pecados y culpas. Si a usted le cuesta perdonar a otra persona, simplemente recuerde lo que Dios ha hecho por usted. Decida reflejar a otros la gracia y el amor que Él le ha mostrado. Nunca se parecerá más a Cristo que cuando perdona a otros como Él perdona.

PERDONAR DEL TODO Y VIVIR EN LIBERTAD

Si quiere perdonar pero no puede hacerlo, pídale a Dios que lo ayude. Ore así:

«Padre, quiero ser capaz de perdonar a la persona que me hirió, como Tú me has perdonado a mí. Por favor, ayúdame a reflejar la actitud de Jesús cuando dijo desde la cruz: "Padre, perdónalos, porque no saben lo que hacen"».

No tengo duda de que la persona que se humille y haga esta oración con sinceridad, recibirá el poder de Dios para perdonar.

¿Cómo puede saber si ha perdonado del todo a otra persona?

La próxima vez que piense en esa persona, no sentirá dolor o enojo. No se desviará de su camino para evitarla, no tendrá problemas cuando oiga que alguien le hizo algún bien a esa persona o se entere de que ha prosperado de algún modo. Vivirá con una libertad que se reflejará en su actitud positiva y gozo abundante.

No hace mucho estaba en un restaurante, y una mujer en un puesto cercano me saludó, así que yo le devolví el saludo. No la conocía, pero ella se acercó a mi mesa y me dijo: «Quiero decirle lo mucho que usted ha impactado mi vida. Escuché un sermón suyo una mañana sobre el tema del perdón, y tanto mi esposo como yo nos sentimos motivados a pedirle a Dios que nos perdonara. Recibimos a Jesucristo como nuestro Salvador. Luego, también me sentí motivada a perdonar a una señora a la cual había odiado. Ella no sabía que yo la odiaba, pero después de perdonarla estuve mucho más cómoda en su presencia. Comenzamos a hablar más, y descubrí que las dos teníamos mucho en común. Hoy somos muy buenas amigas. De hecho, es la persona con quien estoy cenando esta noche».

Siguió contándome cómo la fe en Dios de su esposo había crecido y todas las cosas maravillosas que habían ocurrido en su matrimonio y su familia. «Y todo comenzó con el perdón», me dijo al final.

La verdad es que algunas de las mayores bendiciones de Dios, incluida la amistad, comienzan con el perdón.

ADMÍTALO—TRÁTELO

1. Tras haber leído este capítulo, ¿le ha venido a la mente alguien a quien tenga que perdonar? Nombre a esa persona. ¿Está preparado para perdonarla? Si lo está, ¿qué pasos dará para lograr su meta?

2. Si no se siente listo para perdonar, pídale a Dios que le muestre qué lo retiene; después, responda a sus indicaciones.

3. No lea otro capítulo hasta que haya dado los pasos necesarios para obedecer el mandato de Dios de perdonar y olvidar.

CAPÍTULO 7

REBELIÓN

El enojo dirigido a Dios

¿Ha conocido alguna vez a una persona enojada con Dios? ¿Está *usted* enojado con Dios?

Hay muchas razones por las que la gente se enoja con Dios. Quizá un niño, u otro ser querido, falleció inesperadamente. Quizá perdió su empleo o se destruyó su hogar. Tal vez un ser querido quedó gravemente herido en un accidente. Cualquiera de estos incidentes (y muchos otros) podrían llevar a una persona a reclamarle a Dios: «¿Cómo pudiste permitir que esto pasara?».

Pero, ¿cómo responde Él?

En primer lugar, déjeme asegurarle que Dios puede aguantar cualquier estallido de enojo. A Él no le sorprende nuestro enojo, ni se decepciona cuando nos enojamos con Él; tampoco se molesta por nuestras preguntas, ni se ve amenazado por nuestro enojo.

En segundo lugar, aunque el Señor pueda entender nuestro enojo hacia Él, lo cierto es que nunca está justificado. En otras palabras, hemos de tener cuidado de no hacer de Dios el objeto de nuestra ira.

EXPRESE, PERO NO ALIMENTE

Aunque es aceptable expresarle a Dios su enojo, tenga cuidado de no alimentar su enojo hacia Él. La única persona que sale lastimada cuando usted se enoja con Dios es usted.

En su búsqueda de respuestas a los cuestionamientos de «por qué» se siente enojado con Dios, procure afianzar estos principios:

• Cuando le acaecen adversidades al pueblo de Dios, no es porque Él lo esté castigando, bien sea a nivel individual o colectivo. El Señor disciplina a todo aquel que ama (véase Heb 12.6). Dios nos disciplina para quitar el pecado de nuestras vidas, restaurarnos a una buena relación con Él y guiarnos a bendiciones cada vez mayores. La disciplina es un acto de corrección. En cambio, el castigo es un acto de consecuencia y eso lo distingue claramente de la disciplina. El castigo se produce cuando una persona ha sido juzgada y declarada culpable. La disciplina es lo que hace un padre amoroso como parte del sano proceso de formar a un hijo para que se convierta en un adulto bueno y fiel.

• Cuando le suceden cosas malas al pueblo de Dios, usted debe recordar que vivimos en un mundo en decadencia y lleno de pecado. Gran parte de la maldad que vemos y oímos a nuestro alrededor es el resultado del libre albedrío que nuestro Creador le dio a la humanidad. Cuando Adán y Eva desobedecieron a Dios en el huerto del Edén, su pecado desencadenó una serie de sucesos que afecta negativamente nuestro mundo cada segundo de cada minuto de cada día. La mayor parte del mal y de los percances que ocurren se debe al mal uso de nuestro libre albedrío.

Pero sin esa libertad, el hombre no sería capaz de rechazar a Satanás y decidir hacer el bien. Nuestro libre albedrío nos

capacita para escoger a Dios y experimentar una relación
íntima y buena con Él a través de su Hijo Jesucristo y el poder
de su Espíritu Santo.

- Cuando el pueblo de Dios sufre estragos, debemos reconocer
  que vivimos en un planeta lleno de enfermedades, trastornos
  climáticos, terremotos y otros fenómenos naturales. Todos
  estos peligros son consecuencias adicionales de vivir en un
  mundo en decadencia.

- Cuando le ocurren desgracias al pueblo de Dios, puede ser que
  nunca conozcamos las razones tras el dolor y el sufrimiento
  que todos experimentan. Simplemente hay cosas en esta vida
  que no somos capaces de comprender. Puede que en este lado
  de la eternidad nunca conozcamos la respuesta a todas nuestras
  preguntas de «por qué», pero lo que sí sabemos es que Dios
  es soberano y está siempre en control (véase Sal 103.19), y su
  promesa es hacer que *todas* «las cosas les ayuden a bien» a los
  que aman a Dios (Ro 8.28).

Dios ve el comienzo y el final de su vida y de las vidas de sus seres
queridos. Él ve todo el contexto de cada situación pasada, presente y
futura. El Señor siempre tiene el mejor plan para usted, y sabe exactamente cómo proveer lo necesario para que su plan tenga éxito.

Como un amigo mío me dijo una vez: «Yo no sé, pero sé de Alguien
que sí sabe, y eso me basta». Esta es la esencia de la confianza, y es como
nuestro Padre celestial nos llama a vivir. Debemos obedecer a Dios y
dejarle a Él todas las consecuencias.

El asunto clave que hemos de recordar cuando nos llegue la tragedia es que el amor y la justicia de Dios siguen siendo puros y abso-
lutos. El Señor siempre está por nosotros, no contra nosotros (véase
Ro 8.31). Él es fiable y justo; su amor ha quedado demostrado de manera
suprema en la muerte, sepultura y resurrección de Jesús. Cualquiera que

sea la pérdida que experimentemos, siempre podremos mantener nuestro equilibrio con la esperanza de una bendición eterna más grande y maravillosa.

Una cosa es expresarle su enojo a Dios, otra totalmente distinta es permanecer enojado con Él y no querer soltar ese enojo dañino.

Conozco a un hombre muy destacado que se enojó con Dios cuando era niño. Su hermano menor, muy querido, murió, y él culpó a Dios por ello. Nunca dejó de culpar a Dios. ¿A quién hirió este hombre en el proceso? ¡A sí mismo! No pudo tener una relación de amor y confianza plena con su Padre eterno, y murió aferrado a su enojo y amargura.

En el Antiguo Testamento, aprendemos que Job tuvo una respuesta muy distinta ante las pruebas y el sufrimiento. En Job 13.15, él proclama: «He aquí, aunque él me matare, en él esperaré. No obstante, defenderé delante de él mis caminos». Job fue un hombre muy rico con siete hijos y tres hijas, considerado «más grande que todos los orientales» (1.3). Pero cuando Dios retiró su protección divina, Job lo perdió todo. Sus hijos murieron, al igual que sus siervos, y perdió todo su ganado. Sin embargo, la Biblia dice: «En todo esto no pecó Job, ni atribuyó a Dios despropósito alguno» (1.22). Incluso cuando quedó cubierto de llagas de pies a cabeza y su esposa le dijo: «Maldice a Dios, y muérete» (2.9), Job rehusó pecar contra el Señor.

Por supuesto, no estaba feliz por lo que le había ocurrido, y seguramente no pensó que mereciera estar en esa situación. Por ende, Job habló con Dios largo y tendido sobre su dolor y adversidad. En un momento incluso se preguntó: «¿Por qué no morí yo en la matriz?"» (3.11). Sin embargo, tras todo este sufrimiento, Job siguió expresando esperanza y confianza en el Señor: «Yo conozco que todo lo puedes, y que no hay pensamiento que se esconda de ti» (42.2). Al final, esa esperanza y confianza fue recompensada cuando el Señor «aumentó el doble todas las cosas que habían sido de Job» (42.10).

Debemos llegar siempre a la misma conclusión a la que llegó Job. No hay beneficio alguno en albergar enojo, hostilidad, resentimiento o amargura contra Dios. Sólo Él puede ayudarnos a soportar el dolor y la decepción, y emerger al otro lado de esas dificultades con un sentido real de esperanza y paz.

El rey David fue un hombre que padeció muchos quebrantos y estuvo enojado, frustrado o decepcionado en numerosas ocasiones. Este hombre expresó libremente todas sus emociones ante Dios, incluido el enojo. Sin embargo, David siempre volvía a una verdad esencial: Dios es Dios, y Él es digno de ser alabado. Uno de mis pasajes favoritos de las Escrituras es el Salmo 16:

Guárdame, oh Dios, porque en ti he confiado.
Oh alma mía, dijiste a Jehová:
Tú eres mi Señor;
No hay para mí bien fuera de ti.
Para los santos que están en la tierra,
Y para los íntegros, es toda mi complacencia.
Se multiplicarán los dolores de aquellos que sirven diligentes a otro dios.
No ofreceré yo sus libaciones de sangre,
Ni en mis labios tomaré sus nombres.
Jehová es la porción de mi herencia y de mi copa;
Tú sustentas mi suerte.
Las cuerdas me cayeron en lugares deleitosos,
Y es hermosa la heredad que me ha tocado.
Bendeciré a Jehová que me aconseja;
Aun en las noches me enseña mi conciencia.
A Jehová he puesto siempre delante de mí;
Porque está a mi diestra, no seré conmovido.
Se alegró por tanto mi corazón, y se regocijó mi alma;
Mi carne también reposará confiadamente;
Porque no dejarás mi alma en el Seol,
Ni permitirás que tu santo vea corrupción.
Me mostrarás la senda de la vida;
En tu presencia hay plenitud de gozo;
Delicias a tu diestra para siempre.

Incluso al expresarle a Dios sus emociones, asegúrese de llegar a ese momento en el que diga: «Padre, en ti confiaré, y te alabaré sin importarme nada».

NO LEVANTE UN MURO ALREDEDOR DE SU CORAZÓN

Cuando una persona se enoja con Dios, le resultará cada vez más difícil oírlo, y puede dejar de escuchar las palabras de consuelo y consejo que provienen de Él. Piense en ello. ¿Realmente escucha usted a una persona cuando está enojado, amargado, resentido o es hostil hacia ella? Si realmente se enfurece con alguien, es muy improbable que se acuerde de lo que la persona dijo en el calor de la discusión.

Lo mismo le ocurre a nuestra comunicación con Dios. Cuando estamos enojados con Dios, no estaremos tan abiertos para escuchar su voz o tan dispuestos a esperar en Él. Es una manera infalible de perdernos todo lo que Dios quiera decirnos.

No todos los que sufren el dolor y la pérdida se enojan con Dios y son hostiles hacia Él u otras personas. He visto a muchas familias que han soportado tiempos de dificultad extrema aferrándose firmemente a Dios mientras todo a su alrededor se encrespaba. Y cuando la tormenta amainó, descubrieron que confiar en el Señor los ayudó a superarla con más paz y gozo del que jamás pensaron que sería posible.

No levante un muro entre usted y Dios. ¡Usted *necesita* escucharlo a Él!

NO ENTRE EN UN TIRE Y AFLOJE CON DIOS

Reconozca que, cuando está enojado con Dios, siempre es un asunto de control.

Quizá piense que usted es quien controla su vida, pero déjeme asegurarle que nuestro Padre celestial es quien tiene el control de todas las cosas, en todo momento y de todas las formas.

Puede que el hombre quiera ser el número uno, pero Dios *es* el número uno.

Él debería ser el objeto de todo nuestro amor, alabanza y gratitud. Usted y yo quizá queramos que las cosas se hagan a nuestra manera, pero la manera de Dios es *siempre* la mejor manera. Todo se hará según su plan, su tiempo y para su gloria.

No entre en un tire y afloje con Dios. Corre el riesgo de interferir con su voluntad, plan y propósito para su vida, que son siempre mucho mejores que cualquier otra cosa que alcance usted a esperar o imaginar (véase 1 Co 2.9).

LA RUINA DE LA REBELIÓN

Deme respuestas honestas.

¿Marcha todo en su vida como cree que debiera?

¿Se encuentra una y otra vez preguntándole a Dios: «¿Por qué no haces esto?» o «¿Por qué permitiste aquello?».

¿Ve que todo funciona de una manera que le aportará tanto recompensas terrenales como eternas? De no ser así, considere la posibilidad de que esté viviendo según sus propias reglas y deseos en lugar de los de Dios.

Cada vez que perseguimos lo que queremos, sin importarnos lo que el Señor quiere, nos estamos alejando de Dios. Si no estamos avanzando hacia Él, estamos en rebelión.

En el pensamiento de la mayoría de la gente, la palabra «rebelión» se usa para describir a los delincuentes y criminales juveniles; pero tenemos que ver la rebelión desde una perspectiva más amplia. La rebelión espiritual es cualquier pensamiento, actitud, creencia, palabra u obra que esté en conflicto con los mandamientos de Dios, sus principios y su naturaleza.

Las personas que están llenas de enojo con mucha frecuencia suelen ser rebeldes. Están molestas porque la vida no les sale como la habían planeado. Las personas rebeldes pueden estar frustradas por su falta de progreso en sus metas personales. Quizá tengan envidia o avaricia porque a los demás les va mejor que a ellos. Muchas personas rebeldes siguen un estilo de vida poco deseable. Están interesadas en hacer lo que les parece bien en lugar de hacer lo que es correcto.

Las personas rebeldes a menudo están llenas de enojo y amargura porque creen que tienen derecho a sentir como se sienten y hacer lo que les plazca. En su resentimiento, frustración y actitudes pecaminosas, se distancian de Dios.

Una de las cosas más peligrosas y caras que puede usted hacer en la vida es rebelarse contra la voluntad de Dios. Cualquiera que haya aceptado a Jesucristo como Salvador y viva por el poder del Espíritu Santo puede conocer la voluntad, plan y propósito del Padre para su vida. Y cuando usted en plena conciencia se rebela contra Dios, esto puede tener un efecto devastador sobre usted y sobre quienes lo rodean. Tendrá un grave impacto sobre su familia, sus amigos y su trabajo, y dependiendo de su posición en la vida, sobre su iglesia, su comunidad y en últimas sobre su nación. Cuando mire hoy a su alrededor, encontrará mucha evidencia de que las consecuencias de rebelarse contra Dios incluyen sufrimiento, pérdida, desilusión, desánimo, dolor y angustia.

Cuando nos rebelamos:

- Rehusamos hacer lo que Dios nos ha mandado a hacer. Si el Señor pone una meta delante de una persona y esa persona la rechaza, eso es rebelión.

- Perseguimos aquello que Dios nos prohíbe perseguir. Si un hombre corteja la esposa de otro, eso es rebelión.

- Perseguimos lo que Dios permite de una manera que Él prohíbe. Si una persona busca un ascenso en el trabajo y no es honesto en su desempeño laboral o habla mal de otros compañeros de trabajo, eso es rebelión.

- Perseguimos lo que Dios permite pero no en su tiempo. Si una mujer paga con un cheque sin fondos para comprar un vestido nuevo porque no puede esperar hasta que haya fondos, eso es rebelión. Cuando perseguimos algo demasiado pronto o esperamos demasiado, nos perdemos lo mejor de Dios.

En su Palabra, Dios deja en claro lo que debemos y no debemos hacer. La Biblia explica en gran detalle cómo hemos de vivir, trabajar y relacionarnos. Parte del papel del Espíritu Santo en la vida del creyente es dar una guía específica sobre cuándo y con quién actuar, y cómo responder a situaciones, circunstancias y oportunidades específicas.

LA LEY ABSOLUTA DE DIOS DE LA SIEMBRA Y LA COSECHA

Permita que esta verdad irrefutable y absoluta de Dios se implante en lo profundo de su corazón y su mente:

Cosechamos lo que sembramos,
más de lo que sembramos,
después de sembrarlo.

No importa si usted cree en Dios o no cree, pues su ley de la siembra y la cosecha nunca cambia (véase Ga 6.7).

La mayoría de las personas en la tierra consideran muy poco las leyes de Dios. Creen que sus mandamientos son una buena idea para los demás, pero no se les puede pedir que los cumplan. Las leyes de Dios existen y son absolutas independientemente de si una persona las reconoce, está de acuerdo con ellas o las obedece o no. Permítame asegurarle también que estas leyes existen para su bien. Dios no nos dio estas leyes para que los hombres y las mujeres no pudieran disfrutar de la vida o pasarla bien. Él las creó para nuestra protección, de la misma manera en que un padre terrenal amoroso fija límites, reglas y normas para sus hijos. Dios siempre está buscando lo mejor para usted, y siempre obra para bien suyo.

La Biblia nos da muchos ejemplos de personas que se rebelaron contra Dios. Uno de los mejores ejemplos es Saúl, el primer rey de la nación de Israel. En 1 Samuel 15, Dios le dijo a Samuel, el sumo sacerdote y profeta de aquel tiempo, que iba a castigar a la nación de Amalec. A través de Samuel, Dios le dio estas instrucciones específicas al rey Saúl: «Ve, pues, y hiere a Amalec, y destruye todo lo que tiene, y no te apiades de él; mata a hombres, mujeres, niños y aun los de pecho, vacas, ovejas, camellos y asnos» (v. 3).

Eso quizá le suene extremadamente severo y despiadado, pero esta nación en particular había atacado abierta y activamente a los israelitas. No estaban interesados ni lo más mínimo en coexistir, y con su ataque no sólo se convirtieron en enemigos de los israelitas, sino también de Dios.

La Biblia nos dice que Saúl derrotó a los amalecitas, pero capturó a Agag, su rey, y lo dejó con vida. Saúl también le perdonó la vida a las mejores ovejas, bueyes y corderos y todo lo demás que consideró «bueno». El rey de Israel destruyó sólo lo que era vil y despreciable (v. 9).

Entonces Saúl alardeó ante Samuel: «He cumplido la palabra de Jehová». Pero el profeta respondió: «¿Pues qué balido de ovejas y bramido de vacas es este que yo oigo con mis oídos?» (vv. 13, 14). Saúl intentó justificar su desobediencia, diciendo que había perdonado a los mejores animales para ofrecer sacrificios al Señor.

Pero Samuel le reprendió diciendo: «¿Se complace Jehová tanto en los holocaustos y víctimas como en que se obedezca a las palabras de Jehová? Ciertamente el obedecer es mejor que los sacrificios, y el prestar atención que la grosura de los carneros. Porque como pecado de adivinación es la rebelión, y como ídolos e idolatría la obstinación. Por cuanto tú desechaste la palabra de Jehová, él también te ha desechado para que no seas rey» (vv. 22–23).

Estos dos versículos pintan un cuadro muy claro de cómo Dios ve la rebelión. Para Él, es tan peligrosa y destructiva como la brujería, el pecado abierto y deliberado y adorar falsos dioses.

La rebelión también tiene elementos de engaño y autojustificación. Quizá intentemos convencernos a nosotros mismos y a otros de que estamos obedeciendo las leyes de Dios, pero no es así. Y en nuestro interior lo sabemos.

«Pero yo voy a la iglesia».

«Doy dinero para ayudar a los pobres».

«Llevo a mis hijos a la escuela dominical».

Todas estas obras son como «trapos de inmundicia» a los ojos de Dios (Is 64.6). Él quiere nuestra total y completa obediencia. No importa cuán grande nos parezca nuestro sacrificio, nunca se comparará con lo que Jesús hizo en la cruz.

Nunca perdamos de vista el hecho de que la rebelión es un acto contra el orden y la autoridad establecidos por Dios. Siempre que usted o yo nos rebelamos, es como si estuviéramos diciendo que sabemos más que Él. Nuestra mejor opción es confiar y obedecer a nuestro Padre celestial amoroso, omnisciente y todopoderoso en cada situación y circunstancia de la vida.

LAS LÍNEAS DE AUTORIDAD DE DIOS

En cada área de la vida, Dios ha establecido una línea de autoridad. ¿Por qué? Su propósito no es que una persona pueda gobernar a otra con absoluto poder. Las líneas de autoridad de Dios están equilibradas. Los que ocupan puestos de liderazgo han de servir y cuidar de quienes los siguen. El pueblo que sigue debe acatar las decisiones que tome el líder. Todo líder está en última instancia bajo la autoridad de Dios.

Nuestro Padre celestial ha establecido líneas de autoridad para que las familias, iglesias, empresas y demás instituciones puedan funcionar con la máxima productividad y eficacia. La autoridad permite que haya liderazgo y dirección claramente definidos, apoyo y respeto mutuo, al igual que orden y estabilidad continuos. Sin líneas de autoridad no se puede tener armonía y reina el caos.

Los seres humanos anhelamos orden, sepámoslo o no. Ningún hogar puede funcionar sin una cabeza. Ningún equipo, sea deportivo o de otra índole, puede ganar sin alguien que dirija el juego. Ninguna iglesia puede evangelizar eficazmente sin un pastor. Ninguna empresa puede rendir a su máximo potencial sin un jefe.

La autoridad también tiene su lugar en las relaciones. Los roles de marido y mujer, madre y padre, padre e hijo, hermano y hermana, etc., han sido todos ellos establecidos por Dios. Cuando estas relaciones se mantienen dentro de la línea de autoridad establecida por el Señor, el amor fluye y se evita el conflicto. Cuando los roles se invierten o se rompe la relación, tiene lugar el enojo y reinará la confusión.

Tenemos dos fuentes que definen claramente las líneas de autoridad: la Biblia y el Espíritu Santo. Dios deposita su Espíritu en cada creyente para darle una guía clara de la autoridad y el orden. Su Palabra imparte conocimiento, sabiduría, valor, fuerza y todas las demás virtudes necesarias para vivir una vida cristiana de éxito.

Cuando Jesús fue a la cruz, lo hizo en sumisión a la autoridad de su Padre. Nuestro Salvador cumplió su propósito voluntariamente, Él *dio* su vida libremente. No le fue quitada en contra de su voluntad. Sí, Cristo sufrió un dolor y un sufrimiento inexplicables, pero también tuvo un gozo indescriptible, porque Jesús sabía que estaba haciendo la voluntad de Dios Padre.

Lo mismo ocurre con nosotros. Puede que seamos llamados a hacer ciertas cosas que son dolorosas o incómodas, pero cuando nos rendimos a hacer la voluntad de Dios a su manera, también descubrimos en ellas propósito y gozo.

La rebelión puede estar arraigada en la duda

Algunas personas se rebelan contra Dios porque dudan de su existencia o su bondad. Otras se alejan del Señor porque lo culpan de algo. Quizá duden que Dios los ame y cuide de ellos, o cuestionan que Él realmente tenga el control. Si algunas de estas son también sus razones para la rebelión, lo invito a dejar la duda y acoger la verdad.

Los que no creen que Dios existe se engañan a sí mismos. Muchos ateos rechazan la idea de un Creador divino porque quieren tener el control. No están dispuestos a rendir sus vidas a Él y admitir que no pueden vivir de manera victoriosa con sus propias fuerzas.

Aquellos que dudan de la bondad de Dios realmente no han encontrado a Dios. Conocerlo a Él es conocer su amor, misericordia, gracia, favor, perdón y bendición. Las personas que culpan a Dios del mal en sus vidas no lo entienden. El Padre no puede hacer mal alguno, y nunca tienta a nadie a hacer el mal.

Otros creen en la autoridad de Dios pero no quieren ser «confinados» dentro de sus leyes y mandamientos en esta temporada particular de sus vidas. Quieren «disfrutar la vida» y esperar hasta que sean mayores para entregar sus vidas a Cristo. Oro para que no esperen demasiado porque nadie tiene asegurado el mañana.

La Biblia dice: «He aquí ahora el día de salvación» (2 Co 6.2). Si usted no se ha rendido a Jesucristo, entonces no es cristiano. No espere ni un minuto más para arrodillarse y pedirle a Él que perdone sus pecados, limpie su corazón y lo salve. Cuando usted confía en Jesús como su Salvador personal, inmediatamente el Espíritu Santo viene a su vida y lo sella como hijo de Dios. Puede despejar cualquier duda sobre dónde pasará la eternidad aceptando hoy a Cristo.

LA RAÍZ PRIMORDIAL DE LA REBELIÓN

En últimas, la causa definitiva de la rebelión es el orgullo. Desde la salida de Adán y Eva del huerto del Edén, la naturaleza básica de la humanidad incluye un deseo de vivir bajo nuestras propias reglas, perseguir nuestras metas y cumplir nuestros deseos. La rebelión ignora totalmente la verdad de que Dios es la autoridad final sobre *toda* creación, incluyéndonos a nosotros mismos. La rebelión rehúsa reconocer que Dios es soberano sobre todo el universo: Él es omnipotente, omnisciente y omnipresente. Su naturaleza es amor, bondad, misericordia y justicia.

Como Dios todo lo sabe, todo lo ama y todo lo puede, sabe qué es lo mejor para su creación. Su Padre celestial sabe qué es mejor para usted hoy, mañana y siempre. Dios desea darle lo mejor y derramar sus bendiciones en cada área de su vida.

Dios ha dado a la humanidad libre albedrío para que usted y yo podamos tomar la decisión personal de obedecerlo o desobedecerlo. Podemos elegir si vamos a desarrollar una relación con Él o rechazarlo, o si vamos a amarlo u odiarlo.

Cuando elegimos de manera personal desobedecer al Señor, pecamos contra Él, y Dios en su santidad no puede tolerar, excusar ni asociarse con el pecado. Quedamos así separados de Dios en nuestra desobediencia, y ya no somos capaces de disfrutar de la plenitud de su presencia y provisión.

El orgullo finalmente nos lleva a creer que sabemos más que Dios. ¡No se engañe! Deje a un lado su orgullo y siga a Jesucristo.

DOS MANIFESTACIONES PRINCIPALES

Generalmente hablando, las personas se rebelan contra Dios de una de estas dos formas. En primer lugar, una persona puede ignorar por completo los mandamientos de Dios, al pueblo de Dios y los principios de

Dios. En segundo lugar, una persona puede ponerse del lado de un rebelde o un grupo rebeldes. Ambas manifestaciones de rebelión fueron claramente evidentes en el huerto del Edén.

En Génesis 3, el diablo se acercó a Eva en forma de serpiente. La tentó con el fruto prohibido y ella comió. Eva tomó el fruto y lo comió porque el diablo le dijo que la haría ser «como Dios, sabiendo el bien y el mal» (v. 5).

El fruto prohibido era del «árbol del conocimiento del bien y del mal» (2.17). Era el único árbol del huerto que estaba fuera de su alcance. Sin embargo, la serpiente engañó a Eva hasta el punto de que ella misma se rebeló contra el claro mandato divino de no comer del fruto de ese árbol. Génesis 3.6 nos dice: «Y vio la mujer que el árbol era bueno para comer, y que era agradable a los ojos, y árbol codiciable para alcanzar la sabiduría; y tomó de su fruto, y comió; y dio también a su marido, el cual comió así como ella».

Desde una perspectiva, usted podría suponer que Adán fue la parte inocente en esto, pues sólo comió el bocado que su mujer le dio. Pero ya fuera que supiera cuál era ese fruto o no se molestara en preguntar, Adán escogió comerlo. Se puso de parte de una persona rebelde, y al hacerlo, cometió también el pecado de la rebelión.

Tanto Adán como Eva rechazaron las líneas de autoridad establecidas por Dios. Eva debió haberse sometido a su marido, y Adán debió haberse rendido a Dios. Como resultado de su rebelión y desobediencia, Dios expulsó a Adán y Eva de su huerto en el paraíso. Las consecuencias de su pecado acarrearon sufrimiento, dolor y muerte a toda la humanidad.

Pero Dios nos perdonará cuando nos rindamos ante Él, admitamos nuestra rebelión y pecado y le pidamos que nos limpie. Quizá aún queden consecuencias por pagar aquí en la tierra, como lo descubrieron Adán y Eva; pero quedamos eternamente seguros en el instante en que confiamos en Jesucristo como nuestro Salvador.

La rebelión le costó a Saúl su trono.

Adán y Eva perdieron su hogar en el paraíso.

Dios no nos libra de dolor, sufrimiento o angustia cuando decidimos voluntariamente vivir fuera de su voluntad, plan y propósito. Pero el perdón del Padre nos da el privilegio de su ayuda y guía cuando pasamos por cualquier circunstancia adversa que debamos afrontar. Recuerde siempre esta verdad absoluta extraída de la Palabra de Dios (véase Ga 6.7):

Cosechamos lo que sembramos,
más de lo que sembramos,
después de sembrarlo.

DÍGALE NO A LA REBELIÓN

Hay una fórmula muy sencilla para tratar cualquier tentación a rebelarnos:

• Diga sí a Dios.

• Diga no a Satanás.

• Aléjese de cualquier persona que intente hacerlo a pecar.

No caiga en las tentaciones del diablo de desatender la Palabra de Dios. Tenga cuidado de no caer en trampas que personas rebeldes le hayan tendido. Si alguien está intentando seducirlo para pecar contra Dios, esa persona no merece su tiempo ni su atención. Decida rodearse de personas que quieran obedecer a Dios y servirlo. Pídale a Dios que le haga ver y lo proteja de cualquier persona rebelde en su vida que, consciente o inconscientemente, pueda amenazar la relación que usted tiene con Él.

RÍNDASE POR COMPLETO A DIOS

Si está viviendo en obediencia ante Dios, sentirá una alegría y un gozo innegables en su interior. Como creyente, experimentará una esperanza que no podrá ser sacudida y una paz que «sobrepasa todo entendimiento» (Flp 4.7). No envidiará lo que tengan otros ni buscará ser como ellos. Usted dejará de batallar por cosas que no son de Dios y descansará completamente en Él (véase Sal 46.10). Descubrirá la voluntad, el plan y el propósito del Señor para su vida, y al hacerlo descubrirá un deleite y plenitud duraderos.

¿Hasta qué punto ha rendido su voluntad a Dios?

¿Hasta qué punto diría que está viviendo en obediencia a Él, no sólo en su conducta externa sino también en sus deseos, actitudes y emociones internos? ¿Cincuenta por ciento? ¿Está viviendo como Él quiere la mitad del tiempo y como usted quiere la otra mitad? ¿Es más? O... ¿es menos? ¿Está viviendo del todo para Dios?

Dios nos llama a comprometernos al 100 por ciento y a rendirnos al 100 por ciento.

¿Hay *algún* área de su vida donde le está poniendo un pare a Dios? Si es así, entonces está rebelándose. Si está reservándose algún hábito o deseo y no le está dando a Dios plena autoridad sobre esa parte de su vida, entonces está estableciendo una «zona roja» de rebelión.

El Salmo 107 ofrece una solemne advertencia (vv. 17–18):

Fueron afligidos los insensatos,
A causa del camino de su rebelión
Y a causa de sus maldades;
Su alma abominó todo alimento,
Y llegaron hasta las puertas de la muerte.

Los rebeldes son afligidos muy frecuentemente con un sinfín de problemas, tormentos y luchas. Por ejemplo, pueden perder el apetito y las ganas de vivir, que es otra manera de decir que el rebelde se debilita y tiene poca salud. El versículo 18 dice que los que están en rebelión se encuentran en un estado constante de muerte, no sólo física, sino también emocional y espiritual.

Si hay rebeldía en su vida, tiene que admitirla y confesarla. Cuando lo haga, la promesa maravillosa de la Palabra de Dios es que Él lo librará de ella (vv. 19–20):

> *Pero clamaron a Jehová en su angustia,*
> *Y los libró de sus aflicciones.*
> *Envió su palabra, y los sanó,*
> *Y los libró de su ruina.*

Si está usted en rebeldía, no espere para clamar al Señor pidiendo perdón y misericordia. Reconozca que las aflicciones que hay en su vida podrían ser el resultado de sus prácticas rebeldes. Confíe en que Dios lo salvará de su angustia, lo sanará de cualquier sufrimiento y lo librará de su rebelión.

Puede que el Señor aún le pida que haga frente a algunas de las consecuencias y castigos, pero Él puede sanarlo, y ciertamente lo hará, de cualquier dolor relacionado con su conducta rebelde. Dios también le dará una comunión renovada con Él y lo acompañará en medio de cualquier dificultad que tenga por delante.

La única solución para la rebelión es dejarla. Ríndase a Dios y clame a Él, así recibirá su perdón y su ayuda.

ADMÍTALO—TRÁTELO

1. ¿Está enojado con Dios? ¿Por qué? ¿Le ha dicho a Dios que está enojado?

2. Pídale a Él mismo que lo ayude a soltar ese enojo.

3. ¿Cuándo se convierte el enojo con Dios en rebelión contra Él? ¿Se ha rebelado usted?

4. Acuda al Señor hoy y pídale que lo perdone, que restaure su relación con Él y que tenga misericordia de usted.

5. Si mantiene una relación con una persona rebelde, ¿qué pasos dará para confrontar su rebelión o para distanciarse de esa persona?

CAPÍTULO 8

PAZ

|||||||||||||||||||||||||||||||||||||||||||||||||||||||||||||||||||||||||||||||||||||

Instauremos la paz personal en un mundo lleno de enojo

¿Qué viene a su mente cuando piensa en un oasis? ¿Visualiza un lugar de refugio y paz en medio de un desierto estéril?

Tome un momento e imagine cómo se sentiría si estuviera en un oasis.

Por todo el Oriente Medio aún se pueden encontrar muchos oasis, con bosquecillos de palmeras en medio de lo que parece ser tierra desértica. Estas palmeras son regadas por el agua fresca de los arroyos artesianos. El entorno de un oasis es fresco, gracias a la sombra de las palmeras. Un oasis es un lugar refrescante, un remanso de paz y tranquilidad. Un oasis es también un lugar de alimento, especialmente cuando los dátiles están listos para la cosecha.

En Israel, el oasis de Ein Gedi está lleno de palmeras y aguas que producen vida, a escasos metros de distancia de las aguas saturadas de minerales y sin vida del mar Muerto. Estos dos entornos, tan cercanos el uno al otro, no podrían ser más diferentes.

El reto que todos afrontamos es hacer de nuestros espacios personales oasis de descanso que den vida, frescura y alimento en medio del caos y la confusión. No importa cuántas personas enojadas nos rodeen, Dios puede hacer que nuestras vidas sean oasis de paz.

DEFINA SU ESPACIO PERSONAL

La buena noticia siempre es que casi todas las personas tienen control sobre sus pensamientos y emociones. En casi todo, escogemos cómo nos sentimos, lo que pensamos y lo que creemos. Cada uno de nosotros tiene también bastante control sobre su espacio personal.

Su espacio personal irradia de usted como los anillos creados por una piedrecita arrojada a un estanque de agua. Digamos que el primer anillo es todo lo que alcanza estirando su brazo. Si extiende su brazo y hace un giro de 360 grados, ese es principalmente su espacio personal. Siempre está ahí, esté usted sentado, de pie o tendido.

El segundo anillo de espacio personal es todo lo comprendido dentro del tono de voz normal que tiene en una conversación. Sin levantar su voz, ¿quién puede oír y entender lo que usted dice? Este anillo normalmente abarca unos siete metros de distancia.

El tercer anillo de espacio personal abarca el sonido de su voz al gritar. Cuando era niño, mi madre a veces me llamaba a cenar desde la puerta principal de nuestra casa. No importaba cuántas otras mamás estuvieran llamando a sus hijos, yo nunca confundía sus voces con la de mi madre. Podía oírla por encima del ruido del tráfico o de mis amigos que estaban jugando. Este tercer anillo de espacio personal podría alcanzar hasta unos treinta metros desde su cuerpo.

Cuanto más se extienda nuestro anillo de espacio personal, menos autoridad tendremos usted y yo sobre esa área. Puede que controlemos muy poco en nuestro entorno e incluso menos en nuestro mundo, pero tenemos al menos cierto grado de influencia sobre el área que abarca nuestro espacio personal. Y cuando usted se junta con individuos que piensan igual y le brindan respaldo físico, espiritual y emocional, su influencia combinada puede ser grande, ¡se lo aseguro!

CINCO ÁREAS DE AUTORIDAD

Usted tiene al menos cinco áreas de autoridad sobre su espacio personal.

Gente

Usted controla qué personas pueden entrar y ocupar su espacio personal. Esto incluye su círculo inmediato de familiares y amigos, compañeros de trabajo y, en ciertos entornos, personas totalmente desconocidas. Cuando entra a un avión o se sienta en una sala de cine o una iglesia, personas que no conoce pueden ocupar su espacio personal. Quizá no tenga total autoridad sobre qué personas entran a su espacio personal, pero tiene algún grado de influencia. Tiene la libertad de alejarse de quienes violan lo que usted ha establecido como las reglas que gobiernan su espacio personal.

Tenga cuidado de no permitir que personas enojadas o violentas accedan a su espacio personal, y evite lo mejor que pueda tratar con enojo a las personas a quienes haya dado la bienvenida.

Mensajes

Usted tiene autoridad sobre lo que se permite ver y escuchar en su espacio personal. Esto incluye mensajes de radio, televisión, prensa escrita e Internet.

Piense en la música que escucha. Preste atención a las películas y programas de televisión que ve. Piense en los sitios web que visitan usted y los miembros de su familia. Como padre o madre, tiene autoridad sobre lo que ven y escuchan sus hijos en su cuarto. Supervise con atención lo que ven sus hijos en la televisión, por dónde navegan en la Internet y qué escuchan en sus audífonos. Como padre o madre, tiene usted toda la autoridad sobre sus hijos mientras sea responsable de sus necesidades físicas, emocionales, materiales y espirituales.

En los últimos años, los programas de televisión se han vuelto cada vez más:

- *Violentos*. Casi nadie puede sentarse frente al televisor sin tener que ver u oír algún homicidio o asalto brutal.

- *Sexuales*. Desde comedias hasta dramas policiacos, las insinuaciones sexuales y la conducta sexual inmoral han ido en aumento.

- *Irrespetuosos*. Incluso programas sobre la ley y el orden a menudo tienen argumentos arraigados en la falta de respeto a la autoridad.

- *Deshonrosos*. Cada vez más, los medios tratan de ridiculizar a los cristianos y otros grupos con valores tradicionales mientras aplauden a quienes viven estilos de vida pecaminosos y aberrantes.

Estos mismos mensajes son transmitidos, vistos y escuchados por niños y adolescentes a través de páginas web y letras de canciones. Los científicos e investigadores están aún estudiando y debatiendo los efectos a corto y largo plazo que los mensajes violentos y pornográficos tienen sobre los individuos. Muchos argumentan que no hay conexión entre lo que vemos y oímos y lo que hacemos como resultado. Afirman que aquello a lo que estemos expuestos a través de los medios de comunicación no conduce a una conducta violenta o sexualmente desviada.

Pero a mí el simple sentido común me dice que lo que una persona ve y escucha al final es asimilado y se interioriza de alguna manera. Si una persona no tiene un fundamento de fe sólido o un profundo sentimiento de seguridad para filtrar los mensajes que le llegan, probablemente habrá un impacto negativo por ver y oír demasiada violencia. Como mínimo, el espectador se volverá insensible ante la violencia. La pornografía produce intensos deseos sexuales que pueden manifestarse en forma de lujuria, fornicación, adulterio y abuso sexual. Proverbios 4.23–27 nos ofrece estas palabras de advertencia y ánimo:

Sobre toda cosa guardada, guarda tu corazón;
Porque de él mana la vida.
Aparta de ti la perversidad de la boca,
Y aleja de ti la iniquidad de los labios.
Tus ojos miren lo recto,
Y diríjanse tus párpados hacia lo que tienes delante.
Examina la senda de tus pies,
Y todos tus caminos sean rectos.
No te desvíes a la derecha ni a la izquierda;
Aparta tu pie del mal.

Estoy convencido de que una dieta habitual de mensajes violentos o sexualmente explícitos creará profundos sentimientos de frustración y hará que la presencia del pecado impere más en su vida. Vivimos en un mundo ruidoso, lleno de música impía, soez e inaceptable, así como películas, programas de televisión, revistas, libros y páginas web que destruirán su paz y minarán su relación con Jesucristo. Si un mensaje o medio de comunicación controla su vida, pídale a Dios que lo libre, lo guarde y le dé su paz. Ore para recibir su fuerza y ayuda para dejar de lado cualquier cosa que le impida caminar y vivir en una relación correcta con Él.

Conversaciones

Usted tiene autoridad sobre la manera en que permite que otros normalmente le hablen y sobre las conversaciones que entabla. Esto incluye las blasfemias, el lenguaje vulgar o de doble sentido, las anécdotas sucias y los chistes verdes.

La gente solía referirse a ese tipo de conducta y conversaciones poco apropiadas como «obscenas». No es una palabra que utilicemos mucho en la actualidad. De hecho, la mayoría de las personas ni siquiera están al tanto de su origen. En realidad, es la traducción de una antigua palabra nórdica que describe a un hongo parasitario que deja esporas negras de hollín en las hojas y en otras partes de las plantas expuestas al fango.

Esto es lo que le ocurre también al alma cuando se cubre de este «hongo» de obscenidades, historias vulgares y pornografía.

Usted tiene todo el derecho de pedirles a otras personas que *no* digan groserías ni utilicen lenguaje soez delante de usted.

Una enfermera de quirófano me contó recientemente que cuando los doctores con los que trabaja comienzan a usar palabrotas, ella ni siquiera tiene que decir algo; tan sólo levanta las cejas y los mira como diciéndoles: «qué pensarían sus mamás de esto». Los cirujanos ya no utilizan ese tipo de lenguaje ni cuentan chistes verdes delante de ella. La respetan por su trabajo y su carácter. De hecho, le piden que sea su enfermera de quirófano. ¿Por qué? Porque el respeto que ella demanda es el respeto que infunde y muestra a los demás.

Una persona rara vez se enoja con quien respete y admire. El uso de lenguaje profano y vulgar tiene sus raíces en la falta de respeto. Utilizarlo dañará sus relaciones con otros y estropeará su caminar con el Señor.

Posesiones materiales

Usted tiene autoridad sobre el contenido de su refrigerador y de todos los muebles y cajones de su hogar. Continuamente me sorprende el número de personas que dejan alcohol y medicamentos en un lugar de fácil acceso para sus hijos pequeños y adolescentes.

No hace mucho tiempo vi a un padre con una expresión de intenso dolor por la muerte de su hija de dieciséis años. Había fallecido en un accidente de tráfico por causas relacionadas con el alcohol. Me dijo: «Nunca establecí conexión alguna entre el alcohol que había en nuestra casa y la manera de conducir de mi hija. Me siento culpable por haberle permitido un acceso tan fácil». Déjeme asegurarle que si tiene alcohol en su casa, es muy probable que sus hijos lo encuentren y experimenten con él.

Los medicamentos son otro peligro para sus hijos. Asegúrese de que no queden píldoras sueltas en sus armarios o muebles de la cocina que puedan atraer la curiosidad de un niño o un adolescente. Tenga hijos o no, mi consejo es que retire de su hogar el alcohol y los medicamentos que no use.

Actitud

Usted tiene autoridad sobre la actitud que prevalece en su hogar; nunca pierda eso de vista, especialmente si es padre o madre. Pregúntese: *¿Está mi hogar lleno de paz? ¿Es un ambiente de pulcritud y descanso tranquilo?*

Muchos hogares hoy están llenos de caos y ruido.

¿Cuál es la actitud de los miembros de su familia? ¿Están enojados y son irrespetuosos, o están contentos y son obedientes?

¿Cuál es *su* actitud?

La actitud que usted muestre es normalmente la que otros reflejarán a su vez. Asegúrese de que la suya sea positiva, alentadora y piadosa. Confronte cualquier actitud negativa que sienta en su cónyuge o sus hijos. Los sentimientos desembocan en acciones tarde o temprano. Una actitud hostil, resentida o amargada *producirá* una conducta de enojo.

DISTÁNCIESE DE CINCO TIPOS DE PERSONAS

En su hogar, lugar de trabajo y cualquier otra área de su entorno personal, opte por distanciarse de personas y actividades que muestren estas características:

- Violencia

- Venganza

- Revanchismo

- Vacilación

- Violación

DISTÁNCIESE DE PERSONAS Y SITUACIONES VIOLENTAS

La violencia es el uso de la fuerza física para dañar a alguien o forzar a alguien a hacer algo. A menudo termina con un daño significativo a personas, posesiones o ambas. La violencia tiende a suceder rápidamente y con una fuerza devastadora.

El enojo está en la raíz de toda conducta violenta, y es a menudo la única pista de que la violencia surgirá. Lo aliento a distanciarse de:

• Individuos propensos a insultar como parte rutinaria de su comunicación.

• Personas que constantemente ridiculizan o critican intensamente a otros, ya sean individuos o colectivos de personas.

• Aquellos que lanzan frases de desprecio contra cualquier persona o colectivo que refleje prejuicio o favoritismo basado en raza, cultura, edad o sexo.

Escuche lo que dice una persona y el tono de voz que emplea. No desestime la selección de palabras de alguien pensando: *Realmente no lo dice en serio*; o *Eso no es lo que realmente piensa*. La verdad es que las personas casi siempre piensan y quieren decir lo que dicen, al menos en cierta medida.

Hace un año aproximadamente, escuché acerca de una mujer que estaba casada con un oficial del ejército. Este hombre era propenso a tener estallidos de enojo que hacían que su esposa e hijos temblaran en su presencia. Esta mujer temía que alguno de los estallidos de enojo de su esposo pudiera volverse físico. Así que esperó un buen momento para hablarle de ello. Cuando llegó el día, ella dijo: «Quiero decirte algo de la mejor forma posible. Por favor, toma lo que voy a decirte como algo importante y algo que creo es por el bien de nuestra familia. Te estoy pidiendo que te encargues de tu enojo, no sólo por mí y por los niños, sino también por tu propio bien».

Ella siguió diciendo: «No es necesario que eleves tu tono de voz para que te respetemos o para que se haga lo que dices. Tu enojo nos hace temerte y evitarte. También quiero decirte que si alguna vez levantas tu mano contra mí o contra los niños, saldré por esa puerta y me iré de casa para no volver nunca más. También haré todo lo posible para impedir que nuestros hijos tengan contacto alguno contigo».

El hombre se quedó atónito, pero sabía que su esposa hablaba en serio y que era una mujer que hacía lo que decía. Respondió haciendo lo que ella le pidió: confrontó su enojo y cambió su manera de hablarle a su familia.

Todo esto ocurrió hace más de sesenta años. Este hombre y su esposa tienen ahora más de ochenta años. Los hijos de este hombre lo aman profundamente y les encanta estar con él. Lo mismo puede decirse de su esposa. Es uno de los miembros más respetados de su comunidad. De hecho, pocas personas creerían que en otro tiempo haya sido un hombre iracundo.

¿Pueden las personas propensas a la violencia cambiar su actitud y lidiar con su enojo? Claro que sí.

¿Qué puede hacer usted sobre la intrusión de personas violentas en su vida?

• Rehúse vivir bajo una amenaza de violencia.

• Rehúse entrar en un vehículo con alguien que está muy enojado o que ha mostrado tener furia al volante en el pasado.

• Rehúse formar parte de un comité donde haya una persona propensa a tener estallidos de enojo.

- No permita que una persona violenta comience un debate o un altercado en su hogar.

- Termine cualquier debate o discusión simplemente cambiando de tema.

- De la mejor manera que pueda, dígales a las personas enojadas que le gustan mucho más cuando *no* están enojadas. Luego infórmeles que le tiene cero tolerancia a la violencia. Si tales personas responden a sus palabras de una manera airada o violenta, haga lo que pueda para no relacionarse con ellas.

No permanezca en una atmósfera violenta

Hace poco, un amigo mío fue de noche a una oficina de correos para ver si podía comprar un periódico de la máquina expendedora que había allí. Tan pronto como volvió a entrar en su auto, la señora que lo acompañaba le dijo: «¡Salgamos de aquí! ¡YA! ¡YA! ¡YA!». Lo dijo con una urgencia tan poco habitual, que él inmediatamente puso marcha atrás en su auto y salió a toda prisa del estacionamiento.

Mientras conducían por la calle, su amiga le explicó que había observado otros dos autos que se habían estacionado frente al correo. Cuando vio que ambos se disponían a estacionar en ambos costados de ellos, ella sintió un grave peligro. Por suerte, escaparon sin resultar heridos, pero al día siguiente escucharon en la radio que había ocurrido un incidente violento relacionado con una venta de droga que salió mal, y se había producido en ese mismo sitio.

Si el Espíritu Santo o el sentido común le dice que salga de una situación, salga lo más rápidamente que pueda. No menosprecie las señales de aviso de Dios. Huya de la violencia.

Conozco a otra señora que fue a una universidad en una ciudad desconocida. Su nueva compañera de apartamento era la amiga de una amiga, quien encontró un apartamento para ellas antes del comienzo del semestre. Pero aquella compañera no tomó una decisión sabia. Cuando esta joven llegó a la ciudad, sintió de inmediato que el apartamento no era un buen lugar para ellas. En menos de una semana, esta mujer y su compañera encontraron un lugar mucho más bonito con una mensualidad no mucho más alta. Cuando le dijeron al administrador que se mudarían a final de mes, él les dijo: «Sabía que no se quedarían mucho tiempo».

«¿Por qué no?» le preguntó una de las jóvenes.

«Bueno», dijo él, «supuse que se enteraron de que habíamos tenido dos violaciones y un asesinato en este edificio en los últimos seis meses, y puedo decirles que ustedes no son el tipo de mujeres que querrían vivir en un edificio así».

La otra joven respondió: «¿Por qué no me dijo esto cuando solicité alquilar el apartamento?».

El administrador sólo se encogió de hombros. Las personas que están dispuestas a acomodar a la violencia en sus vidas rara vez quieren admitir que lo hacen.

Apréndase de memoria este principio de la Palabra de Dios y recítelo a menudo: «Si es posible, en cuanto dependa de vosotros, estad en paz con todos los hombres» (Ro 12.18).

NO SE ASOCIE CON PERSONAS VENGATIVAS

La venganza conlleva hacer enemigos y castigar enemigos. En la mayoría de los casos, la venganza es un ciclo antiguo y aparentemente sin final.

Tan sólo eche un vistazo al Oriente Medio. Una parte hace algo que disgusta a la otra, y viene la represalia. Después hay represalias por la represalia. Y sigue así, año tras año, década tras década.

Este mismo ciclo es evidente entre individuos y en muchas familias. Las personas de espíritu vengativo tienen un fuerte deseo de herir a alguien, usualmente a un nivel más allá de lo que ellos mismos han experimentado.

¿Cómo puede identificar un espíritu vengativo? Escuche lo que dice la persona. ¿Hace amenazas? ¿Habla sobre hacer daño a otros? ¿Espera que algo malo le ocurra a alguien que conoce? Fíjese en personas que dicen, por ejemplo: «Ese tipo *tiene* que ser castigado» o: «Me gustaría darle a esa persona una dosis de su propia medicina».

Confronte a las personas que parecen deleitarse en tener enemigos o crearse enemigos en cada esquina. Rehúse participar en algo relacionado con ajustes de cuentas o revanchas. No busque venganza ni tome parte en ella.

La Palabra de Dios nos dice: «No os venguéis vosotros mismos... Mía es la venganza, yo pagaré, dice el Señor» (Ro 12.19).

No entable amistad con los revanchistas

El espíritu revanchista es un primo hermano de la venganza, pero la diferencia está en que las personas revanchistas siempre están a la defensiva. Constantemente culpan a los demás de su dolor. Las cosas malas que ocurren en su vida nunca son culpa suya, y atacan con rapidez a quienes, según ellos, les deben algo. Puede tratarse de una empresa, un antiguo jefe, un familiar, un oficial de la comunidad o incluso la sociedad misma.

Un estudiante universitario me dijo hace poco que sentía como si nadie de su residencia lo quisiera.

Así que le pregunté: «¿A quién quieres *tú* en tu residencia?».

«A nadie», me respondió.

Justamente ese es el problema. Las personas revanchistas rara vez hacen amigos o establecen relaciones fuertes y positivas con quienes los rodean. Ven a los demás con suspicacia y duda, buscando todo el tiempo la manera de «igualar el marcador» con las personas que no los respetan o incluyen.

Para algunas personas revanchistas, todo el mundo es su enemigo. Huya de gente así. Llame a personas en posiciones de autoridad que puedan intervenir y ayudar a esa persona. Puesto que el revanchismo y el enojo van de la mano, la gente que alberga ese espíritu puede convertirse en un peligro para ellos mismos y para otros.

No permita que usted mismo, ni algún otro miembro de su familia o sus amigos, asuma una actitud de «yo contra el mundo». Recuerde las palabras del apóstol Pablo en Romanos 12.17: «No paguéis a nadie mal por mal; procurad lo bueno delante de todos los hombres».

No se ponga del lado de personas vacilantes

La palabra *vacilar* significa «ser indeciso... ir de un lado a otro». No hay sensación de seguridad en una atmósfera de vacilación. Estos tipos de entornos están marcados por arenas movedizas, asideros inestables y cambios volátiles de creencias y opiniones. Si permite que en su espacio personal haya personas que vacilan constantemente, podría llegar a frustrarse al punto de empezar a sentir enojo.

Estas son algunas características de una persona vacilante:

- Hoy usted les cae muy bien, pero mañana no.

- Quieren que las cosas se hagan de cierta manera esta vez pero de forma diferente la próxima vez.

- Creen una cosa el domingo y algo muy diferente el jueves.

- Sus demandas cambian de hora en hora, de día en día o de una semana a la otra.

- Un día piensan que algo está «mal hecho» o que es «malo», pero no piensan lo mismo al día siguiente.

Usted no tiene que buscar ni continuar su relación con personas que están llenas de indecisión o que carecen de una fuerte fibra moral. La persona vacilante no tiene ancla; se mueve por las olas de aquello que ve, escucha o experimenta. Un hombre o una mujer así son extremadamente proclives a la frustración, la ansiedad y el enojo.

Declare continuamente la verdad a las personas vacilantes. Enfóquese en compartir la verdad del amor, el cuidado y la presencia de Dios. Pídales cuentas a estos individuos de lo que dicen y de las discrepancias entre lo que dicen y hacen. La Palabra de Dios nos dice que la persona de «doble ánimo» es «inconstante en todos sus caminos» (Stg 1.8).

No siga relacionado con una persona que viola sus límites personales

Evite a las personas que no honran sus límites personales o las «reglas» que ha establecido para su propio espacio personal. Esta clase de «violadores» no lo respetan a usted, y una que persona no lo respete probablemente lo herirá a nivel emocional, material o físico. Distánciese de estas personas.

¡TOME LAS RIENDAS DE SU ESPACIO PERSONAL!

Hace muchos años, un cristiano que trabajaba en la industria del entretenimiento en Hollywood le dijo esto a un amigo mío: «Es muy difícil ser una gota limpia en un estanque sucio».

Yo no diría que es muy difícil, ¡es imposible!

Sea muy consciente de que su entorno lo cambiará si usted no toma el control. Debe estar enfocado y ser decidido si desea un espacio personal que refleje las cualidades de Jesucristo. Mantener una atmósfera de paz marcada por el refrigerio, el alimento y el cobijo espiritual requiere constante supervisión y buenas decisiones. Usted no puede vivir en un entorno personal que esté lleno de enojo, violencia, venganza, revanchismo o vacilación y mantenerse apacible, bondadoso y caritativo.

SU ESPACIO PERSONAL VA CON USTED

Su espacio personal es como una burbuja a su alrededor. Va con usted a todas partes. Esta verdad se relaciona directamente con su capacidad para influenciar sus entornos mayores de vecindario, ciudad, región y mundo. Lo que usted haga en su espacio personal es la manera principal en que impactará su hogar, su lugar de trabajo, su comunidad y su iglesia.

Con muy pocas excepciones, usted *puede* controlar estos diez aspectos de su vida:

1. Usted puede controlar a dónde va, incluida la ruta que escoge para llegar allí.

2. Usted puede controlar dónde trabaja. Puede que le lleve algo de tiempo hacer el cambio, pero puede escoger quien lo contratará.

3. Usted puede controlar dónde pasa su tiempo de recreo o diversión. Usted decide qué películas ver, qué museos visitar y los clubes o gimnasios a los que pertenece.

4. Usted puede controlar a qué iglesia asiste y en qué actividades participa.

5. Usted puede controlar la gente con la que elige relacionarse y divertirse.

6. Usted puede controlar lo que introduce en su cuerpo en gran medida. Usted elige lo que come y bebe, la calidad de aire que respira y los medicamentos o suplementos que ingiere.

7. Usted puede controlar lo que permite que se arraigue en su corazón y su mente. Quizá no pueda evitar ver u oír algo que considera ofensivo, pero puede impedir que esas imágenes y mensajes negativos tomen residencia permanente en usted.

8. Usted puede controlar el nivel de ruido del mundo que le rodea, al menos hasta cierto punto. Puede pedir que cierta música no se toque o que se baje el volumen.

9. Usted puede controlar tanto lo que defiende como lo que critica. De forma verbal o escrita, puede enviar mensajes que marquen la diferencia.

10. Usted puede controlar su conducta y actitud hacia los demás. Pequeños actos de amabilidad pueden marcar la diferencia. Brindar una sonrisa, una mirada de afirmación o un cumplido breve pero sincero, pueden alegrarle el día a alguien. Y no pasemos por alto la importancia de los buenos modales y la generosidad. Abrirle la puerta a alguien o ceder el paso a otro conductor puede influenciar su mundo de manera positiva.

Todo esto está bajo su control cada día, y cada una de esas acciones puede promover considerablemente sus esfuerzos por hacer que su vida sea un remanso de paz. Tenga en mente que ejercer el control de su espacio personal no tiene por qué hacerse de forma antipática, ruda o con enojo. Pero si no aboga usted por un entorno de paz, calma, amor y bondad en el mundo que le rodea, puede que otros lo hagan por usted, y probablemente no serán sus hermanos y hermanas en Cristo.

Usted es el único que puede tomar las riendas de su espacio personal. Nadie más puede hacerlo por usted, y es su responsabilidad influenciar de forma positiva el mundo que le rodea. La buena noticia es que Dios promete ayudarlo.

ADMÍTALO—TRÁTELO

1. ¿A quién le ha permitido transgredir repetidamente las barreras personales que usted estableció?

2. ¿Con qué imágenes y mensajes, tanto positivos como negativos, está llenando su mente y su corazón?

3. ¿Está sosteniendo conversaciones o escuchando un lenguaje que lo deja con un sentimiento de suciedad o molestia?

4. ¿Qué sustancias no saludables ha permitido en su hogar? ¿Qué hará para deshacerse de ellas?

5. ¿Quién es la persona que más influye en las actitudes de su hogar? ¿Cuáles son esas actitudes?

6. ¿Qué puede hacer para que su vida sea un oasis de paz en un mundo irreverente y vacío?

7. ¿De qué formas podría tomar más control sobre su espacio personal?

CAPÍTULO 9

AMISTAD

La mejor convivencia posible con personas airadas

Hay pocas cosas en la vida más problemáticas que una relación infectada por el enojo.

¿Quién está lleno de enojo en su círculo cercano?

Sin lugar a duda, John fue uno de los hombres más airados que conocí. Nunca le oí dirigir alguna palabra positiva a mí o a cualquier otra persona. Yo hacía todo lo posible por evitarlo, y hablaba lo menos posible en su presencia.

Desgraciadamente, era imposible ignorarlo por completo. John era mi padrastro.

Mi padre murió cuando yo era un bebé. No tengo recuerdos de él, y sólo sé lo que mi madre y mis tías me han contado a lo largo de los años. Mi madre me educó como madre soltera hasta que cumplí los nueve años. Le pregunté poco antes de que muriera por qué se casó en aquel entonces, y me contestó: «Pensé que necesitabas un padre antes de llegar a la adolescencia».

Desde mi punto de vista, mamá y yo nos estábamos defendiendo sin mayor problema. Teníamos nuestras luchas, la mayoría de ellas económicas, pero teníamos lo suficiente, y nunca dudé que me amara. De formas innumerables, mi madre me apoyó emocionalmente y me proveyó el sustento. Apenas había cursado hasta el quinto de primaria, pero me insistía en asistir diligentemente a la escuela. Si llevaba a casa calificaciones que no fueran notables y sobresalientes, su única preocupación era si yo había hecho o no mi mejor esfuerzo.

Tengo recuerdos muy gratos de llegar a casa después de hacer mi recorrido repartiendo periódicos y encontrar mi cena servida en la mesa. Mi madre la había preparado antes de irse a trabajar. Yo tenía la reconfortante seguridad de estar siempre presente en su mente, y sabía que me amaba de verdad.

Más importante aun, fue que mi madre me dio un fundamento espiritual firme. Leíamos juntos la Biblia, nos arrodillábamos a orar y cada domingo íbamos juntos a la iglesia.

Es posible que John haya tenido una vida espiritual en los años que vivimos bajo el mismo techo. Sé que la tuvo en sus dos últimos años antes de morir, pero cuando lo único que uno ve y oye de otra persona es enojo patente, es difícil discernir cualquier otro aspecto de la personalidad de ese individuo.

John nunca me pegó, pero sin duda alguna me hirió emocionalmente. Me menospreciaba constantemente, diciéndome que no me merecía ni el aire que respiraba. Especialmente menospreciaba mi deseo de predicar el evangelio algún día. Pensaba que debía conseguir un trabajo de verdad, lo cual, en su opinión, significaba conseguir empleo en la fábrica textil donde él y mi madre trabajaban. No recuerdo una sola palabra de aliento, ánimo o aprobación de su parte.

El enojo de John con mi madre iba un paso más allá. Recuerdo claramente el día en que lo vi con sus manos en la garganta de mi madre. Me lancé con todo mi peso sobre él para alejarlo de mi madre, y le dije muy clara y enérgicamente que la defendería sin importar qué tuviera que hacerle. Y cuando él agarró un cuchillo para amenazarme, mi madre salió en *mi* defensa. Le dijo que si me hacía el más mínimo daño, antes tendría que pasar por encima de ella. ¿Se imagina la tensión que hubo en mi hogar desde que llegó John hasta el día en que me fui a la universidad?

Por muy difícil que haya sido vivir con un padrastro iracundo, es aun más difícil estar casado con una persona enojada o tener un hijo enojado. Cuando el hogar de una persona no es un remanso de paz, hay pocos lugares donde esa persona puede hallar alegría y sentir seguridad.

Conozco a un hombre que vivió con una esposa llena de rabia durante más de dos décadas. Parecía que nada de lo que este hombre hiciera o dijera lograba apaciguarla, aunque él le preguntaba todo el tiempo qué podía hacer para ayudarla a enojarse menos. Ella no tenía respuesta, y finalmente él llegó a la conclusión de que realmente no estaba enojada con él, que probablemente estaba enojada consigo misma o con Dios. Pero eso no le hizo más fácil la vida.

Este hombre hablaba con frecuencia de su descontento en su matrimonio. Decía: «Me da pavor ir a casa. Cuando toco la manija de la puerta para entrar en nuestra casa, oro pidiendo fortaleza. Nunca sé de qué humor estará mi esposa. Casi puedo garantizar que antes de terminar la tarde, yo habré dicho o hecho algo que desatará un gran estallido de furia. Su temperamento se encenderá, levantará su voz y dará portazos, y yo me quedaré solo intentando saber exactamente qué ha ocurrido y por qué».

La verdad es que hay poca base racional tras la mayoría de los estallidos de furia. No hay ningún patrón predecible que revele lo que desencadena esa clase de enojo, así que no hay manera de evitarlo.

Una persona me dijo una vez: «Decidí que la mejor manera de evitar que mi esposo se enojara era hacer todo lo que él decía lo más rápida y calladamente posible».

Le pregunté: «¿Le funcionó esa política de sumisión total?».

«Casi», dijo ella.

«¿Qué quiere decir?», le pregunté.

Me explicó: «Pasamos varios meses sin ninguna diatriba de sarcasmo y enojo. Entonces un día, de repente, mi esposo pareció explotar, y no va a creer lo que me dijo».

«¿Qué?», le pregunté, casi con miedo de saberlo.

«Me dijo: "¡Estoy harto y cansado de que camines de puntillas a mi alrededor y hagas todo lo que me agrada! Estoy hasta aquí de verte siem-

162 I Cómo sobrevivir en un MUNDO LLENO DE ENOJO

pre haciendo lo que te pido hacer, sin cuestionarlo ni pelear conmigo". Le soy sincera, Sr. Stanley, me quedé pasmada por lo que me dijo *y el tono* en que lo dijo. Nunca había oído tanta rabia en su voz».

«Yo también me hubiera quedado pasmado», le dije.

Ella continuó: «Consintió en buscar consejería poco después de ese estallido, y cuando le escuché contarle al consejero aquel episodio, me sorprendí al caer en cuenta de que mi marido realmente disfrutaba el enfrascarse en altercados. Los veía como el indicio de una relación robusta. Su familia entraba habitualmente en debates acalorados. Mi familia, por el contrario, rara vez tenía serios desacuerdos. Teníamos estilos de comunicación muy diferentes».

Le pregunté: «Los altercados en la familia de su esposo, ¿producían claros ganadores y perdedores?».

Ella respondió: «Eso es exactamente lo que le preguntó el consejero. La respuesta simple es no. La familia de mi esposo simplemente disfrutaba el intercambio enérgico de sus opiniones. Les gustaba darse órdenes unos a otros e irritarse entre sí, pero nadie parecía cambiar realmente su conducta. Simplemente gritaban como dos equipos jugando un partido, y cuando terminaban, todos se iban a comer pizza juntos».

Fue necesario más de un año de consejería para que esta pareja se diera cuenta de que necesitaba encontrar una forma mutuamente aceptable de comunicarse. El marido tuvo que aprender a valorar la reticencia de su esposa a discutir, y ella tuvo que aceptar el hecho de que su marido no siempre decía las cosas en serio. Ella me admitió más adelante que el esfuerzo que hicieron por comunicarse mejor fue un trabajo duro por su parte, y menos que satisfactorio por parte de él. Pero se las arreglaron para seguir adelante con su matrimonio con menos estallidos de enojo. Fue algo que hicieron principalmente por el bien de sus hijos.

Innumerables personas responderían a una situación matrimonial desdichada diciendo: «Necesitas ir a un consejero». Aunque creo firmemente en el valor de una consejería sólida por parte de un cristiano genuino que busque de corazón los mejores intereses de sus clientes, no todos los problemas matrimoniales se pueden resolver con consejería. Muchos de los problemas que encuentran los esposos y las esposas están profundamente arraigados en una de las partes del matrimonio. A menos que, y hasta que se traten y resuelvan tales problemas personales, la paz y la armonía genuinas en su relación serán algo improbable.

Si usted tiene un matrimonio infeliz, le aconsejo que explore su situación con un consejero cristiano que ayude a ambas partes a obtener la ayuda que necesitan. Si su consejero les recomienda consejería individual antes de ir como pareja, debe entender que no puede insistir en que vayan juntos. Puede recomendarlo, pero no puede presionar a su cónyuge. Las personas se benefician de la consejería sólo hasta el grado en que reconozcan que es necesario un cambio. La persona que quiera tener sanidad personal *debe* estar dispuesta a hacer lo que sea para ser sanada. Aun si su cónyuge no está de acuerdo en buscar consejo sobre cómo controlar su enojo, quizá usted se beneficie de la consejería y aprenda cómo lidiar con el enojo de su cónyuge.

La mejor consejería es la prematrimonial. ¿Sabía mi madre que John era un hombre con tantos problemas de enojo cuando se casó con él? No lo creo. De hecho, sé que le preguntó a la familia de John sobre su carácter antes de convertirse en su esposa, y ellos tampoco conocían su problema con el enojo. O tal vez no se molestaron en compartir esa información con mi madre, pensando que ella podría ayudarlo.

Déjeme asegurarle que no creo que una persona llena de enojo pueda volverse pacífica sólo con la ayuda de otro ser humano. Quitar el enojo del corazón humano es un proceso espiritual que requiere la intervención directa de Dios. Pero usted puede reconocer las señales de una persona llena de enojo que debe evitar desde un principio.

EVITE UNA RELACIÓN LLENA DE ENOJO

No sólo hará bien en evitar casarse con una persona llena de enojo, usted también necesita evitar las amistades y los nexos empresariales con personas que no puedan controlar su enojo. La Biblia enseña con mucha claridad que *no* hemos de asociarnos con ciertos tipos de personas, incluyendo:

- *El chismoso.* El apóstol Pedro añadió «entrometerse en lo ajeno» a una lista que incluye homicidas, ladrones o malhechores (1 P 4.15). Un chismoso puede destruir la reputación de otra persona. Una charla de chismes sobre usted a sus espaldas puede suscitar muy fácilmente su enojo. Un chisme siempre es desleal y su intención es dañar a alguien con el deseo de quedar por encima u obtener el favor de un tercero. La Palabra de Dios dice: «El que anda en chismes descubre el secreto; no te entrometas, pues, con el suelto de lengua» (Pr 20.19). La Biblia también dice: «El hombre perverso levanta contienda, y el chismoso aparta a los mejores amigos» (Pr 16.28).

- *El irascible.* La persona que está siempre enojada finalmente logrará que usted se porte igual, y ese enojo será una piedra en su camino. Le impedirá ver lo bueno en otros, perdonar ofensas rápidamente y sin reservas, y prodigar a otros el «fruto del Espíritu» (amor, gozo, paz, paciencia, benignidad, bondad, fe, mansedumbre y templanza; Ga 5.22–23). Proverbios 22 nos dice: «No te entrometas con el iracundo, ni te acompañes con el hombre de enojos, no sea que aprendas sus maneras, y tomes lazo para tu alma» (vv. 24–25). Esto es también un aviso para que no seamos ni actuemos así.

- *El rebelde.* La rebelión no es sólo enojo contra Dios, sino una resistencia callada y voluntariosa que se manifiesta como descontento o deslealtad contra quienes ejercen autoridad. La persona rebelde decide no obedecer, y su propia lujuria y deseos la arrastran en varias direcciones. No está comprometida con Dios, ni es probable que mantenga un compromiso firme con algún superior. Una persona que sólo es leal a sí misma no puede ser leal a un amigo. El primer capítulo de Isaías explica claramente las bendiciones de la obediencia y las consecuencias de la rebelión: «Si quisiereis y oyereis, comeréis el bien de la tierra; si no quisiereis y fuereis rebeldes, seréis consumidos a espada» (vv. 19–20).

- *El autoindulgente.* La indulgencia personal puede manifestarse como glotonería (un exceso constante en el consumo de comida y bebida), conducta inmoral (acciones emprendidas para satisfacer los deseos carnales y lujuriosos), o avaricia (deseo incesante de más y más dinero y posesiones). La persona autoindulgente puede estar hambrienta de poder o ser manipuladora. Siempre busca lo que quiere cuando lo quiere, con poco o ningún miramiento a las necesidades y los intereses de otros. Si usted traba una amistad o relación de trabajo con una persona así, él o ella intentará consumir su tiempo, sus recursos y su energía, y de serle posible también absorberá el tiempo, los recursos y la energía de sus allegados. La Palabra de Dios nos avisa: «El que guarda la ley es hijo prudente; mas el que es compañero de glotones avergüenza a su padre» (Pr 28.7).

- *El inmoral.* La Biblia es muy clara sobre el tema de la inmoralidad sexual. Nadie debe participar en el sexo prematrimonial o extramatrimonial. No hay excepciones. La intimidad sexual está reservada sólo para el matrimonio. Esta postura se opone 180 grados a nuestra cultura. Películas, música, programas de televisión y la Internet están llenos de contenido sexual ilícito y explícito, desde insinuaciones disfrazadas de humor hasta la conducta inmoral descarada. Casi todos los anuncios publicitarios, sea en carteleras y revistas o en los medios, usan el sexo constante y desvergonzadamente para vender productos. Este bombardeo constante ha llevado a una epidemia de embarazos no planificados, lo cual puede derivar en abortos o hijos no deseados, y enfermedades de transmisión sexual que pueden terminar en males recurrentes persistentes e incluso la muerte.

La Biblia nos muestra claramente el camino a la pureza y la justicia, y nos enseña cómo andar en él. O bien nos movemos hacia el cumplimiento de nuestros deseos carnales sin considerar la sabiduría de Dios, o nos movemos hacia su voluntad, plan y propósito. El camino fácil es el camino del mundo. El camino disciplinado y obediente es el camino del Espíritu.

Si tiene amistad con personas sexualmente inmorales, usted tarde o temprano comenzará a ceder en sus propios valores y estándares. Tales concesiones al principio pueden ser sutiles, quizá un cambio en su manera de vestir, las palabras que usa, los chistes que cuenta o las cosas que ve y escucha en televisión y radio. No comience a desplazarse por esa cuesta escurridiza.

• *Un necio.* Tendemos a pensar en los necios como personas tontas o frívolas, pero la Biblia opta por un enfoque más serio. En dos ocasiones el salmista llama a los necios «corruptos» y dice «no hay quien haga bien» (Sal 14.1; 53.1). Los necios eligen arrogantemente su propio camino por encima del de Dios. Expulsan a Dios de sus vidas y rehúsan recibir cualquier dirección, discernimiento o sabiduría que se ofrece en su Palabra.

El libro de Proverbios describe a los necios como insensatos, imposibles de enseñar, faltos de honor, calumniadores, sin autocontrol, engañosos, burladores del pecado, arrogantes, indolentes, indisciplinados y malhumorados (1.7; 24.7; 3.35; 26.1; 10.18; 12.16; 14.8; 26.1; 14.9 y 16; 15.5; 16.22; 29.11). Tales personas son incapaces de desarrollar los vínculos verdaderos de una amistad genuina o un matrimonio. Es imposible formar o mantener una relación buena y de beneficio mutuo con una persona que demuestra cualquiera de las fallas de carácter descritas anteriormente.

Es natural sentir algún grado de enojo hacia una persona que calumnia, esparce chismes, manipula, nos usa o miente sobre nosotros. Tener una relación con alguno de los seis tipos de personas enumeradas anteriormente puede ser una trampa sutil que lo haga terminar enojado consigo mismo por involucrarse con tal persona.

EL DESENLACE DE LAS AMISTADES ENOJOSAS

La mayoría de nosotros conocemos y disfrutamos los beneficios de las relaciones personales sanas. Por otro lado, relacionarse con una persona que está constantemente enojada puede tener consecuencias muy negativas. Una relación enojosa y emocionalmente turbulenta con un cónyuge, hijo, amigo o compañero de trabajo puede:

- *Decepcionarlo*—quizá una mañana se despierta y descubre que su amigo o su cónyuge enojado se ha ido. Hace unos cuantos años, yo era muy amigo de una persona que, de repente y sin explicación alguna, le puso fin a nuestra relación. Hasta el día de hoy, no sé por qué ocurrió. Nunca me dio una explicación, y ha sido para mí una decepción hasta el día de hoy.

- *Angustiarlo*—quizá sienta una profunda preocupación al saber que su amigo está tomando decisiones imprudentes o que se está rebelando contra Dios.

- *Arrastrarlo*—quizá descubra que cada vez más tiene que luchar con sentimientos de ineptitud, temor, depresión, frustración o desánimo.

- *Destruirlo*—una relación insensata llena de enojo puede alejarlo de Cristo. Puede dañar su salud física y emocional, su carrera, y otras relaciones que sí son de apoyo y mucho valor.

En cada uno de estos casos, es fácil que una persona se sienta muy afectada por el enojo y llena de interrogantes: *¿Por qué se comporta de esta manera? ¿Qué salió mal? ¿Qué puedo hacer? ¿Qué debería hacer? ¿Cómo pudo ocurrir esto?*

El enojo que usted siente quizá no esté totalmente dirigido hacia la otra persona. Como indiqué previamente, podría terminar enojado consigo mismo. Se requieren dos personas para entablar una relación, pero en muchos casos sólo es necesario el enojo o los problemas emocionales de una de ellas para ponerle fin. No se culpe del todo por el fracaso de la relación, pero sí explore qué salió mal para que pueda aprender de la experiencia, y cuando le sea posible, intente reconciliar o reconstruir las relaciones que considere vitales para su vida y su familia.

Si su nexo con alguna persona llena de enojo está produciendo cualquiera de los cuatro resultados anteriores, es momento de reevaluar. Reflexione acerca de *por qué* ha decidido usted quedarse en la relación. Pregúntese qué espera obtener a cambio de mantenerla. ¿Depende a nivel emocional de la persona enojada, o acaso le ha permitido depender emocionalmente de usted? ¿Se siente obligado a mantener la relación a través de abuso emocional o incluso físico por parte de la otra persona? Si ha luchado con estos sentimientos durante algunos años, es fácil caer en un patrón mutuo de enojo, amargura o depresión y quedarse ahí.

La salud de las relaciones que se establecen en la vida adulta con mucha frecuencia está directamente relacionada con la salud de la vida familiar durante la infancia. Si, durante su infancia, su vida familiar estuvo marcada por una mala comunicación, luchas de poder entre sus padres o hermanos, estallidos de enojo, temor o negación de afecto, probablemente sea usted propenso a desarrollar relaciones adultas que exhiban estos mismos patrones.

No hay amistades ni relaciones perfectas porque no hay personas perfectas. No obstante, hay matrimonios, amistades y relaciones laborales maduras, buenas, mutuamente gratificantes y satisfactorias. Tienden a ser aquellas en las que ambas partes buscan ser individuos más maduros, buenos y sabios que apoyan al otro. Al escoger sus relaciones, pídale a Dios que traiga personas a su vida que aspiren a vivir conforme a los mismos valores que usted tiene.

CÓMO SABER SI EL ENOJO ESTÁ DAÑANDO UNA RELACIÓN

Evalúe periódicamente sus relaciones, especialmente aquellas con personas que sabe que tienen problemas con el enojo, incluyendo un cónyuge enojado. Puede saber si la relación se está viendo afectada o dañada si:

- Dejan de pasar tiempo juntos.

- Dejan de hablarse.

- Se vuelven reticentes a compartir sus penas y alegrías; dejan de reír y llorar juntos.

- Dejan de decir gracias o de tener otras consideraciones de favor mutuo.

- Pierden su cariño, afecto o aprecio el uno por el otro.

- Se vuelven cada vez más críticos entre sí, menos tolerantes con los errores del otro, apreciando menos el esfuerzo del otro y aceptando menos sus flaquezas.

- Levantan un muro y dejan de compartir su vida libremente
  con el otro, cuando uno o ambos se guardan cosas y ocultan
  motivos, sentimientos y pensamientos.

- Dejan de ser honestos el uno con el otro sobre lo que alguno de
  los dos hace, piensa o siente.

- Dejan de confiar el uno en el otro.

IDENTIFIQUE EL IMPEDIMENTO
PARA QUE EL AMOR FLUYA

Una de las raíces del enojo entre dos personas abarca el concepto de
«amor perdido». Tendemos a decepcionarnos si creemos que una relación
afectuosa se está deteriorando más allá de nuestro control o que vamos a
ser rechazados injustamente o sin previo aviso. Pero también tendemos
a enojarnos con la otra persona porque no pone de su parte en la relación
de afecto.

Piense en estas cinco posibles actitudes y conductas que pueden detener el fluir del amor entre dos personas, con el resultado final de enojo
y el robo de su paz.

Egoísmo

Cuando una persona comienza a enfocarse en sí misma en lugar de pensar en la otra, la relación comienza a sufrir. El egoísmo a menudo se
manifiesta como ajetreo. Cuando alguien se ocupa demasiado en sus labores, se queda cada vez más absorto en alcanzar sus propias metas o
se enfoca exclusivamente en lo que quiere hacer por su cuenta, la otra
persona en la relación se va a sentir desatendida. Si la otra persona siente
que sus necesidades, anhelos o deseos ya no importan en el matrimonio
o la amistad, la persona herida quizá se aleje.

Manipulación

Si una persona comienza a controlar a la otra, la relación sufrirá grietas que pueden dañarla o destruirla. La manipulación toma diferentes formas, incluyendo insultos verbales o abuso, intrigas psicológicas, promesas falsas, suspensión de beneficios y amenazas para controlar el comportamiento. Con la manipulación, una persona se convierte en «dueño» y la otra se convierte en «esclavo». La relación ya no estará marcada por intereses y metas comunes. Más bien será una especie de dictadura. Cuando esto ocurre, el amor no puede fluir libremente entre dos personas.

Celos o codicia

Si alguien se vuelve tan celoso que se niega a dejar que la otra persona pase tiempo con amigos o familiares, la relación comienza a desintegrarse.

Los celos le hacen aferrarse a algo que usted considera legítimamente suyo; en un matrimonio, *alguien* que es legítimamente suyo. El problema de los celos es el grado al que una persona se aferra a la otra. En cualquier relación saludable, cada persona necesita la libertad de formar y expresar sus opiniones personales, cultivar los talentos que Dios le ha dado y mantener relaciones buenas con otras personas. Los maridos deberían tener amigos que piensen como ellos y se apoyen mutuamente; las esposas deberían tener amigas que se apoyen y con las que congenien bien.

La envidia o codicia es diferente de los celos porque desea algo que le pertenece legítimamente a otra persona. La envidia quiere lo que otra persona tiene o es. Puede ser un rasgo físico como la belleza o la fuerza, una posesión, un talento, un don espiritual, una habilidad o destreza, una relación o cualquier otra cosa. Una persona puede que codicie la reputación de otra, su fama o su posición de autoridad. Es imposible sostener una relación saludable con alguien que quiere lo que usted tiene, o desea ser quien usted es. Tanto la amistad como el matrimonio requieren mutuo respeto y admiración de lo que la otra persona tiene, hace o es.

Crítica constante

Si una persona desaprueba constantemente la forma en que la otra mira, habla o actúa, si está continuamente en desacuerdo con las decisiones y predilecciones de la otra, o se empeña en degradar el valor o la dignidad de alguien, la relación comienza a desbaratarse del todo. Ciertamente, una sugerencia constructiva y útil de vez en cuando está justificada entre amigos, cónyuges o compañeros de trabajo; pero la crítica incesante de lo que uno percibe como faltas, defecto o errores, es mortal para una relación.

La introducción de una intimidad sexual inapropiada

Una amistad y un matrimonio son dos relaciones totalmente diferentes en lo tocante a la intimidad sexual. Los límites se han desdibujado en nuestra sociedad, pero la Palabra de Dios es clara: el sexo fuera del matrimonio es pecado.

La intimidad sexual no tiene cabida en una amistad. Es algo que nuestro Creador reservó única y exclusivamente para un marido y su esposa. Claro está que una amistad genuina puede crecer hasta que surja el romance y acabe en matrimonio, pero aun así la intimidad sexual debe reservarse hasta *después* de haberse dicho: «Sí, te desposo».

Cuando se introduce el sexo en una amistad, la naturaleza de esa relación cambia automáticamente. La intimidad sexual no añade beneficio alguno a una amistad. Nada que sea contrario a los mandamientos de Dios puede edificar una relación.

PIENSE EN EL ALCANCE DE LA RELACIÓN

Una pregunta clave que puede hacerse si está experimentando conflictos reiterados y casi constantes con otra persona, es: *¿Cuál es el alcance de esta relación?*

Las relaciones tienden a darse en tres variedades.

Relaciones por un motivo

Puede que Dios envíe a una persona a su vida por una razón específica. Quizá usted haya sido llamado a suplir una carencia en la vida de esa persona, o esa persona haya sido llamada a suplir una carencia en la suya. Algunas relaciones parecen estar diseñadas específicamente para ayudarnos en medio de una dificultad, darnos guía y apoyo para una tarea dada por Dios o ayudarnos física, material, emocional o espiritualmente. A cambio, el Señor puede que lo guíe a una relación con el fin de ayudar a otra persona a pasar por un tiempo difícil, a brindar apoyo o guía, a ayudarle de alguna forma física, material, emocional o espiritual.

A veces, sin culpa alguna de las dos partes, la relación se termina de una manera pacífica y acordada. Quizá una persona muere o se muda de lugar. Quizá los propósitos para la relación se logran y los encuentros son cada vez menos frecuentes. El trabajo queda hecho, la oración es contestada o la necesidad es satisfecha. Cualquiera que haya sido el motivo inicial, Dios decide que ha llegado el momento para que las dos personas sigan adelante, cada cual por su lado.

Relaciones por una temporada

A veces, Dios envía personas a nuestra vida por un tiempo determinado, normalmente para una experiencia de aprendizaje, crecimiento y compartir mutuo. La temporada podría ser definida por circunstancias eternas. Por ejemplo, quizá le asignan un compañero de habitación en la residencia de la universidad o conoce a una persona que tiene un hijo en el equipo deportivo de su hija o en la clase de preescolar de su hijo.

Las relaciones temporales normalmente aportan paz, consuelo y compañerismo mutuos. La relación es real y valiosa, pero dura sólo un periodo de tiempo establecido. Normalmente hay tristeza cuando termina una relación temporal porque los vínculos son profundos y fuertes. Pero los tiempos cambian, y también las experiencias de nuestra vida. Los hijos se gradúan, las familias se mudan, las compañías terminan sus negocios y la gente se jubila.

Relaciones de por vida

Otras relaciones son para toda una vida. Estos vínculos profundos nos ayudan a aprender lecciones duraderas sobre el compromiso, la amistad, la lealtad y el amor. Una relación de toda una vida toca los sentimientos más profundos y las creencias más hondas de una persona. Un amigo de toda la vida cuenta con el contexto histórico de su relación para medir su conducta y darle consejo. Él o ella también tienen un profundo entendimiento de quién es usted como persona. Un amigo de toda la vida debería ayudarlo a darse cuenta de su propósito en esta tierra desde la perspectiva del cielo.

Haremos bien en nutrir y valorar cada una de estas relaciones de diferente alcance y propósito. No deberíamos restarle importancia a la valía o impacto de un amigo que está en nuestra vida sólo por una razón o un tiempo específicos. Cada relación merece nuestro mejor esfuerzo y nuestras mayores expresiones de cuidado, gentileza y amor.

Si está planeando hacer un compromiso con un amigo, asegúrense los dos de entender lo que realmente significa eso. No me refiero solamente al compromiso entre un esposo y una esposa, que sin duda es indispensable en todo matrimonio. Lo animo a no prometer ser amigo de otra persona para toda la vida si puede ver que la relación probablemente será sólo por una razón o una temporada. No haga un compromiso a largo plazo en situaciones de negocios, consejería o asistencia, si sospecha que la persona podría estar en su vida sólo dentro de ciertos límites de tiempo o función.

LA DECISIÓN DE QUEDARSE O RETIRARSE

No todas las relaciones se pueden salvar o reparar, sobre todo si continuamente ha habido dolor emocional y enojo por un largo periodo de tiempo. Las circunstancias intensas también pueden hacer difícil una reconciliación. El apóstol Pablo sabía esto cuando escribió: «Si es posible, en cuanto dependa de vosotros, estad en paz con todos los hombres» (Ro 12.18). La verdad es que, tristemente, no siempre es posible estar en paz con todos. Quizá se sienta en paz con alguien y aun así pierda la relación porque esa persona no está en paz o no está dispuesta a reconciliarse con usted.

También hay situaciones en las que debemos retirarnos de una relación. Quizá la otra persona vaya por un camino de rebelión manifiesta contra Dios. Quizá él o ella han amenazado con hacerle daño, han abusado de usted o han llevado la relación en direcciones malsanas o pecaminosas. Dios a veces *intervendrá* y dirá: *Hasta aquí*.

Cuando no es ése el caso, deberíamos hacer nuestro mejor esfuerzo por restaurar o restablecer una relación rota. Tenemos que buscar al Señor para recibir dirección sobre cómo reconstruirla hasta que recupere cierto nivel de equilibrio y bienestar.

Si Dios le está diciendo que no restaure una relación dañada, haga su mejor esfuerzo por terminar en paz. Si acuerdan mutuamente retirarse, pueden dejar simplemente que el asunto muera, pero si una persona quiere sostener y reparar la relación y la otra no, se verá involucrado en un conflicto. Probablemente se sentirá incómodo en presencia de la otra persona a menos que encuentre una manera de resolver la situación. Lo animo a invitar a Dios a que les lleve a ambos a una fase de perdón y paz. No lo postergue, ya que cuanto más espere para llevar la relación a una resolución, más fuerte será el dolor que probablemente uno o ambos experimentarán.

Si dos personas realmente quieren sanar una relación rota, cobre ánimo. Casi cualquier amistad dañada se puede reparar si ambas partes están comprometidas a sanarla. Restaurar la relación supondrá un esfuerzo intencional y dedicado con muchas dosis de paciencia y una clara comunicación. Pero, por medio de la oración y la persistencia, *es* posible.

CINCO PASOS PARA SANAR UNA RELACIÓN DAÑADA

Si se encuentra en una relación que ha sido dañada por su enojo o el de otra persona, hay cinco pasos básicos que deben darse para sanarla.

1. Pídanse disculpas.

Si vale la pena salvar la relación, cada persona debería estar dispuesta a disculparse por su parte de la culpa en la ruptura, el malentendido o el estallido. Es muy raro que una amistad se rompa como resultado de las palabras o acciones de una sola persona. ¡Se requieren dos personas para una discusión! Casi siempre hay algo que cada persona dijo o no dijo, hizo o no hizo, que contribuyó a los sentimientos de enojo, dolor o amargura. Escojan genuinamente perdonarse el uno al otro por el dolor de la relación dañada.

2. Identifiquen pasos positivos y constructivos que cada uno pueda dar.

Sean específicos. Enfóquense en comportamientos observables y concretos que se puedan cambiar rápidamente o ajustar en un futuro cercano. Por ejemplo, si acuerdan que necesitan pasar más tiempo juntos, definan fecha, hora y lugar. Planeen un evento o unas vacaciones donde pasen tiempo juntos para hablar y trabajar en su relación.

3. Hagan un compromiso mutuo para reconstruir.

Pónganse de acuerdo en trabajar en la relación. Si la otra persona dice: «Yo me voy, no puedo más», reconozca que no puede forzarla a quedarse o a tener el tipo de relación que usted desea. No puede hacer que otra persona le ame o sea su amigo. Como en el matrimonio, la amistad es una decisión, un acto de la voluntad.

4. Acuerden seguir adelante y dejar atrás el pasado.

Rehúse albergar culpa o resentimiento. No saque a la luz antiguas heridas. No deje que su mente se quede estancada en la frustración, el dolor, el desánimo o la decepción que sintió en el pasado. Afronte el futuro con optimismo. Confíe en que será capaz de restaurar su relación y que a ambos les esperan días brillantes por vivir. Piensen y actúen en términos positivos. Pídale a Dios que sane su relación y la haga más fuerte que nunca.

5. Oren juntos.

Si es posible, oren juntos en toda ocasión. Pídanle a Dios que:

- Les muestre cómo ayudarse el uno al otro a crecer espiritualmente.

- Les muestre cómo cada persona necesita cambiar su carácter, actitudes y comportamiento.

- Sane sus heridas emocionales.

- Les revele cómo pueden ser mejores amigos o mejores cónyuges.

La buena noticia es que cuando invitamos a Dios a reconciliar y sanar una relación rota por enojo, abuso o conflicto, Él la renueva. El Señor no sólo restaura lo que antes fue, ¡Él hace que la relación sea mejor de lo que nunca fue!

ADMÍTALO—TRÁTELO

1. Si usted se encuentra en una relación con una persona llena de enojo, ¿cómo ha afectado esto su amor por la persona? ¿Y su salud? ¿Y su paz?

2. ¿Cuál podría ser la raíz del enojo de esa persona?

3. ¿Qué estrategias ha empleado para tratar con la persona? Determine cuáles han sido productivas y cuáles no le han ayudado.

4. ¿Qué estrategias de este capítulo no ha estado dispuesto a intentar? ¿Por qué? ¿Está listo para hacer lo que Dios le guíe a hacer para encontrar la paz, aunque eso signifique la ruptura de una relación?

CAPÍTULO 10

CARÁCTER

|||||||||||||||||||||||||||||||||||||||||||||||||||||||||||||||||||||||||||||||||||||

*Establezca la paz en usted mismo y
forme a sus hijos en el amor*

Formar a los hijos para que desarrollen un buen carácter es una de las mayores responsabilidades que tienen los padres, y una de las mejores maneras de hacerlo es modelar su carácter dando testimonio de la presencia de Dios en sus vidas.

El carácter está estrechamente ligado a la integridad, la cual el diccionario define como: «firme adherencia a un código de valores propiamente morales o artísticos». Tanto carácter como integridad están en el centro de la reputación de la persona; y, en última instancia, esa reputación es el legado perdurable de la persona.

El Nuevo Testamento enseña a los cristianos cómo desarrollar el carácter de Jesucristo. Él es nuestro modelo a imitar, y debemos proponernos ser como Él en pensamiento, palabra y obra. Parte de la función del Espíritu Santo en nuestras vidas es ayudarnos a ser cada vez más como Jesús mientras vivamos en la tierra. Los rasgos específicos asociados con el carácter de Cristo fueron descritos por el apóstol Pablo en Gálatas 5: «Mas el fruto del Espíritu es amor, gozo, paz, paciencia, benignidad, bondad, fe, mansedumbre y templanza; contra tales cosas no hay ley» (vv. 22–23).

En estos dos versículos encontramos el molde del buen carácter. La persona que exhibe estos rasgos será considerada «buena» en cada cultura de cada nación de la tierra. Como escribió Pablo, nadie va a aprobar una ley contra estas cualidades. Es más, nadie estará en desacuerdo con las conductas que estén firmemente arraigadas en amor, gozo, paz, paciencia, benignidad, bondad, fe, mansedumbre y templanza. Estos rasgos describen la forma en que a cada uno de nosotros nos gustaría ser tratados. Son términos que deberían ser nuestros objetivos al desarrollar o formar el carácter.

El apóstol se refiere a ellos como «el fruto del Espíritu». Es lo que Dios desarrolla en una persona que busca «andar en el Espíritu» (Ga 5.16) y ser «guiado por el Espíritu» (v. 18). En otras palabras, si usted desea tener una relación estrecha con el Señor y está confiando en el Espíritu Santo para que lo dirija y lo guíe diariamente, este «fruto» se desarrollará en usted y lo llevará a actuar más como Jesús. Si no está confiando en el Espíritu Santo para guiarle y dirigirle, entonces va a «satisfacer los deseos de la carne» (v. 16). Su conducta resultante probablemente incluirá «adulterio, fornicación, inmundicia, lascivia, idolatría, hechicerías, enemistades, pleitos, celos, iras, contiendas, disensiones, herejías, envidias, homicidios, borracheras, orgías y cosas semejantes a estas» (vv. 19–22).

El carácter piadoso produce buen comportamiento.

El carácter insensato produce un comportamiento insensato.

Es tan simple y directo como esto.

Obviamente, el enojo no es un buen rasgo de carácter, y las «obras carnales» de enemistades, pleitos, contiendas, disensiones y herejías tienen todas un elemento de enojo asociado. El enojo comienza como una mala actitud que finalmente se convierte en mal comportamiento. Esta combinación produce un carácter insensato. No se puede negar que el enojo y el buen carácter *no* van de la mano.

Además, si usted es creyente, Dios no le permitirá albergar enojo, resentimiento, amargura u hostilidad sin confrontarlo para que lo elimine de su vida. Si desea vivir una vida agradable a Él, el Señor se opondrá continuamente al enojo en usted y lo convencerá de su necesidad de eliminarlo.

¿Por qué está Dios tan interesado en eliminar el enojo de su vida?

Porque usted no puede albergar amargura, resentimiento u hostilidad hacia otra persona y aun así esperar tener una buena relación con Dios. Jesús dijo: «Si alguno dice: Yo amo a Dios, y aborrece a su hermano, es mentiroso. Pues el que no ama a su hermano a quien ha visto, ¿cómo puede amar a Dios a quien no ha visto?» (1 Jn 4.20).

No puede estar enojado y amar libre y totalmente.

No puede estar enojado y gozoso al mismo tiempo.

No puede tener paz cuando está enojado.

No puede ser paciente cuando está enojado.

Su amabilidad no es evidente cuando está enojado.

Su bondad es devorada por el enojo.

Su fidelidad sufre cuando está enojado.

Su gentileza se ve opacada por el enojo.

Su templanza queda minada por el enojo.

El enojo es un enemigo de su caminar con Dios.

LA FORMACIÓN DE UN COMPORTAMIENTO PACÍFICO Y BUENO

La Biblia manda a los padres: «Instruye al niño en su camino, y aun cuando fuere viejo no se apartará de él» (Pr 22.6).

Formar es algo más que enseñar. Enseñar es presentar conceptos, reglas y principios. Es comunicar o compartir información. La enseñanza es principalmente la función de decirle a una persona lo que necesita saber para vivir bien.

Formar conlleva la aplicación práctica de lo aprendido con disciplina e instrucción. Se trata de darle a su hijo oportunidades para tener un buen comportamiento en cualquier situación. Exponerlo todo el tiempo a una vida que desborda el fruto del Espíritu, hará que su hijo sea más sensible y obediente a la voz de Dios.

Si quiere que su hijo muestre amor a otros, usted debe inculcarle amor. Para hacerlo, ponga a su hijo o hija en situaciones que presenten oportunidades de dar, compartir y cuidar. Sea usted ejemplo de las formas apropiadas de mostrar amor, y luego alabe a su hijo cuando lo vea actuar de forma amorosa.

Si quiere que su hijo tenga paz, entrénelo para ser pacífico. ¿Cómo? Dele oportunidades de ser pacificador y enséñele cómo resolver conflictos sin violencia.

Cada uno de los rasgos de carácter enumerados como «fruto del Espíritu» se presta a oportunidades específicas de formación. Ahora bien, no es responsabilidad de la escuela ni de la iglesia formar a sus hijos. Como padre, usted es el responsable de formar a sus hijos e hijas para que desarrollen un buen carácter. Serán necesarios la dedicación y el compromiso por parte de mamá y papá. La iglesia contribuye a reforzar la formación de los padres, y la escuela de su hijo puede aportar un refuerzo adicional. Sólo asegúrese de que su iglesia y la escuela de su hijo tengan líderes y maestros cuyas palabras y acciones reflejen los valores que usted está instaurando en casa.

A medida que usted y su hijo vayan encontrando oportunidades de mostrar una conducta gozosa, amable, buena y gentil, su tarea será irlo formando en sus pensamientos y actos, para que estén en consonancia con los deseos y estándares de Dios. Deuteronomio 6 nos proporciona una lección muy valiosa que nos motiva a cumplir nuestro deber de formar a nuestros hijos para que conozcan y obedezcan las leyes de Dios:

Estos, pues, son los mandamientos, estatutos y decretos que Jehová vuestro Dios mandó que os enseñase, para que los pongáis por obra en la tierra a la cual pasáis vosotros para tomarla; para que temas a Jehová tu Dios, guardando todos sus estatutos y sus mandamientos que yo te mando, tú, tu hijo, y el hijo de tu hijo, todos los días de tu vida, para que tus días sean prolongados (vv. 1–2).

Los mandamientos divinos no son para aprenderlos y guardarlos en nuestra memoria sin aplicarlos nunca. La ley de Dios es para vivirla y aplicarla a las circunstancias diarias y las relaciones interpersonales. Obedecer sus mandamientos, estatutos y decretos es algo asociado a las promesas de gran bendición que encontramos a lo largo de la Biblia.

Al pueblo de Dios se le dijo muy claramente que debía enseñar estos mandamientos de manera exhaustiva y continua: «Y las repetirás a tus hijos, y hablarás de ellas estando en tu casa, y andando por el camino, y al acostarte, y cuando te levantes» (Dt 6.7).

Los padres tenían que enseñar cuando la familia se congregaba en el hogar, mientras caminaban por la comunidad, cuando los hijos hacían sus tareas y así sucesivamente. La ley de Dios había que enseñarla desde la mañana hasta la noche.

El pueblo tenía que enseñarles a sus hijos las formas en que el Señor los había guiado y bendecido en tiempos pasados, y cómo confiar en su provisión y protección para el futuro. Sobre todo, debían enseñarles a adorar al único Dios viviente y a rendirle culto sólo a Él.

EL MEJOR PROGRAMA DE APRENDIZAJE

Cuando usted cumple todo el tiempo la ley de Dios, se establecen hábitos que efectivamente se convierten tanto en su actitud como en su motivación. En últimas, hacer lo que usted sabe que está bien a los ojos de Dios formará su propia identidad. Sus buenos hábitos se convertirán en un buen carácter.

Ahora bien, ¿qué tiene esto que ver con el enojo?

Es responsabilidad suya desarrollar un buen carácter que elimine el enojo como su respuesta habitual a los retos, las pruebas y las dificultades de la vida. Es también su responsabilidad enseñarles a sus hijos por qué es correcto demostrar buenos rasgos de carácter y por qué *no* está bien mostrar enojo y otros malos comportamientos. Ellos deben conocer la verdad de Dios sobre el enojo y sobre cuánto Él desea que su pueblo viva en paz. Aun cuando enseñe los mandamientos y principios de Dios, debe dar oportunidades para que sus hijos arreglen problemas, resuelvan diferencias, tomen decisiones y expresen sus opiniones y deseos sin enojarse. Esta es la mejor manera de formar a un hijo.

CONFÍE EN EL ESPÍRITU SANTO

El apóstol Pablo dijo claramente en Gálatas 5 que usted debe desear que el Espíritu Santo lo dirija y lo guíe para desarrollar un buen carácter, lo que él llamó «el fruto del Espíritu». Creo que esta es la mejor manera en que usted puede formar a su hijo.

Anime a su hijo o hija a confiar en Dios de forma continua, coherente y profunda, y déjele a Dios todas las consecuencias. Los hijos necesitarán la guía divina durante el resto de sus vidas, y pueden comenzar a aprender esto desde que entienden la diferencia entre el bien y el mal.

Dígales a sus hijos que un día serán totalmente responsables de sus propias vidas. Todos debemos dar cuentas a Dios de lo que decimos y hacemos. Forme a sus hijos para que asuman la responsabilidad por sus pensamientos, creencias y actos, junto con su relación personal con Jesucristo.

Ore con sus hijos pidiendo la ayuda y la guía de Dios.

Permita que sus hijos le oigan orar y expresar su confianza en el Espíritu Santo para que lo dirija a diario. Permítales que le oigan hablarle a Dios cuando le pida dirección específica para resolver problemas concretos y para atender sus necesidades inmediatas.

PROTEJA A SUS HIJOS DEL ENOJO
Y LA VIOLENCIA

Los buenos padres deben ser el enemigo de todo aquel que intente hacer daño a sus hijos. Si la escuela de su hijo o hija no es un lugar seguro para ellos, debe usted actuar para proteger a sus hijos. Si alguien maltrata o se aprovecha de su hijo, su tarea es ser su defensor y asegurarse de que el ofensor sea castigado y expulsado de la vida de su hijo. Si un hijo suyo está sufriendo abuso, a usted le corresponde asegurarse de llevarlo a un lugar seguro y ver que el abusador sea capturado y castigado.

También forma parte de proteger a sus hijos evitarles que experimenten el enojo y la violencia. Esto incluye controlar lo que ven y oyen en su hogar. Le toca vigilar atentamente los mensajes que usted, su cónyuge y otros familiares están enviando. Y asegúrese de limitar y evaluar el tiempo que sus hijos pasan expuestos al televisor, la radio, la Internet y demás medios de comunicación.

MODELAR UN BUEN CARÁCTER

La manera principal en que los niños aprenden es imitando el comportamiento de sus padres. Si usted está enojado, está modelando enojo ante sus hijos. Por tanto, no debería sorprenderle que su hijo o hija exhiban enojo tal como usted lo hace.

Sus hijos lo están viendo, escuchando, oyendo por casualidad y probándolo en todo momento. Eso es parte del proceso de crecimiento y desarrollo. Su enojo no sólo impacta a quienes lo *oyen* sino también a los que lo *oyen por casualidad*. Ya sea que su hijo esté en otra habitación o un compañero de trabajo esté en el despacho contiguo al suyo, quienes lo oyen por casualidad probablemente no tienen parte en el asunto que le hizo enojar.

Cuando los hijos ven pelearse a sus padres, se establece en ellos un sentimiento de confusión e inseguridad. No saben cuál de los dos tiene la razón, ni de qué lado debieran ponerse. Los hijos cuestionarán el amor mutuo entre sus padres, y de ahí pueden llegar a dudar que sean amados por ellos.

Su hijo lo está estudiando constantemente y así es como aprende a tratar a los demás, resolver conflictos, vencer la tentación y perdonar. Usted es el libro de texto vivo de su hijo sobre cómo orar, cómo encontrar respuestas en la Palabra de Dios y cómo vivir a través de la fe. Usted es el principal maestro de sus hijos en todo lo referente al carácter. Es de usted que su hijo aprende amor, gozo, paz, paciencia, benignidad, bondad, fe, mansedumbre y templanza.

Mi madre fue un maravilloso ejemplo de tal modelo a imitar. No tenía un gran conocimiento bíblico, pero insistía en que leyera mi Biblia y asistiera a la iglesia con ella. Orábamos juntos cada noche, hasta que me fui a la universidad; y siempre que regresaba a casa de la escuela, también orábamos. Si mi madre no tenía la respuesta para un problema que yo tuviera, ella y yo la buscábamos juntos en la Biblia. En incontables ocasiones consultamos una breve concordancia al final de su Biblia para encontrar el tema. Luego mirábamos los versículos para obtener la solución de Dios.

El mensaje principal de mi madre para mí era: «Charles, obedece a Dios». Esas palabras me calaron hondo, y resuenan en mi corazón y mi mente hasta el día de hoy. Ella me formó para seguir a Dios, me adiestró para mostrar amor y respeto a otros, y me instruyó para ser una persona fiel que conoce el gozo y la paz verdaderos.

Por encima de todo, mi madre me modeló amor. Yo no tenía duda alguna de que ella me amaba cada día de mi vida. Un niño que crece sabiendo que es amado se convierte en un joven lleno de confianza y seguridad. Ese niño no sólo conoce lo que es el amor, sino que también sabe cómo compartirlo de forma sincera y profunda.

Un niño que no tiene el amor incondicional y continuo de un padre es un niño que siente frustración, ansiedad y es propenso al enojo.

Vemos frecuentemente informes sobre niños que están muriendo físicamente de hambre. Permítame asegurarle que hay millones de niños en nuestro mundo que están bien alimentados pero están muriendo de hambre tanto emocional como espiritual. No saben lo que significa ser amado incondicionalmente por sus padres, ni saben que Dios los ama con un amor incondicional.

LAS MARCAS DE UN PADRE AMOROSO

¿Cómo aprenden los niños que son amados? Permítame compartir diez maneras específicas en que usted puede ser un padre amoroso.

- Pase tiempo de calidad. Los padres amorosos les dan a sus hijos tiempo de calidad, el cual normalmente requiere una cantidad de tiempo significativa. Pero no se equivoque; estos dos conceptos no son lo mismo. Pasar tres horas *vigilando* a sus hijos en el parque no tendrá los mismos efectos positivos y duraderos que pasar treinta minutos *jugando* ahí mismo con ellos. Un niño necesita la seguridad de saber que sus padres están disponibles para él y listos para ayudarlo siempre que los necesite.

- Preste un oído atento. Un padre amoroso escucha a su hijo con atención. Cuando mis hijos eran pequeños, me propuse dejar lo que estuviera haciendo y escucharlos con una atención especial. Sabía que si quería que Andy y Becky me escucharan cuando tuviera algo importante que decirles, tenía que escucharlos a ellos cuando tuvieran algo que decirme.

- Admita cuando se equivoca. Ningún padre hace siempre todo bien. Un padre bueno y amoroso admite que se ha equivocado y deja que los hijos oigan esa confesión. No hay mejor forma de modelar el fácil acceso al amor y el perdón de Dios que admitiendo las faltas y los errores. Haciéndolo le está dando a su hijo permiso para admitir también sus propias limitaciones.

- Pida perdón. Si está equivocado y lo admite, puede ser que también necesite pedirle a su hijo que lo perdone. Cuando sea necesario, deje que su hijo o su hija lo oiga pedirles perdón tanto a ellos como a Dios.

- Discipline a su hijo con el motivo de protegerlo. Un padre amoroso no disciplina con enojo. La corrección y el castigo deben surgir de un deseo genuino de proteger al niño y ayudarlo a entender lo que es beneficioso, aceptable y útil en la vida, y a distinguirlo de lo que no lo es.

- Anime a su hijo a procurar la excelencia. El padre amoroso quiere lo mejor para su hijo. Yo inculqué esto en mis hijos diciéndoles: «Arréglate lo mejor que puedas. Haz tu mejor esfuerzo. Sé lo mejor que puedas ser». Si recuerdan que se los dije una vez, es porque lo oyeron diez mil veces. Animar a su hijo de esta manera le envía dos mensajes contundentes. El primero es: «Creo que puedes hacer grandes cosas». El segundo: «Eres digno de lo mejor de Dios, no sólo a veces sino siempre».

- Guíe a sus hijos a aceptar la responsabilidad por su propio caminar con Dios. A medida que el niño crece y se desarrolla, necesita que le enseñen que es responsable ante Dios. No ate a su hijo o hija a los cordeles de su delantal en lo concerniente a rendir cuentas. Un niño tiene que aprender que Dios requiere ciertas cosas de él y que, al fin de cuentas, él es quien debe responderle por sus acciones, decisiones y conducta.

Muchas veces, cuando mis hijos acudían a mí por algún problema o decisión que enfrentaban, yo les decía: «Ve y cuéntaselo a Dios». Hasta cierto punto, esto es arriesgado. Si no le ha enseñado a su hijo la verdad de la Palabra de Dios o no le ha formado para que ore, quizá entonces no pueda recibir o entender la guía de Dios. Yo decidí enseñarles a mis hijos la verdad de la Biblia y formarlos en la oración y en escuchar a su Padre celestial.

En algunas ocasiones mis hijos regresaban a mí diciendo: «Papá, decide tú».

Yo les respondía: «¿Qué dijo Dios». Ellos no me lo querían decir. Era obvio lo que había ocurrido. El Señor había dicho que no y ellos no querían esa respuesta. Querían que yo les dijera que sí para tener mi permiso en lugar del de Dios. Yo no estaba dispuesto a eso, así que simplemente decía: «Vayan y vuelvan a hablar de eso con Dios».

- Haga que la relación del niño con Dios sea la más importante en la vida del niño. Todos los padres quieren el amor y la devoción de sus hijos, pero las madres y los padres deben siempre considerar la relación de su hijo o hija con Dios como la relación más importante que podrían desarrollar jamás. Sus hijos aprenderán esto cuando les muestre que la relación más importante en su propia vida es la que tienen con su Padre celestial. Su cercanía con Dios no es una amenaza para su hijo, sino un punto de apoyo y seguridad. Sus hijos entenderán que si Dios y papá o Dios y mamá tienen una relación estrecha, entonces el Señor influenciará a los padres para hacer siempre lo que sea mejor para el niño.

- Pase tiempo diariamente leyendo la Palabra de Dios y en oración. Anime a su hijo a leer la Biblia cada día. Consígale una versión que pueda leer y entender. Deje que su hijo o hija lo vean a usted leyendo las Escrituras y oigan sus conversaciones con Dios. Anime a su hijo a orar, tanto en presencia suya como a solas. No necesita tener un estudio bíblico formal en su familia ni imponer una rutina de oración, aunque puede hacerlo si siente que el Señor lo está guiando en ese sentido. Modelando la oración y la lectura de las Escrituras ante su hijo, le está mostrando cómo recibe usted la guía para su vida. Le estará dando a su hijo una brújula confiable para orientarse en el futuro, y ese es un legado útil y valioso en extremo.

- Anime a su hijo a descubrir el plan de Dios. Dios tiene una voluntad, un plan y un propósito para cada niño (véase

Jer 29.11). No importa si el padre «quería» o no tener un niño. Dios «quiere» a cada niño que es concebido. Cada persona nace con un conjunto innato de talentos, habilidades, destrezas y dones. Dios le tiene un trabajo a su hijo, un modo en que pueda servir a los demás y una manera de invertir su tiempo y sus dones espirituales para darle gloria. Ayude a su hijo a descubrir el plan del Maestro.

No utilice a su hijo para cumplir sus sueños no realizados, ni lo fuerce a seguir un plan que usted le haya trazado. Sí, los hijos deben ser responsables de obedecer a sus padres (véase Ef 6.1), pero en ese mismo pasaje de las Escrituras se les dice a los padres: «no provoquéis la ira a vuestros hijos, sino criadlos en disciplina y amonestación del Señor» (6.4). Su meta para su hijo debería ser que él establezca sus propias metas según la voluntad, el plan y el propósito de Dios para su vida.

Como parte de ayudar a su hijo a descubrir su papel en el gran plan del Señor, anímelo a buscar a Dios con todo su corazón y confianza total en que Él lo ayudará y le dará dirección y guía. Enseñe a su hijo a obedecer a Dios, dejándole a Él todas las consecuencias. Puede comenzar a decirle esto a su hijo incluso antes de que sepa hablar. Forme a sus hijos para que obedezcan a su Padre celestial y confíen en Él, y ellos se lo agradecerán siempre.

EL NEXO ENTRE CARÁCTER Y ENOJO

¿Cómo se relacionan todos estos consejos y enseñanzas con el tema del enojo y el desarrollo del carácter?

Ningún niño estará enojado profunda o persistentemente con un padre que adopte las diez prácticas enumeradas anteriormente con coherencia y un amor genuino. ¿Ha oído alguna vez de un hijo o hija que esté enojado con mamá o papá por darle tiempo de calidad, por animarlos a confiar en Dios o por escucharlos atenta y cuidadosamente? Yo no.

Por otro lado, he oído de muchos niños que están tremendamente enojados con sus padres porque no les dedican suficiente tiempo, no los animan a confiar en Dios o no les ponen atención.

Un niño que crece en un hogar donde los padres muestran amor en estas diez formas va a estar totalmente equipado para lidiar con los retos y reveses de la vida. El hijo o hija que haya recibido amor de todas estas formas tan importantes se sentirá muy poco frustrado o enojado, y experimentará muy poca amargura o resentimiento hacia la gente del mundo fuera del hogar. Cuando lleguen los momentos difíciles, el niño va a tener una profundidad de carácter que lo capacitará para hacer frente a toda clase de dificultades y crisis. También tendrá fortaleza interior y valentía para abordar problemas y encontrar soluciones.

Finalmente, el niño que recibe amor de estas diez formas vitales va a ser un notable modelo a seguir para la crianza de los hijos. Le resultará fácil desarrollar una relación íntima con Dios y mostrará su buen carácter de las mejores formas posibles.

ADMÍTALO—TRÁTELO

1. ¿Qué asuntos están dificultando el desarrollo de su propio carácter?

2. Escriba una acción que pueda emprender ahora mismo para mejorar su propio carácter, y luego ponga manos a la obra.

3. ¿De qué forma podría modelar mejor un buen carácter para un menor que usted ame, ya sea como padre, miembro de la familia, maestro, entrenador o amigo? Dé pasos concretos para hacerlo.

4. ¿Qué puede hacer para expresarle amor a su hijo de una manera mejor y más clara? Describa los pasos que dará para compartir ese amor.

5. Si necesita disculparse con su hijo o pedir que lo perdone por algo, ¡hágalo hoy!

CAPÍTULO 11

CONFLICTO

//

*Abordemos el conflicto de
manera piadosa*

Jesús les enseñó a sus seguidores a arreglar sus discordias antes de ir al templo a presentar sus ofrendas o sacrificios. El patrón no es «reconciliarse con Dios y luego reconciliarse con los demás». Jesús quiere que nos reconciliemos con los demás antes de pensar en acudir al Padre con una situación. Al enseñar esto, Cristo estaba reconociendo, en parte, que los conflictos existen. Ciertamente, son una parte ineludible de la vida.

A todos nos gustaría vivir en un mundo totalmente libre de conflictos. Hasta los que les encanta debatir vigorosamente o disfrutan competir enérgicamente, dirán que al final del día, y sobre todo al final de todos sus días, quieren paz. Un mundo sin crítica, diferencias de opinión o riñas acaloradas sería un paraíso para muchos. Pero le aseguro que un mundo así no se establecerá en este lado del cielo.

LA VERDAD SOBRE EL CONFLICTO

//

He identificado seis verdades universales que lo ayudarán a identificar y tratar el conflicto.

1. El conflicto puede ser una oportunidad de aprendizaje

Dios nunca promete a nadie una vida libre de conflictos, pero sí nos anima a aprender cómo responder a ellos de manera adecuada. Jesús dijo en Marcos 9.50: «Tened paz los unos con los otros».

2. El conflicto no es inevitable

Aunque el conflicto no se puede evitar del todo, tampoco es algo inevitable. La competencia entre dos personas puede terminar con frecuencia en conflicto, pero ese no siempre tiene que ser el caso.

En los comienzos de nuestra nación, dos gigantes de la fe, Juan Wesley y George Whitefield, lideraron grandes movimientos de avivamiento que terminaron en miles de personas aceptando a Jesucristo como su Salvador. Estos dos hombres discrepaban doctrinalmente y de hecho no se llevaban bien, pero rehusaron entrar en ataques personales o reyertas públicas.

Un día, alguien le preguntó a Juan Wesley si pensaba que vería a George Whitefield en el cielo. Wesley respondió: «No, no lo creo». El hombre le preguntó: «¿Me está usted diciendo que no cree que George Whitefield es un hombre genuinamente convertido?».

Wesley respondió: «No creo que vaya a verlo en el cielo porque estará muy cerca del trono, y yo estaré tan lejos que quizá nunca lo vea».

Dos santos del Nuevo Testamento también tuvieron conflictos ocasionales. En el segundo capítulo de Gálatas, Pablo describe cómo resistió a Pedro «cara a cara» porque no quiso hermanarse con los gentiles convertidos en presencia de sus compañeros judíos (vv. 11–12). Cefas, como lo menciona Pablo en el texto, temía que los judíos de Antioquía lo rechazaran si lo veían comiendo con gentiles. Pablo reprendió la hipocresía de Pedro «delante de todos» (v. 14), afirmando que como creyentes en Cristo, ya no estamos atados a leyes, costumbres ni tradiciones judías:

Porque yo por la ley soy muerto para la ley, a fin de vivir para Dios. Con Cristo estoy juntamente crucificado, y ya no vivo yo, mas vive Cristo en mí;

y lo que ahora vivo en la carne, lo vivo en la fe del Hijo de Dios, el cual me
amó y se entregó a sí mismo por mí. No desecho la gracia de Dios; pues si
por la ley fuese la justicia, entonces por demás murió Cristo (vv. 19—21).

Este enfrentamiento fue necesario porque la conducta de Pedro condujo a la iglesia al error. Sin embargo, no hay evidencia de que él se enojara por lo que dijo Pablo. Al recibir la amonestación sin rebatirla, Pedro evitó el conflicto.

3. Algunos conflictos pueden ser simples interpretaciones diferentes

El conflicto surge a menudo porque dos personas tienen diferentes interpretaciones de lo que está bien. En estos casos, los creyentes deben ir inmediatamente a la Biblia. Léala con un ojo puesto en la interpretación más directa y simple posible. Si la Palabra de Dios dice «no», es no. Si la Escritura dice «hágalo», entonces hágalo.

Los cristianos pueden tener sanos desacuerdos sobre cómo interpretar varios pasajes bíblicos. Algunos de los debates más largos e interesantes que sostuve en la universidad tuvieron que ver con las profecías de los últimos tiempos y la seguridad de la vida eterna.

A veces, las personas tienen diferentes interpretaciones sobre cómo debería vivir un cristiano, quién está preparado para ocupar un puesto de liderazgo en la iglesia, o qué es lo correcto en la vida, la carrera o la amistad de otra persona.

Hace varios años fui duramente criticado en público por el líder de un ministerio prominente. Sus comentarios sobre mi vida personal me hicieron mucho daño, y tuve que lidiar con algunos sentimientos de enojo porque sentía que esa persona no hizo lo debido:

- Debería haberse comportado de otro modo conmigo.

- No debería haber dicho lo que dijo, y por supuesto nunca en un medio de comunicación público.

- Debería haber verificado los datos y sacado conclusiones diferentes sobre mi vida personal.

- Debería haberse reservado para él sus opiniones.

- Y lo más importante, debió haber acudido a mí primero con su crítica antes de hablar en público.

Yo llamé a este hombre para que supiera lo mucho que me había herido con sus comentarios, y al conversar con él me di cuenta de inmediato que no tenía ni idea de los hechos acerca de mi situación. Había sacado conclusiones infundadas. Cuando le pregunté por qué no acudió a mí para decirme que se había sentido ofendido, no tuvo respuesta. Además, no expresó pena ni pesar alguno por el dolor que me causó tanto personal como profesionalmente. Colgué el teléfono decepcionado y, francamente, un poco anonadado. Sabía que si no trataba mis sentimientos ahí mismo, podría enojarme aun más y hasta sentir más amargura contra él.

Tome la decisión consciente de no lanzar represalias. No iba a hacer intento alguno de justificarme. No señalaría públicamente su error ni les diría a otros que él había cometido un error. De hecho, decidí que rehusaría señalarlo públicamente, citar lo que dijo exactamente y discutir la situación que provocó su crítica. He cumplido esas decisiones durante muchos años.

Fui a Dios y le dije: «Saco a este hombre de mi jurisdicción. ¡Ahora este asunto es preocupación tuya, Señor! Confío en que tratarás con él de la manera que elijas». Y al hacer esa declaración, solté todo el enojo, la frustración y el dolor que sentía. Aun mientras comparto este incidente con el deseo de que sea de ayuda para usted, no siento enojo alguno hacia él.

4. No todo conflicto es intencional

El conflicto a veces surge por un simple descuido o un error inocente. No todos los desacuerdos y las divergencias tienen su raíz en una conducta deliberada.

5. Algunos conflictos pueden producir bien

Cuando las personas hablan de las razones de su conflicto, puede ser que se genere mayor entendimiento y aprecio mutuos. Se pueden identificar métodos y procesos más creativos cuando las personas comparten diferentes perspectivas e ideas. La Biblia dice: «Hierro con hierro se aguza; y así el hombre aguza el rostro de su amigo» (Pr 27.17). Cuando dos piezas de hierro se rozan entre sí, hace que las dos se afilen. De la misma manera, un debate honesto y amigable o una discusión franca hace que todas las personas involucradas adquieran un mayor conocimiento y queden mejor informadas. Amigos, familiares y compañeros de trabajo pueden desafiarlo a crecer en su fe, ser más valiente en su testimonio y perseguir un mayor grado de excelencia. Y usted puede hacer lo mismo por ellos. El conflicto puede producir resultados positivos, sin enojo.

6. Algunos conflictos surgen por mala comunicación

A menudo, el conflicto es provocado por una falla en la comunicación. Cuando realmente quiero estar seguro de que se me ha entendido correctamente, le pregunto a la persona: «¿Qué me ha escuchado decir? ¿Qué cree que quiero decir?». Con mucha frecuencia, la persona me repite algo que no es exactamente lo que he dicho o he querido dar a entender. He descubierto que es mucho mejor aclarar cualquier error de comunicación o falta de información de inmediato para que la gente no se forme una conclusión u opinión incorrecta.

Si tiene dudas sobre lo que cree que otra persona quiso decir cuando habló, pídale que se lo aclare en ese mismo momento. Es posible que no lo haya escuchado correctamente. A veces la mala comunicación se produce como resultado de un problema de escucha o un ruido que trastoca la conversación. Barreras de lenguaje, culturales y generacionales son amenazas adicionales al buen entendimiento. Usted sencillamente puede que no tenga la misma definición de una palabra o frase que tiene la persona con quien esté hablando. Si no sabe o no entiende lo que alguien dijo o quiso decir, simplemente pregúntele: «¿Cómo define eso?» o «¿Qué significa esa palabra para usted?». Este tipo de mala comunicación ocurre frecuentemente entre personas de diferentes países o si el lenguaje que una persona está hablando no es su idioma materno. También ocurre cuando la gente usa términos técnicos o palabras que son peculiares de su experiencia, educación o carrera.

Otra barrera para una comunicación clara y precisa es la falta de información y/o contexto. Puede que no haya escuchado todo lo que necesitaba para sacar una conclusión precisa. No hace mucho, escuché de una señora que describió cómo empezó a circular un rumor dañino en su lugar de trabajo. Ella dijo: «Estaba sentada a la hora del almuerzo con un grupo de mujeres, contándoles sobre una amiga mía. Ella y su esposo se encontraban de vacaciones en un balneario, y yo dije: "Llegaron a casa diciendo que ese fue su último balneario".

»Una señora que estaba en la mesa contigua sólo escuchó esa última frase, y supuso que la persona de la que yo estaba hablando, a quien ella también conocía, había tenido una gran pelea con su esposo y su matrimonio se estaba acabando. Comenzó a difundir el rumor de que esta señora podría estar a punto de divorciarse.

»Pero si hubiera esperado a escuchar mi siguiente frase, el rumor no habría comenzado. Seguí contándoles a las mujeres de mi mesa: "Lo llamaron su último balneario porque fue tan maravilloso, que convinieron no probar ningún otro. Les gustó tanto que esperaban volver un par de veces al año durante el resto de sus vidas"».

Asegúrese de escuchar algo correctamente y en todo su contexto, y que verdaderamente sabe lo que se quiso decir con las palabras y expresiones empleadas.

Por último, asegúrese de no estar extrapolando los comentarios de una persona a toda su vida, todo el tiempo. Mantenga los comentarios de otra persona en la perspectiva adecuada. Considere las circunstancias y el ámbito en que se hicieron y saque sus conclusiones conforme a ello. Si alguien le dice: «¿Oíste lo que dije?», no suponga automáticamente que la persona está diciendo: «Nunca escuchas nada de lo que te digo» o «Nunca prestas atención». Quizá la persona simplemente esté diciendo: «No estoy seguro de si he hablado lo suficientemente alto y claro para que me hayas oído correctamente». Nos metemos en problemas cuando tomamos un comentario y suponemos que es una opinión o frase definitiva para todo momento.

Por otro lado, aunque esté intentando aclarar un comentario que le dolió, no sienta la necesidad de forzar ese asunto en cada momento de la comunicación. Hará bien si algunas frases las deja pasar de largo. Espere hasta ver un patrón claro de frases negativas repetitivas antes de darle mayor importancia al asunto.

Piense en el hombre que le dice a su esposa: «Hoy llevas un peinado muy bonito, cariño», y en lugar de recibir el halago de su marido, ella le responde: «¿Qué significa que hoy llevo un peinado muy bonito? ¿Acaso quieres decir que el de ayer no lo fue?». El pobre hombre está en medio de un altercado que ni siquiera vio venir.

A veces, la mala comunicación es, de hecho, una falta de comunicación. Es difícil encontrar un terreno común con una persona que se aleja en medio de una discusión o se esconde tras el periódico en lugar de responder una pregunta difícil.

Quizá el peor tipo de mala comunicación sean los insultos. Cuando la gente está enojada, con frecuencia se va a los ataques personales. Esto es mala comunicación. Niéguese a proferir insultos.

Es posible manifestar el hecho de que está enojado, preocupado, decepcionado o dolido sin elevar su voz, escarbar el pasado o atacar los atributos físicos de otra persona. Siempre puede optar por darle voz a sus emociones sin hacer comentarios sobre el aspecto, el atractivo, la raza, la edad, el trasfondo cultural, la historia familiar, la inteligencia o los errores pasados de la otra persona.

Lanzar ataques personales en el fragor de una disputa casi siempre daña la confianza de la otra persona, su autoimagen y su valía propia.

Ese dolor puede ser tan hondo que marque el fin de todo amor, confianza y respeto en la relación.

PRINCIPIOS PARA RESOLVER EL CONFLICTO

Tenga el propósito de ser un agente de sanidad y paz. Cuando surja el conflicto, no se ponga inmediatamente de uno u otro lado, y resista la idea de tener la razón como sea y salir ganando, cueste lo que cueste. Tome la iniciativa de buscar una resolución para el desacuerdo. En el momento que surja el conflicto, pídale a Dios que le dé una actitud de humildad y lo ayude a ser un pacificador genuino.

A lo largo de los años, me ha sorprendido ver a tanta gente discutir con gran intensidad y vigor por la «paz». A veces están tan enojados mientras hablan de asuntos de paz y guerra, que su rostro se enrojece y apenas pueden hablar coherentemente. Se apresuran a arremeter verbalmente contra cualquier persona que no esté de acuerdo con ellos, y al parecer no ven problema ni contradicción alguna en enojarse con tanta virulencia en su búsqueda de la «paz». Nadie puede ser un buen defensor de la paz entre naciones, o entre sus semejantes, si no la busca en sus relaciones personales.

Por favor, entienda que no estoy defendiendo una mentalidad de «viva y deje vivir» cuando se trata de hablar desde una perspectiva piadosa sobre asuntos de importancia social. Lo que estoy diciendo es que así no esté de acuerdo filosófica o teológicamente con otros, puede participar en debates y diálogos o fomentar un buen comportamiento ante Dios sin recurrir al enojo o la violencia. A la larga, el camino calmado y pacífico es casi siempre el más eficaz.

Hay varios principios para resolver los conflictos en nuestras vidas.

Evalúe el efecto sobre sus emociones

Sea realista sobre cómo le afecta el conflicto. Evalúe el impacto personal y su respuesta emocional normal al conflicto. ¿Se debilita frente a un desacuerdo? ¿Tiembla al pensar que va a tener una discusión? ¿Preferiría sufrir en silencio que dar a conocer su opinión?

Si pierde una discusión, ¿se critica a sí mismo porque no pudo decir lo que pensaba con eficacia?

Si gana un acalorado debate, ¿se alegra de ello?

El apóstol Pablo se desanimó cuando supo que algunos estaban predicando el evangelio con motivos impuros (véase Flp 1.15–17). Aun así, decidió ver el cuadro más amplio: ¡El evangelio se estaba predicando! Escribió: «Y en esto me gozo, y me gozaré aún» (Flp 1.18). Independientemente de cómo se pudo haber sentido personalmente, decidió mantener una actitud de alegría, gratitud y gozo.

Esa es una buena perspectiva a adoptar por la mayoría de la gente después de un conflicto. Busque lo bueno que pueda venir del incidente. Si dijo la verdad, gócese de que ésta fue manifestada, aunque no sepa con certeza qué realmente le oyeron decir. Dios puede traer buenos resultados que usted no alcanza a ver ni entender.

Una vez le escuché decir a una mujer: «Prefiero que mi esposo esté en casa debatiendo algún asunto conmigo antes que en el bar de la esquina dando sus opiniones a una camarera».

Al evaluar su respuesta emocional, recuerde que el conflicto siempre expone algún problema, discrepancia o asunto en la vida de por lo menos una persona. Si puede mantener sus ojos en el problema en cuestión y no en lo que se dijo, quién lo dijo y cómo lo dijeron, estará en una posición que le permitirá llevar paz y sanidad y salir con su salud emocional intacta. Puede que no ocurra en el momento del conflicto, pero Dios puede usarlo para que ocurra en otro momento oportuno. Hasta donde sea posible, ponga sus emociones en punto muerto para que pueda evaluar lo más objetivamente posible lo que realmente está ocurriendo. Así podrá lidiar mejor con el asunto o los asuntos subyacentes, y abordarlos de una manera calmada.

Identifique el detonador

Siempre hay algo que detona un conflicto. Hay una diferencia entre la raíz más profunda de un conflicto y los asuntos superficiales que podrían provocar una discusión. Pregúntese:

- ¿Fue algo que dijo alguno de nosotros?

- ¿Fue el tono de voz que usamos?

- ¿Se dio alguna falla en la comunicación?

El conflicto es provocado por una diferencia de opinión, una falta de perspectiva común o un desacuerdo sobre cómo proceder en un asunto. Algunos conflictos conllevan diferencias de gusto y estilo, según las preferencias de cada persona. Muchas veces conlleva una diferencia de estado de ánimo o disposición, donde una persona es relajada y la otra es más combativa.

El conflicto también puede producirse cuando una o más de las personas implicadas está físicamente exhausta, emocionalmente agotada o estresada. Un doctor amigo mío cree firmemente que al menos la mitad de todos los conflictos se deben a un bajón de azúcar en la sangre. Si usted logra aislar el factor que enciende su enojo, el conflicto por lo general se puede apaciguar rápidamente o inclusive impedir que ocurra por completo.

Identifique la causa

A veces no es fácil identificar la raíz de un conflicto. Puede ser celos, envidia, enojo, dolor o cualquier combinación de emociones y factores. Para explorar las razones de un conflicto pasado o presente, intente determinar:

¿Está arraigado el desacuerdo en un problema emocional profundo o una necesidad que la otra persona tiene? Considere su historia personal y experiencia de la vida. Si una persona ha crecido en un entorno de abuso, probable-

mente vaya a responder al conflicto de una forma muy defensiva. Cualquier frase que suene como uno de los mensajes hirientes que oyó en su infancia puede provocar enojo, resentimiento o temor.

¿Es un conflicto el resultado de las expectativas no realistas de una persona? Algunas personas no pueden aceptar menos que la perfección. No soportan admitir que se han equivocado o han cometido un error. El conflicto tiende a hacer que un perfeccionista se frustre, irrite y enoje.

¿Es la raíz del conflicto el orgullo? No hay nada de malo en equivocarse de vez en cuando, pero la persona orgullosa no puede admitir que cometió un error. El orgullo casi siempre le impide decir: «Lo siento, me equivoqué. Por favor, perdóname». Una persona orgullosa se siente empujada a defenderse, justificarse y mantener la creencia de que lo sucedido no fue culpa suya. Su renuencia a asumir la responsabilidad, rendir cuentas y arrepentirse casi siempre conduce al conflicto y el enojo.

Tan pronto haya identificado la raíz de un conflicto, recuerde que no puede ayudar a una persona que no quiera que la ayuden; e incluso si una persona quiere su ayuda, usted no puede sanar su dolor emocional. Sólo Dios puede hacer eso. Usted puede prestar un oído que escuche, un corazón que consuele y ame, e incluso un sabio consejo. Pero la sanidad debe venir del Señor.

Tampoco puede forzar a una persona con expectativas no realistas a que las baje de nivel, ni presionar a una persona orgullosa para que sea humilde. No puede insistir en que alguien deje a un lado el resentimiento, el odio o la amargura. No puede demandar que otra persona perdone. Al final, usted no puede borrar todas las causas del conflicto; pero en vez de frustrarse, lo animo a que se enfoque en lo que usted y la otra persona sí pueden hacer para avanzar juntos de forma pacífica.

DIEZ HÁBITOS QUE USTED PUEDE ADQUIRIR EN SU VIDA PERSONAL

Puede que usted no sea capaz de evitar un conflicto, pero es responsable de cómo responde. Algunas situaciones no se pueden evitar, ni tampoco debería usted ignorarlas. A veces usted será el receptor del enojo, la hostilidad o el resentimiento de otra persona, pero siempre puede decidir cuál será su reacción.

Aquí tiene diez acciones que puede poner en práctica para crear una salida positiva a cualquier conflicto y preparar el escenario para una resolución pacífica. Todas las puede hacer sin requerir que la otra persona implicada en el conflicto participe.

1. Rehúse responder con enojo.

Decida adoptar y mantener un espíritu tranquilo. No importa lo que la otra persona diga o haga, niéguese a hablar con enojo o frustración. Nadie puede obligarlo a discutir o enojarse. La manera como usted reacciona es decisión suya.

2. No haga ningún intento de defenderse verbalmente.

Quizá necesite alejarse de una situación explosiva para evitar el dolor emocional o el daño físico, pero no intente explicarse o responder a una acusación hasta que culmine el estallido. Puede que después tenga que exponer su caso, pero hasta que no llegue ese momento, manténgase quieto. La Palabra de Dios dice: «Pon guarda a mi boca, oh Jehová; guarda la puerta de mis labios» (Sal 141.3).

3. Cuando llegue el momento de hablar, pídale a Dios que lo ayude con lo que tiene que decir.

Decida de antemano qué desea o necesita realmente. Identifique claramente cómo quiere que la otra persona lo trate, el cambio que quiere ver o el problema que debe tratarse. Pase tiempo en oración, pidiendo a

Dios que revele sus deseos para usted, la otra persona y su relación. Escuche en silencio hasta que tenga un entendimiento claro de la voluntad del Señor y su dirección. Sabrá que la solución viene de Dios cuando su paz llene su corazón. La solución del Padre beneficia a todas las partes implicadas, no sólo a usted. Jesús les prometió a sus seguidores: «Porque el Espíritu Santo os enseñará en la misma hora lo que debáis decir» (Lc 12.12).

4. Explore lo que podría hacer para ayudar a una persona con necesidades en su vida que podrían ser la causa subyacente del conflicto.

El discernimiento es un don espiritual que el Espíritu Santo imparte a cada cristiano que lo pide (Pr 2.3). Con demasiada frecuencia, llegamos a nuestras propias conclusiones y generamos respuestas y soluciones sobre la base de nuestra propia experiencia y limitado conocimiento. En lugar de esto, debemos esperar en Dios con el corazón sensible y la Biblia abierta para discernir lo que Él desea sanar, así como los términos en que Él desea llevar a cabo la reconciliación. Pídale al Señor que lo guíe y le revele lo que usted necesita saber. Déjeme asegurarle que Dios tiene una solución para cada conflicto. La responsabilidad suya es descubrirla.

5. Vea el conflicto como algo que viene de Dios.

Por favor, entienda que no estoy diciendo que Dios envíe o cause el conflicto. Lo que digo es que el Padre lo permite con un propósito, el cual finalmente hará cumplir para su bien. Si usted ve el conflicto como algo que tiene buenos propósitos, será mucho menos probable que se enoje y pierda el control en medio de él. Será más lento en reaccionar y estará más dispuesto a cambiar su actitud y conducta cuando sea necesario.

Después de oírme enseñar este concepto, un hombre me dijo: «¿Quiere usted decirme que se supone que debo ver las quejas de mi esposa como algo que viene de Dios? No vienen de Él, ¡sino de ella! Y si la queja no viene de ella, ¡viene de mi suegra!». Yo le dije: «Dios está permitiendo que su esposa y su suegra le hablen. Hay algo en lo que ellas dicen que usted necesita aprender. Tal vez el Señor le esté diciendo que cambie un aspecto de su vida que hace que su esposa o su suegra se enojen de forma justificada. También es posible que la queja no tenga nada que ver con usted. Una situación o circunstancia fuera de su matrimonio podría estar haciendo que su esposa reaccione negativamente hacia usted. En este caso, pídale a Dios que lo ayude a ser un mejor esposo amándola, apoyándola y orando por ella».

Siempre se puede aprender una de dos cosas de una persona: qué hacer, o qué no hacer.

6. Identifique su parte en el conflicto.

Pregúntele a Dios: «¿Es por mi culpa?». Medite en la situación e identifique cualquier papel que usted haya jugado en el conflicto, bien sea que lo haya provocado o agudizado. Si reconoce que tiene algo de culpa en alguna manera, acepte la responsabilidad, admita su error, pida perdón y haga el compromiso de cambiar su conducta.

7. Comience a tratar a la otra persona con amabilidad y ternura genuinas.

Busque una forma de expresarle amor. Hable bien de esa persona a los demás. Ore por él o ella y recuerde las palabras del apóstol Pablo: «Antes sed benignos unos con otros, misericordiosos, perdonándoos unos a otros, como Dios también os perdonó a vosotros en Cristo» (Ef 4.32).

8. Decida hacer los cambios necesarios.

Aprenda cualquier lección que pueda del conflicto lo antes posible. Esté abierto a cambiar lo que necesite sobre usted mismo sin requerir que la otra persona haga lo mismo. Cada conflicto contiene una semilla de potencial para su crecimiento personal y espiritual.

9. Vea el conflicto como una oportunidad de responder como Cristo lo haría.

Jesús es el modelo a imitar de todo creyente en todos los aspectos de la vida. Efesios 5.2 nos dice: «Y andad en amor, como también Cristo nos amó, y se entregó a sí mismo por nosotros, ofrenda y sacrificio a Dios en olor fragante». Usted y yo tenemos que recordar lo que haría el Señor, cuando nos toque decidir cómo responder a un conflicto.

10. Tome la decisión sobre cómo responderá a un futuro conflicto o reproche.

Su conducta está siempre sometida a su voluntad. Lo mismo ocurre con su actitud. Usted puede escoger qué pensar y decir mucho antes de un conflicto. Decida que responderá lenta y sabiamente, en lugar de hacerlo instintiva y apresuradamente. Haga el compromiso de buscar la sabiduría de Dios en medio del conflicto.

DOS REACCIONES QUE PONEN FIN AL CONFLICTO

He descubierto dos reacciones que funcionan bien a la hora de poner fin a una discusión pacíficamente o apaciguar un conflicto de forma calmada.

En primer lugar, si una persona se está desahogando conmigo enojadamente, la respuesta más sabia que he encontrado es dejar que diga primero todo lo que tenga que decir; y cuando haga una pausa, como esperando a que yo responda, yo le digo con mucha calma: «Le agradezco que me haya dicho cómo se siente, y me complace que haya podido expresar su opinión. Me ha dado algunas cosas en las que pensar. Voy a evaluar lo que ha dicho e iré delante Dios con ello. Le pediré que confirme si he hecho algo mal y que me muestre cómo debo cambiar. ¿Hay algo más que quiera decir que me ayude a mejorar mi carácter o cambiar mi manera de hacer las cosas?».

Tal respuesta normalmente deja tan anonadada a la persona que le queda poco más que decir. Mi propósito no es apabullar a la persona, sino ayudarla a que enfoque la comunicación de una manera más racional y tranquila. Si tiene buena información que dar, yo quiero escucharla, pero si no tiene nada positivo que compartir, de todos modos quiero que la persona pueda reconocerlo.

Responder de esta manera también puede llevar a un cambio de actitud. Pedir sugerencias que puedan ayudarme a mejorar aparta el enfoque de mis fallas y flaquezas, y ese es un paso en la dirección correcta. Si una persona verdaderamente tiene una recomendación útil, le respondo: «Gracias, lo intentaré» o «Aprecio su consejo y lo tendré en cuenta».

La *segunda* reacción que he encontrado útil para resolver conflictos es preguntarle a la otra persona: «¿Me puede sugerir algo que me ayude a no crear una situación similar en el futuro?». Luego le doy a la persona la oportunidad de hablar todo lo que quiera, y mientras lo hace la escucho con atención. Puede que haya algo de información valiosa en lo que dice. De nuevo, esto aparta la discusión del desahogo airado y la búsqueda de errores hacia la resolución del conflicto y la superación del problema.

Estas clases de respuestas funcionarán para resolver conflictos en su matrimonio, las relaciones entre padres e hijos, amigos y en el trabajo. Pruébelas.

UN ESPÍRITU CALMADO Y UNA RESPUESTA MESURADA

Asistí a una reunión de negocios en la que tan pronto me senté, un hombre entró en el recinto y lanzó un feroz ataque verbal contra mí. Su diatriba duró casi quince minutos, pero yo no dije una sola palabra ni intenté detenerlo. Siguiendo mi ejemplo, nadie más en la sala trató de callarlo.

Cuando terminó la reunión, un pastor amigo mío dijo: «Charles, nunca he visto un rostro o una expresión tan inmóvil en toda mi vida. No hiciste ni una mueca. No revelaste nada sobre cómo te estabas sintiendo, ¡y aguantaste así quince minutos!».

Yo sabía que no tenía sentido que intentara defenderme. Los otros hombres en la mesa de conferencias me conocían y sabían la verdad sobre las acusaciones que se estaban haciendo. Cuanto más vociferaba aquel hombre, más éxito tenía en destruirse tanto a sí mismo como su reputación.

En otra ocasión, tenía programado reunirme con un grupo de reporteros y editores de noticias, pero sentí que algunos de los presentes iban a hacer su mejor esfuerzo por hacerme decir algo que luego habría de lamentar.

Así que tomé una tarjeta de apuntes y escribí: PAUSAR ANTES DE HABLAR. Luego metí la tarjeta entre mis notas para la rueda de prensa. Sabía que necesitaría escuchar atentamente y pensar con cuidado antes de responder cualquier pregunta. Esa nota me sirvió como un recordatorio mental, aunque no la miré ni una sola vez durante las entrevistas. El principio de «pausar antes de hablar» es bueno recordarlo en cualquier conflicto.

Al hacer esta pausa, ore en silencio para que Dios le dé sabiduría sobre qué decir y cuándo decirlo. Pídale que cuide su tono y filtre sarcasmo o cinismo de su voz.

Una de las preguntas que me hicieron en la rueda de prensa fue qué haría si no ganara una elección para una posición de liderazgo denominacional. Hice una pausa y luego respondí: «Bueno, no puedo perder». El reportero hizo otra pregunta: «¿Qué quiere decir con que no puede perder?».

Yo dije: «Si gano la elección, pues gano. Si pierdo la elección, sigo ganando porque estoy obedeciendo a Dios al aceptar la nominación. Él está en control y recompensará mi obediencia en cualquier forma que Él escoja». Hubo un silencio total en la sala después de lo que dije. Nadie supo qué hacer con mi respuesta.

ADMÍTALO—TRÁTELO

1. Recuerde la última vez que tuvo un conflicto con alguien. ¿Qué ocurrió? ¿Cómo reaccionó usted?

2. Después de leer este capítulo, ¿hay algo que podría haber hecho para evitar el conflicto? ¿Para impedir que siguiera creciendo? ¿Para resolverlo mejor?

3. ¿Cómo cambiaría la manera en que le respondió a esa persona?

4. ¿Cómo puede prepararse mejor para un conflicto en el futuro?

CAPÍTULO 12

PROPÓSITO

Análisis de un conflicto orquestado por Dios

Anteriormente en estas páginas dijimos que existe lo que llamamos ira santa o enojo bueno. Por tanto, debe existir también el conflicto justo, ¿verdad?

Por supuesto.

El conflicto peor y más duradero de mi vida ocurrió hace más de cuarenta años, pero aún recuerdo toda la experiencia como si hubiese ocurrido ayer. Marcó un punto de inflexión en mi vida y mi ministerio. Aquellos acontecimientos también cambiaron la forma en que considero el enojo y el conflicto. La ironía de la situación es que la experiencia de mayor enojo en mi vida ocurrió en la iglesia, no en un entorno secular.

He llegado a considerarlo un «conflicto orquestado por Dios» que estuvo arraigado en una ira santa. Sé, sin lugar a dudas, que el Señor orquestó esa prueba con el propósito mayor de atraer a Él más almas y establecer más de su gloria en la tierra.

En 1969, el comité ejecutivo de la iglesia First Baptist Church en Atlanta, Georgia, me llamó para ser el pastor asociado. Sin embargo, cuando llegué descubrí que muy pocas personas en la iglesia sabían de mi llegada. Me presentó un domingo por la mañana un hombre que simplemente dijo: «Quiero que conozcan a nuestro nuevo pastor asociado,

Charles Stanley, quien va a darnos el sermón esta mañana». La brevedad de su presentación no me molestó lo más mínimo; simplemente me levanté y prediqué.

Durante el primer año y medio que estuve en Atlanta, aparte de las reuniones del domingo por la mañana, sólo vi al pastor principal tres veces. El comité ejecutivo dirigía la iglesia.

Llegó el día en que el pastor principal trajo un predicador invitado durante una semana de reuniones de avivamiento en la iglesia, pero no se produjo ningún avivamiento. Ahora bien, se trataba de un avivamiento bautista, ¡así que seguramente alguien pasaría al frente para recibir a Jesús como Señor! Ni siquiera el domingo por la mañana pasó una sola persona al frente tras la predicación del pastor principal, quien finalmente dijo: «Esto es tremendo, ¡no puedo soportarlo!». Luego soltó su micrófono y se fue. Poco después, dimitió.

Como pastor asociado, mi responsabilidad principal era predicar los domingos en la tarde; pero ahora que el pastor principal se había marchado, me pidieron que predicara también los domingos en la mañana. Así fue como empezó todo. Cada vez más y más personas llegaron a la iglesia, y empezó a generarse una nueva atmósfera a medida que la gente nueva aceptaba a Cristo y se unía a nuestra congregación.

Me reuní poco después con el comité ejecutivo para tratar un asunto de negocios que no estaba relacionado y les dije: «Tenemos que consultar a Dios sobre esta decisión», refiriéndome al asunto que nos traíamos entre manos. Los empresarios del comité se miraron entre sí, y uno de ellos me dijo: «No metamos a Dios en estos asuntos. Los negocios se hablan aparte». Yo dije: «No podemos hacer eso». Ese fue quizá el primer atisbo que ellos tuvieron de que yo no iba a ser alguien fácil de controlar; es que para mí era impensable no incluir a Dios en una decisión que afectaba a la iglesia.

El comité responsable de elegir a un nuevo pastor principal tenía cuarenta miembros, pero estaba dirigido por un núcleo de siete personas que se contaban entre los miembros más influyentes y ricos de la iglesia. Los siete decidieron que no podían barajar la idea de que yo me convirtiera algún día en el pastor principal, así que comenzaron a presionar a los demás miembros del comité para que me rechazaran como candidato para ese puesto.

Tardé unos tres meses en darme cuenta de todo lo que estaba ocurriendo. Como podrá imaginar, aquello proporcionó una buena cantidad de madera seca para atizar cualquier llama de enojo en mí. Yo sabía que mis opciones eran tomar represalias directamente, o ponerme a orar. Decidí orar. En mi corazón tenía la certeza de que había sido llamado a ser el pastor principal de la iglesia First Baptist Church en Atlanta.

En medio de todo eso, viajé a West Palm Beach para predicar en un avivamiento. Era viernes en la tarde y yo estaba orando, cuando tuve una sensación muy fuerte de que Dios le hablaba a mi corazón. *Esto es lo que voy a hacer*, me dijo el Señor. Luego me mostró su plan.

Una cosa es conocer la voluntad de Dios y otra totalmente distinta es hacer la voluntad de Dios en medio de la oposición de la gente. En mi caso, esto creó un entorno propicio para un conflicto intenso.

En aquellos días pasé mucho tiempo en el salón de oración de la iglesia, y cada vez que pensaba en la decisión decía: «Dios, no sé cómo lo harás». Una y otra vez, Él me dijo en mi corazón: *Tan sólo confía en mí. No mires a tu alrededor. Confía en mí. No escuches lo que dice la gente. ¡Confía en mí!* Ante esto, no me quedaba otra posible respuesta aparte de: «¡Dios, confío en ti!».

La acusación principal contra mí parecía ser que yo predicaba sobre la salvación, el Espíritu Santo, la segunda venida de Cristo, la infalibilidad de la Biblia y la importancia de las Escrituras para nuestra época. Desde mi perspectiva, si uno saca estos mensajes de una iglesia, realmente no tiene una iglesia sino un club social. Eso era lo que había sucedido y lo que había sobre la mesa. Era un conflicto espiritual.

Alguien me preguntó una vez: «¿No te enojaste con el diablo?». Mi posición general acerca de Satanás es ignorarlo siempre que puedo. No malgasto tiempo ni energía en el diablo. Lo resisto, le pido a Dios que lo reprenda por mí, y continúo haciendo lo que el Señor me ha llamado a hacer. Si tengo que lidiar con Satanás, opto por citarle la Palabra de Dios. Jesús utilizó ese método, y en la Biblia no encuentro evidencia de que Cristo se pusiera a gritar o despotricara contra el diablo. El Señor simplemente le dijo: «¡Vete!». Él también «reprendió» a los demonios y les ordenó a los espíritus inmundos que «salieran» (véase Mt 4.10, 17.18; Mc 1.25, 5.8, 9.25; Lc 4.35, 8.29, 9.42). Pero no hay indicación alguna de que Jesús fuese violento o se enojara en esa área. Así que decidí hacer de Cristo mi modelo a imitar.

Al principio de mi conflicto en Atlanta, la mayoría de la congregación no estaba al corriente de las falsas acusaciones que se estaban difundiendo sobre mí, pero poco a poco las opiniones del grupo dominante del comité pastoral se infiltraron en la membresía general. Recuerdo a un hombre que un domingo se puso en pie y dijo a manera de testimonio: «He aprendido más sobre la Palabra de Dios en los últimos seis meses que en toda mi vida». La semana siguiente, ese hombre ni siquiera me dirigió la palabra. Personas que me saludaban cariñosamente un domingo ni siquiera se cruzaban en mi camino al siguiente.

La situación en general me desconcertaba. No veía por qué razón quienes se oponían a mí en el comité pastoral no buscaban a otro candidato para el puesto de pastor principal. En lugar de ello, empleaban una gran cantidad de tiempo y energía difamándome con la esperanza de que al menos veintiuno de los cuarenta miembros del comité no votaran por mí (las decisiones se tomaban por mayoría simple). Técnicamente, yo seguía siendo el pastor asociado. Había asumido las funciones de pastor titular sólo de forma provisional, pues no había nadie más para hacerlo. El único intento que hizo el comité para encontrar otro pastor titular fue hablar con un hombre que era extremadamente liberal en su teología. Le prometieron la luna si accedía venir a vivir a Atlanta. Cuando se supo que se habían puesto en contacto con él, el resto de los miembros del comité quedaron desconcertados ante lo que percibieron como un acto hecho a sus espaldas y sin su aprobación.

La siguiente táctica del comité principal fue llevarme un día a comer y sugerirme que me fuera de vacaciones y no regresara. Básicamente me estaban pidiendo la renuncia, a lo cual respondí: «Yo no vine a esta iglesia solamente porque ustedes me llamaron para que fuera su pastor asociado. Vine porque Dios me llamó a venir aquí. Dimitiré con mucho gusto en cuanto Dios me diga que me vaya».

Entonces, uno de los hombres del comité principal me ofreció calladamente una gran suma de dinero para que me retirara de forma rápida y tranquila. Yo le dije: «Si es así como me conoce después de los dos años que llevo con ustedes, entonces *realmente* no me conoce. Usted no podría juntar dinero suficiente sobre esta mesa para hacer que yo desobedeciera a Dios de manera deliberada y consciente».

El conflicto siguió durante diez meses. Gran parte de ese periodo lo pasé yendo todos los días a la iglesia y sintiéndome como un extraño entre los miembros del comité y la congregación.

Mis opositores llevaban continuamente el ceño fruncido, y uno podía ver la crítica y el enojo en sus rostros, oírlo en su tono de voz y sentirlo cuando estaban en el mismo recinto. Parecían desviarse sigilosamente de su camino para evitarme, y raras veces me miraban a la cara cada vez que hablaban conmigo. Sin embargo, por la gracia de Dios, me sentía totalmente libre y liberado en presencia de ellos y no tenía problemas para mirar a mis críticos a los ojos.

Comparto todos estos detalles con usted para establecer un punto. Puede que haya ocasiones en su vida cuando el conflicto la torne difícil y fatigosa, pero usted sabe que debe permanecer en la situación. Puede que el conflicto sea largo, y quizá intenso; pero si está orquestado por Dios, no se atreva a alejarse, pase lo que pase.

Mientras me encontraba lejos de la iglesia, predicando en una universidad en Tennessee durante una semana, el comité pastoral decidió hacerle una recomendación negativa a la congregación en la siguiente reunión del miércoles en la noche. Por alguna razón decidieron que debía obtenerse un voto general en mi contra antes de buscar otro pastor principal. Eso me dio un domingo más para predicar antes de la recomendación del miércoles.

De manera sorprendente, regresé de Tennessee sin una idea clara para el sermón. Eso no me había ocurrido nunca, ni me ha vuelto a ocurrir desde esa época. Dios no me dio un mensaje hasta que se dio inicio a la reunión del domingo en la mañana y el coro terminó de cantar. Me dirigí hacia el púlpito y abrí mi Biblia. Se abrió en Proverbios 3.5–6, que dice:

Fíate de Jehová de todo tu corazón,
y no te apoyes en tu propia prudencia.
Reconócelo en todos tus caminos,
y él enderezará tus veredas.

Durante los cuarenta minutos siguientes, las palabras de Dios sobre el tema de la obediencia fluyeron de mi boca. No tenía apuntes, pero a duras penas podía detenerme para respirar entre frase y frase. Hice una invitación a pasar al frente para recibir salvación, y varias personas empezaron a levantarse y a caminar por el pasillo para recibir a Jesús. Pero al mismo tiempo, algunos integrantes del coro comenzaron a salir por las puertas laterales, y otros asistentes se dirigían hacia la puerta trasera. Era todo un cuadro. Los que salían de la iglesia se cruzaban con los que se acercaban para recibir a Cristo.

Fue una división total de la iglesia. Ese no fue un conflicto que yo hubiera iniciado directamente y mucho menos deseado, sino que definitivamente fue un conflicto que Dios había orquestado.

Sí, nuestro Padre celestial envía conflictos. En esos casos, es la verdad de la Palabra de Dios lo que lo desencadena, y el propósito del conflicto es que su poder y su presencia sean establecidos en una relación o en una situación que necesite del poder y la presencia de Dios.

La ira santa, o el enojo bueno, pueden producir un conflicto santo, bueno y justo, y en efecto así lo hacen.

El miércoles en la tarde, sólo unas horas antes de que la congregación votase si yo debía ser despedido o nombrado oficialmente pastor principal, vinieron a verme tres abogados. Me explicaron por qué yo no podía ser el pastor principal, que la iglesia nunca me aceptaría, que mi futuro como ministro se acabaría si la iglesia no me elegía y que nunca conseguiría otro empleo. Me dijeron directamente que la única manera de resolver el conflicto era que yo dimitiera y desapareciera lo antes posible.

Yo les dije: «Me están pidiendo que tome una decisión con la que tendré que vivir durante el resto de mis días. Por eso quiero dejarla más bien a ustedes y a la congregación. Ustedes y ellos van a tener que tomar una decisión con la que vivirán durante el resto de sus días. Yo voy a hacer lo que ustedes decidan porque sé que Dios cuidará de mí, pero no puedo desobedecer a Dios e irme de este lugar hasta que Dios me diga que lo haga. Estoy dispuesto a vivir con mi decisión si ustedes están dispuestos a vivir con la suya. Si la gente de esta iglesia vota que me vaya, está bien; pero será su decisión, y no la mía».

A lo largo de los años, he hablado con muchas personas que me han relatado enfrentamientos similares en sus vidas. Por ejemplo, un cónyuge que dice: «Quiero que inicies el divorcio», y la respuesta de la otra parte es similar a la mía: «Yo no voy a iniciar un divorcio. Esa es una decisión con la que no estoy dispuesto a vivir. Si tú quieres el divorcio, tendrás que iniciarlo y seguir tú mismo el proceso». En muchos casos, tomar tal postura ha detenido el divorcio. No es algo que funcione en todos los casos, pero sí en algunos.

He hablado con personas que han tenido enfrentamientos parecidos con sus hijos o compañeros de trabajo. Una madre me dijo: «¡Mi hijo y yo tuvimos un conflicto de voluntades anoche en mi casa!».

«¿Y quién ganó?» pregunté yo.

Ella respondió: «Gané yo. Le dije a mi hijo que no iba a tolerar su conducta. Le dije: "Si permito que continúes pecando descaradamente en mi casa será como si yo misma estuviera de acuerdo o participando de lo mismo, y yo no estoy de acuerdo con tu pecado". O cambias, o te vas».

«¿Y qué hizo él?».

Ella dijo: «Se fue, llamándome cualquier cantidad de cosas mientras hacía sus maletas, y dio un portazo al salir. Le dejé muy claro que las decisiones que estaba tomando eran sus propias decisiones y que tendría que vivir con las consecuencias. Le dije claramente que yo estaba dispuesta a vivir con las consecuencias de mi decisión. Mientras se iba, le dije: "Las decisiones que tomes hoy van mucho más lejos de nuestra relación de madre e hijo. Están reflejando tu decisión de desobedecer a Dios. ¿Realmente estás preparado para vivir en desobediencia a Él?"».

«¿Cómo respondió él?».

«Dio un portazo al salir», contestó ella. «Pero tres meses después regresó a pedirme disculpas. Me dijo que mis palabras lo forzaron a pensar seriamente sobre ciertos asuntos. No me pidió volver a casa, y yo no se lo ofrecí. Al fin de cuentas, tiene veintiséis años, así que es hora de que haga su propia vida y asuma la responsabilidad de cuidar de sí mismo. Pero me preguntó si podía ir a la iglesia conmigo el siguiente domingo. ¡No tiene idea de cuánto me complació eso!».

Le dije: «¡Claro que me lo imagino!».

Me hubiera gustado imaginarme una resolución tan positiva como esa para el conflicto que experimenté en la iglesia.

Aquel miércoles en la noche, entré por una puerta lateral y me senté al extremo del auditorio principal de la iglesia. Pasé inadvertido mientras leía en silencio mi Biblia, abierta en Isaías 54.17:

> *Ninguna arma forjada contra ti prosperará,*
> *y condenarás toda lengua que se levante contra ti en juicio.*
> *Esta es la herencia de los siervos de Jehová,*
> *y su salvación de mí vendrá, dijo Jehová.*

El presidente del consejo de diáconos, quien había votado para que yo me fuera, dijo durante sus comentarios de apertura que la iglesia votaría en secreto. Un hombre se levantó hacia el fondo del auditorio principal y dijo: «No, de eso nada. Hoy estamos aquí para saber de qué lado está cada uno. Yo propongo que votemos a mano alzada sobre cada una de las medidas». Y su propuesta fue aprobada.

La reunión duró tres horas. Finalmente, la Sra. Sauls (una señora encantadora que había sido enfermera durante cincuenta años) se levantó y dijo con su dulce voz sureña: «Señor presidente, exijo el resultado».

Cuando terminaron de votar las dos mil personas presentes esa no-che, cerca de dos tercios se levantaron a favor de que yo fuera el pastor. Aproximadamente un tercio se levantó oponiéndose. El resultado fue una clara mayoría a mi favor.

Al terminar la votación, un hombre se percató de que yo estaba pre-sente y me pidió que pasara a la plataforma. Yo actué como si el voto hubiera sido unánime a mi favor y dije: «Aprecio su confianza, y les daré mi respuesta en dos semanas».

Pasé las dos siguientes semanas orando para asegurarme de que la palabra que el Señor me había dado en West Palm Beach seguía siendo la misma. Con plena confianza que así era, acepté el llamado a ser el pastor principal de la iglesia First Baptist Church en Atlanta, Georgia.

Las personas que se habían opuesto a mí tan vigorosamente nunca regresaron a la iglesia. Comenzaron a reunirse en un edificio de médi-cos a un par de cuadras de distancia. Unos cuantos venían a la escuela dominical, pero tan pronto terminaba la clase se iban a su nueva iglesia. Algunos venían los miércoles en la noche para comer en el salón, pero después de la cena rehusaban asistir a la reunión de oración.

Esta situación continuó durante tres meses. Entonces, un día de enero, me sentí especialmente atraído al Salmo 64.7: «Mas Dios los herirá con saeta; de repente serán sus plagas».

La verdad es que yo no tenía intención alguna de buscar venganza. Dios me estaba aclarando que Él, y sólo Él, sería quien me justificaría. El siguiente miércoles en la noche, en una reunión de hombres de nego-cios, le pedí a la congregación que nos dieran al superintendente de la escuela dominical y a mí toda la autoridad para nombrar a los diáconos y los encargados de la iglesia. Un miembro del grupo opositor original se levantó, se dirigió a la plataforma y dio un discurso sobre cómo él y otras personas de bien estaban siendo expulsadas de la iglesia. Me dijo: «Si no se fija bien en lo que está haciendo, va a terminar muy mal», y luego me golpeó en la cara con el reverso de su mano.

Una mujer de la audiencia se levantó y exclamó: «¿Cómo se atreve a golpear a mi pastor?». Un hombre que había sido boxeador, se apresuró a la plataforma. Aunque tenía cerca de setenta años de edad, levantó su bastón y dijo: «¡Que sea la última vez que toca a mi pastor!». Otro se levantó y escoltó afuera a la persona que me había abofeteado. Yo no dije ni una sola palabra. Ni siquiera reaccioné. Los actos de aquel hombre hicieron que todo el grupo opositor pareciera estar fuera de control.

Algunas personas de la congregación comenzaron a llorar. Cuando se hizo la votación, mi petición para nombrar a los diáconos y encargados de la iglesia fue aprobada.

Al domingo siguiente, cuando nos disponíamos a entonar el primer cántico, un hombre subió a toda prisa a la plataforma, apartó al líder de alabanza y dijo: «Ustedes no han venido hoy a escuchar un sermón, sino a ser testigos de un funeral».

Les hice una indicación a nuestros técnicos para que apagaran sus cámaras, pues estábamos trasmitiendo el servicio en directo. El hombre siguió hablando, pero tres personas se levantaron y comenzaron a cantar «Adelante, soldados valientes». Rápidamente, el resto de la congregación se levantó y se unió al himno triunfal. El hombre se fue, y la congregación permaneció de pie como una muralla sólida.

Una mujer que nos estaba viendo por televisión notó al hombre apresurándose hacia el púlpito justo antes de apagarse las cámaras. Llamó a la policía y dijo: «Hay un hippie con barba intentando adueñarse del servicio en la iglesia bautista». Varios autos de policía llegaron enseguida a nuestra entrada. ¡Vaya mañana!

La noche siguiente, treinta de los sesenta diáconos de la iglesia dimitieron. El martes en la mañana, todos los líderes de la unión misionera de mujeres y más de la mitad de los maestros de la escuela dominical dimitieron. Cuando todos se fueron, el resto de la iglesia hizo una fiesta para celebrarlo.

La oposición incluso amenazó al canal de televisión que transmitía nuestros servicios en vivo. Prometieron que cada domingo en la mañana interrumpirían el servicio a menos que nos sacaran del aire. El canal sucumbió ante sus amenazas, y durante un año exactamente no salimos por televisión.

Lo que ocurrió al cumplirse un año de la salida de la oposición, fue nada menos que milagroso. La iglesia comenzó a crecer rápidamente, y cuando nuestros servicios volvieron a ser televisados, lo hicimos con programas en dos canales. Esos programas fueron a color, mientras que nuestras transmisiones anteriores habían sido en blanco y negro. Fue como si toda la leña muerta hubiera sido cortada y podada para que la iglesia pudiera estallar con crecimiento numérico y gran bendición espiritual.

PRINCIPIOS PARA AFRONTAR LA PERSECUCIÓN

Es fácil sentir enojo en medio de una persecución intensa y continua.

Hubo innumerables ocasiones durante el periodo de conflicto cuando me sentí enfrascado en una batalla espiritual, no sólo por el futuro de la iglesia sino también por mi propia paz personal. Sabía que el ataque venía del enemigo, pero también que Dios estaba conmigo. Yo creía que Él iba a ganar la guerra. Aun así, me encontraba en una batalla real para vencer el enojo, el resentimiento y la amargura. Habría sido muy fácil para mí albergar malos sentimientos hacia aquellos que se habían propuesto destruir mi ministerio.

Aprendí cinco lecciones vitales sobre cómo caminar erguido a través de un conflicto orquestado por Dios, las cuales procedo a compartir aquí con usted.

1. Ponga sus ojos en el Señor.

Cada vez que apartaba mis ojos de Dios y los ponía en mis opositores, sentía que el enojo surgía dentro de mí. Pero cuando veía a mis adversarios como parte de una lección aun mayor que Dios me estaba enseñando, y de una obra mayor que Él estaba haciendo en mi vida y a través de ella, sentía paz. Puede parecerle extraño ahora, y lo fue para mí en aquel entonces, pero en realidad sentí amor hacia los que se estaban oponiendo a mí con tanto vigor. Quería lo mejor de Dios para sus vidas, y sabía que si se volvían para recibir lo mejor de Dios, todo cambiaría para ellos, para mí y para toda la iglesia.

En una ocasión, mientras oraba, Dios habló a mi corazón: *Si ves esto como algo que estoy permitiendo para hacer de ti una persona aun más fuerte y victoriosa, saldrás de aquí mejorado, y no amargado.*

Mi respuesta a Él fue: «Decido ver esto a través de tus ojos».

Algunas personas ven todo tipo de persecución contra ellas como algo que viene del diablo. En cierto sentido, tienen razón. Dios no instiga, legitima ni promueve la persecución de su pueblo; por otro lado, el Señor sí permite que la persecución se cruce en nuestro camino. Y al permitirlo, Él entra en la situación con nosotros y hace que todo obre para nuestro bien. Yo lo llamo la ingeniería sobrenatural de Dios.

La ingeniería comprende el diseño, la construcción y el mantenimiento de un proceso o función. Requiere creatividad, innovación e ingenio para generar un sistema en el cual todos los componentes funcionen en una relación adecuada entre ellos. Ciertamente, sólo Dios puede ingeniarse la salida exitosa de un conflicto justo. Sólo Él puede hacer que «a los que aman a Dios, todas las cosas les ayudan a bien, esto es, a los que conforme a su propósito son llamados» (Ro 8.28). El hombre a menudo transforma situaciones buenas en malas, pero Dios posee sabiduría e intelecto superior para encontrar la manera de extraer mayor bien de un mal.

En casi todos los incidentes de persecución que he experimentado personalmente o de los que he sido testigo cercano, he visto a Dios obrando casi de la misma forma. Mientras la persona perseguida se mantenga fiel al Señor y rehúse pecar, Dios da la victoria. El poder y la influencia del enemigo disminuyen en la vida de la persona, y de su interior emerge una fortaleza mucho mayor. Eso beneficia no sólo a la persona perseguida sino también a quienes son testigos de las consecuencias orquestadas por Dios, las cuales resultan en ricas bendiciones y un impacto tremendo.

2. Pídale al Señor que lo fortalezca y lo sostenga.

La Biblia tiene mucho que decir sobre los que sufren persecución.

- Una corona de victoria les espera a quienes corren fielmente la carrera hasta el final (1 Co 9.24–25; Stg 1.12; Ap 2.10).

- Los que resisten y no se dejan vencer de lo malo, reciben la fortaleza y la protección de Dios (Sal 21.11; Ro 12.21; Ef 6.13).

- Las bendiciones de Dios se otorgan a quienes vencen y permanecen firmes en su fe (Jer 1.19; Jn 16.33; Ap 3.12).

Si usted está experimentando persecución o conflicto, pídale a Dios que lo sostenga en medio de todo, que lo ayude a no pecar desfalleciendo o cayendo presa del miedo, y que le muestre cómo proceder para que Él reciba la gloria y el honor.

3. Reconozca que está peleando una batalla espiritual.

Para resistir el conflicto, debe saber con certeza que la batalla es del Señor. Asegúrese de que está siendo perseguido por causa de Cristo, no simplemente por su propia necedad, error o terquedad.

Pregúntese:

- ¿Verdaderamente me ha dirigido el Señor a adoptar la postura por la que estoy siendo perseguido?

- ¿Qué está en juego aquí? ¿Extendería mi victoria el reino de Dios, o sólo beneficiaría a mi carrera, reputación, etc.?

- ¿Quién se llevará el mérito? Dios debe ser el único que reciba gloria y honor por una victoria; especialmente si es un conflicto que Él ha permitido y orquestado.

Siempre que se vea involucrado en un conflicto espiritual, acuérdese de las palabras del apóstol Pablo a los efesios:

> *Por lo demás, hermanos míos, fortaleceos en el Señor, y en el poder de su fuerza. Vestíos de toda la armadura de Dios, para que podáis estar firmes contra las asechanzas del diablo.*
>
> *Porque no tenemos lucha contra sangre y carne, sino contra principados, contra potestades, contra los gobernadores de las tinieblas de este siglo, contra huestes espirituales de maldad en las regiones celestes.*
>
> *Por tanto, tomad toda la armadura de Dios, para que podáis resistir en el día malo, y habiendo acabado todo, estar firmes.*
>
> *Estad, pues, firmes, CEÑIDOS VUESTROS LOMOS CON LA VERDAD, y VESTIDOS CON LA CORAZA DE JUSTICIA y calzados los pies CON EL APRESTO DEL EVANGELIO DE LA PAZ.*
>
> *Sobre todo, tomad el escudo de la fe, con que podáis apagar todos los dardos de fuego del maligno.*
>
> *Y tomad el YELMO DE LA SALVACIÓN, y la espada del Espíritu, que es la palabra de Dios; orando en todo tiempo con toda oración y súplica en el Espíritu, y velando en ello con toda perseverancia y súplica por todos los santos* (Ef 6.10–18).

Cuando se enfrente al conflicto o la persecución, debe armarse de:

- *Verdad*. Asegúrese de conocer los hechos de la situación desde la perspectiva de Dios.

- *Justicia*. Asegúrese de estar bien con Dios y de estar viviendo una vida sin mancha ante sus perseguidores. Los actos de ellos no le dan licencia para pecar.

- *Paz de Dios*. Haga de la reconciliación con el Padre su meta para todos los que estén involucrados. Use siempre la Palabra de Dios para dar palabras de ánimo a sus perseguidores.

- *Fe*. Mantenga su enfoque en Dios.

- *Confianza*. Asegúrese de su salvación y liberación por medio de la mano de Dios. Espere que Él obre a favor suyo para asegurarle una victoria conforme a los propósitos de Dios.

- *Palabra de Dios*. Esté presto a citar la Biblia en medio de su persecución. Deje que la Palabra de Dios lo anime y hable por usted.

- *Oración*. Clame a Dios por aquellos que están enojados con usted. Ore por las personas que lo estén persiguiendo. Pídale a Dios que mueva sus corazones y haga que estén más abiertos a su intervención y presencia en sus vidas. Ore por los demás creyentes para que Dios los fortalezca mientras están firmes junto a usted en su tiempo de persecución.

- *Perseverancia*. No se rinda. Permanezca totalmente armado. Haga el compromiso de orar.

Hace cientos de años, cuando los grandes barcos surcaban los océanos del mundo, predecir las tormentas no era algo que se hiciera con el uso de imágenes de satélite o radares meteorológicos. Los barcos frecuentemente se veían en medio de grandes tormentas. Los tripulantes se ataban a los mástiles del barco para no caer por la borda. Muchos marineros aguantaban así las tormentas, confiando en que Dios los libraría del mar tormentoso.

Cuando las tormentas de enojo, conflicto y persecución nos golpean, usted y yo tenemos que atarnos al mástil del Señor Jesucristo. Luego debemos permanecer bien asegurados a Él, confiando en que Dios calmará el viento y las olas que arremeten contra nosotros, preservará nuestras vidas, nos fortalecerá en su bondad y nos mantendrá fuertes en nuestra fe.

4. Siga perdonando, a pesar de todo.

Durante todo ese conflicto, Dios me dio incontables oportunidades de perdonar. Yo sabía en mi corazón que no tenía derecho a albergar resentimiento; y al optar por perdonar, estaba seguro de que Dios se mantendría a mi lado.

Al perdonar, no negaba que me sentía herido.

Tampoco me convencía de que el asunto no fuese importante.

Más bien, decidía entregarle todo a Dios. Dejaba en sus manos a todo aquel que hubiese hablado o actuado en mi contra. Una cosa es tener una mala actitud al entregarle personas al Señor, diciendo: *Aquí están, Dios. Encárgate de ellos. Y si es posible, lidia con ellos castigándolos con severidad.* Algo totalmente diferente es entregarlos en una actitud de oración: *Aquí están, Dios. Trata con ellos como juzgues mejor para sus vidas.* Orar por otra persona para que reciba la plenitud de la gracia y la misericordia de Dios puede ser algo difícil, pero aporta la mayor liberación y recompensa para todas las personas involucradas.

También descubrí que al perdonar cuanto antes a los que intentaban deshacerse de mí, recibía prontamente la sanidad de Dios para cualquier dolor o tristeza que pudiera resultar como consecuencia de su persecución y enojo.

Perdone cuanto antes, y hágalo de manera generosa y completa.

5. Siga buscando la victoria.

Hay una recompensa que se obtiene a través de la persecución. No pierda esto de vista. En el Sermón del Monte, Jesús nos enseñó:

Bienaventurados los que padecen persecución por causa de la justicia, porque de ellos es el reino de los cielos. Bienaventurados sois cuando por mi

causa os vituperen y os persigan, y digan toda clase de mal contra vosotros,
mintiendo. Gozaos y alegraos, porque vuestro galardón es grande en los
cielos (Mt 5.10—12).

La persecución y el conflicto son algo temporal. Por muy dolorosa que
pueda ser la experiencia, la gloria de la eternidad sanará el dolor de las
palabras hirientes y el enojo de las malas obras. Al final, Dios siempre
gana; y como usted está viviendo la vida en Él y a través de Él, también
sale invicto. No hay persecución que se compare con las recompensas
eternas que su amoroso Padre celestial le tiene prometidas.

Incluso mientras estamos en la tierra, los conflictos que experimentamos pueden

- fortalecernos en nuestra fe,

- afianzar nuestra resolución de influenciar a otros para Dios y
  para el bien,

- refinar nuestro carácter y

- darnos mayor causa para dar gracias y alabanza a Dios.

Permanezca siempre totalmente alerta a lo que el Señor está haciendo
en su vida. Reconozca las lecciones que Él le está enseñando, las experiencias que está usando para conformarlo a la imagen de su Hijo y las
victorias que está orquestando para que usted pueda darle mayor honor
y gloria a Él.

ADMÍTALO—TRÁTELO

1. ¿Ha experimentado alguna vez un conflicto orquestado por Dios? ¿Qué ocurrió durante el conflicto? ¿Cuál fue el resultado?

2. ¿Está lidiando aún con los sentimientos negativos de ese conflicto, como por ejemplo resentimiento hacia cualquier persona involucrada? Si es así, ¿qué puede hacer hoy para perdonar a esa(s) persona(s)?

3. Si el conflicto no terminó como usted creyó que Dios quería, ¿cuál podría ser una actitud buena y saludable para seguir adelante?

4. ¿Sigue aún enojado o resentido mucho después de que el conflicto aparentemente se resolvió y superó? Admítalo ante Dios y pídale que lo libere de esta condición.

CAPÍTULO 13

OPORTUNIDAD

Su propio crecimiento personal

Algo que la gente dice a menudo cuando está enojada es: «No me merezco esto».

Y tienen razón. Pocas personas se merecen las cosas que se interponen en sus caminos, ya sean buenas o malas. El número de cosas en la vida que no tienen nada que ver con el logro o el adelanto representan un porcentaje muy alto.

Usted no «merecía» nacer en su familia, ya sea una familia maravillosa y buena o pésima y atroz.

Usted no «merecía» el vecindario donde creció, bien haya sido rico o pobre, tranquilo o violento, limpio o sucio.

Usted no «merecía» la mayoría de las oportunidades que ha tenido.

Usted no «merecía» la mayoría de las críticas proferidas en su contra.

Vivimos en un mundo en decadencia y hay cosas malas que ocurren a personas buenas.

Sin embargo, una postura más sabia y madura es ésta: tengo que aprender lo que Dios desea que aprenda de cada situación, y luego debo pasar a la acción que Él desea que yo emprenda.

Como he escrito repetidamente en este libro, Dios está, y siempre estará, en control de todo. Si el Señor ha permitido que algo desagradable, doloroso o aparentemente injusto le suceda a usted o a alguien importante para usted, Él tiene una razón para ello. Pregúntele a Dios sobre esta situación. Hable con buenos amigos y busque un consejo sabio.

¿Qué puede usted aprender? ¿Qué cambios debería iniciar en su forma de procesar la información, comunicarse con otros o establecer límites emocionales saludables? ¿Cuál es el «llamado a la acción» que Dios le está haciendo con urgencia en su corazón y en su mente? Si el Señor quiere que enmiende algún error o resuelva algún problema, Él le dará la dirección y los recursos para que usted pueda responder como es debido.

De todas las situaciones negativas hay algo que aprender. Jesús les dijo a sus seguidores: «Bienaventurados sois cuando por mi causa os vitaperen y os persigan, y digan toda clase de mal contra vosotros, mintiendo» (Mt 5.11). Abra su Biblia y léala. Busque una palabra clave relacionada con su situación y estudie lo que dice la Palabra de Dios. Busque historias en las Escrituras que incluyan a personas que afrontaron una situación similar a la suya.

APRENDA UN NUEVO HÁBITO
O REACCIÓN

Con mucha frecuencia, reaccionar de manera iracunda se convierte en un hábito. La buena noticia es que todos nuestros hábitos han sido aprendidos, así que también se pueden desaprender. Cualquier persona puede decidir acabar con el enojo persistente en su vida.

En primer lugar, tome la decisión de pensar en todo lo que sea positivo y beneficioso. El apóstol Pablo animó a los filipenses: «Todo lo que es verdadero, todo lo honesto, todo lo justo, todo lo puro, todo lo amable, todo lo que es de buen nombre; si hay virtud alguna, si algo digno de alabanza, en esto pensad» (4.8).

¿Puede una persona *escoger* lo que piensa?

Claro que sí.

Niéguese a alimentar pensamientos negativos y dañinos. No reabra las heridas emocionales. Rechace cualquier pensamiento de venganza. Decida en cambio pensar en todo lo relacionado con la bondad y la grandeza de Dios. En última instancia, todas las cosas verdaderas, honestas, justas, puras, amables, de buen nombre, excelentes y dignas de alabanza están en Cristo. Por tanto, en lugar de pensar en la persona que le ha herido, piense en Jesús. En lugar de enfocarse en el asunto o circunstancia que le causó el enojo, enfóquese en Aquel que murió por usted.

En segundo lugar, escoja participar en actividades positivas que requieran toda su atención. Tome nuevas decisiones sobre cómo empleará su tiempo, dinero y energía mental. Decida relacionarse con personas que estén persiguiendo metas positivas. El apóstol Pablo escribió a los colosenses: «Poned la mira en las cosas de arriba, no en las de la tierra» (3.2). En otras palabras, enfóquese en realidades que trascienden más allá de su propia vida, hasta la eternidad.

En tercer lugar, pídale a Dios que lo ayude a monitorear sus propios pensamientos y palabras. Innumerables personas pasan por la vida sin prestar atención a lo que dicen y piensan. Simplemente siguen la corriente, pensando en cualquier asunto que capte su atención en cada momento, sea visual o verbalmente, y diciendo cualquier simpleza que se les venga a la mente. Decida tomar el mando de lo que piensa y de lo que dice.

El enojo está propulsado por pensamientos contradictorios y palabras negativas. ¡Cierre esa bomba de tiempo! Reconozca que tiene la opción de no quedarse enfrascado en lo que vea y oiga, sino que puede escoger cómo procesará y reaccionará a todo lo que sale a su encuentro cada día. Usted también está en control de lo que se dice a sí mismo… sobre usted mismo.

La persona más influenciada por un comentario negativo es la persona que hace el comentario. Sus oídos son normalmente los más cercanos a las palabras que salen de su boca. No se convierta en víctima de su propia negatividad.

Siempre que diga algo crítico o duro sobre usted mismo o sobre otra persona, dé inmediatamente los siguientes pasos:

- Pídale a Dios que lo perdone por menospreciar o quitar valor a una persona que Él ha creado y ama, pues Él ama infinitamente a todos, incluido usted.

- Diga en seguida algo positivo sobre usted mismo o sobre la otra persona. Brinde un halago genuino o una palabra de apreciación.

- Dé gracias a Dios por su obra incesante en su vida y en la vida de la otra persona. Reconozca abierta y verbalmente que usted y todos los demás están «en construcción», y que el Espíritu Santo está presente y activo en la vida de cada persona que ha aceptado a Jesucristo como Salvador.

APRENDA MÁS ACERCA DE USTED MISMO

Decidir tratar el enojo le presenta una excelente oportunidad de crecer, sanar y evaluarse personalmente. Hágase estas cinco preguntas:

1. ¿Está culpando de su dolor a la persona errónea?

¿Está enojado con su cónyuge o amigo por las heridas del pasado que ni siquiera tenían que ver con ellos? ¿Abusaron de usted o fue abandonado cuando era niño o adolescente? ¿Alguien lo maltrató, traicionó, rechazó o hirió en gran manera en el pasado?

El dolor emocional no tiene fecha de caducidad. Muy a menudo, una persona transfiere sus viejas heridas a cada nueva relación. Examine su pasado y cambie los viejos patrones de responder o reaccionar.

2. ¿Está proyectando sus flaquezas sobre las personas que lo rodean?

Se necesita mucha objetividad para contestar esta pregunta verazmente. Es normal que no veamos con claridad nuestras propias flaquezas, fracasos o debilidades. Además, tendemos a proyectar sobre otras personas los pensamientos y sentimientos que guardamos en secreto sobre nosotros mismos. Esto ocurre especialmente cuando se trata de nuestros pensamientos y sentimientos *negativos*.

Si somos tacaños, por ejemplo, tendemos a criticar la falta de generosidad de otra persona. Si estamos albergando enojo, a menudo criticamos a alguien que tenga mal genio. Si nos vemos a nosotros mismos como personas de poco valor, tendemos a tratar a otros como si no tuvieran valor alguno. Si estamos fallando en alguna tarea o conducta, a menudo señalaremos con facilidad los errores de los demás.

Eche un vistazo largo y tendido a cualquier crítica que esté haciendo de otra persona. ¿Acaso refleja un área en la que usted mismo teme fallar? ¿Está señalando los pecados de otra persona sin reconocer que usted es culpable de cometer los mismos?

3. ¿Lo asusta la intimidad?

¿Es reticente a establecer y mantener relaciones estrechas? ¿Busca más espacio personal que el resto de la gente? ¿Se siente incómodo cuando una persona empieza a conocerlo demasiado bien? ¿Se vuelve desconfiado si le parece que le gusta demasiado a alguna persona?

El viejo dicho es cierto: *Es mejor haber amado y perdido que nunca haber amado.* Es mejor tener un amigo íntimo y perderlo que nunca haber tenido un amigo.

La plena intimidad con Cristo significa rendirle su vida. Jesús apeló a nuestro rendimiento total cuando dijo: «El que halla su vida, la perderá; y el que pierde su vida por causa de mí, la hallará» (Mt 10.39). Sólo experimentaremos lo mejor de Dios cuando nos sometamos totalmente a Él. Corra los riesgos relacionados con la intimidad personal y espiritual. No será defraudado.

4. ¿Son poco realistas sus expectativas de la relación?

¿Quiere más de lo que la otra persona puede dar? ¿Está esperando algo de alguien que no tiene ni la más ligera idea de lo que usted anticipa?

Algunas personas tienen mucho amor para dar. No vacilan y son generosos con su calidez, compasión y ternura; pero otras tienen muy poco para dar y son lentos y reticentes a la hora de expresar amor.

Los hombres y las mujeres con mucha alegría y paz en sus vidas se sienten muy seguros cuando se trata de establecer y desarrollar relaciones. Los que están enojados, resentidos o son hostiles, no trabajan, ni se divierten, ni se relacionan muy bien con otros.

Si usted sabe cómo mostrar amor de formas buenas, apropiadas y beneficiosas, Dios le dará muchas oportunidades de ser amoroso, generoso, dispuesto y transparente, y Él traerá personas a su vida que también sean así.

Sea realista. Es mucho más fácil ajustar sus expectativas que cambiar a la otra persona. Si decide entablar una relación con alguien que tenga menos madurez o profundidad emocional que usted, probablemente tendrá que amar más, perdonar más y comunicarse más que él o ella, especialmente al comienzo de la relación.

5. ¿Siente rechazo o tiene baja autoestima?

¿Están relacionadas sus emociones con las acciones de otra persona? ¿O está batallando con el sentimiento de que no merece ser aceptado y amado? Algunas personas tienen tan baja su autoestima que no creen que una sola persona sea capaz de amarlas. Construyen una muralla de indignidad a su alrededor; pero ellos no ven esa muralla, y piensan que las demás personas las están rechazando al mantenerse distantes o inaccesibles. Lo que sucede es que las personas que están fuera de la muralla, ¡no tienen forma de entrar! Sea honesto con usted mismo. ¿Es capaz de recibir el amor de alguien que desea dárselo?

LA OPORTUNIDAD DE ADQUIRIR UNA NUEVA PERSPECTIVA

La mayoría de las situaciones que crean una respuesta de enojo son de carácter trivial, externo o momentáneo. Al lidiar con el enojo, decida adquirir una perspectiva más realista acerca de la verdadera naturaleza de esas circunstancias.

Lo trivial

La gente a menudo permite que los comentarios más pequeños e insignificantes desaten su enojo. Nuestra cultura le da mucha importancia a los sentimientos heridos de la gente. ¿Qué es lo que hiere sus sentimientos? En la mayoría de los casos, es un comentario pasajero. A veces, la persona que habla no tiene intención de herir, y puede que ni siquiera sea consciente de que su comentario haya sido hiriente.

A lo largo de los años, muchas personas han acudido a mí y me han dicho: «Dr. Stanley, quiero que me perdone». He aprendido que ésta es la mejor respuesta que les puedo dar: «Lo perdono, y ni siquiera tiene que decirme lo que hizo». Claro, casi nunca lo dejan ahí pues sienten la necesidad de contarme por qué motivo y de qué manera me hicieron mal. A veces la persona describe lo que percibió que yo había dicho o hecho.

No hace mucho alguien me dijo: «Algo que usted dijo me hizo enojar tanto que decidí dejar de asistir a la iglesia. Ocurrió hace cinco años, y hasta hoy regresé».

¿Fue mi intención enojar a esa persona? Claro que no. Puede que haya dicho a muchas personas en un gran auditorio que dejaran una mala conducta y que fueran en pos de un mejor estilo de vida; pero le puedo decir con toda seguridad que nunca dirijo mis sermones a una persona en particular. De igual forma, mi intención siempre es motivar el cambio a través del poder del Espíritu Santo, nunca provocar enojo.

He aprendido que cuando las personas se enojan por algo que creen que yo he dicho o suponen que pienso, o sienten que les estoy hablando personalmente a ellos, casi siempre se equivocan al menos en una de sus conclusiones. La gente cita continuamente frases que me escucharon decir que yo nunca dije, y puedo demostrarlo con mis bosquejos y grabaciones. Aun así, ellos escucharon algo desde algún lugar del interior de su mente o su corazón, un mensaje que me atribuyen a mí, el cual les trajo convicción de pecado o de una conducta negativa.

Cuando finalmente superan su enojo hacia mí, regresan a la iglesia, vuelven a escucharme en la radio o a verme por televisión. ¿Quién resultó herido por su enojo o su partida? Fueron ellos quienes experimentaron la pérdida. En el caso anterior, esa persona había perdido cinco años de enseñanza y aliento de la Palabra de Dios.

Si sus sentimientos siempre están heridos a causa de alguien o de la gente en general, tiene que encontrar la razón. ¿Qué le hace tan sensible para responder tan fuertemente a la más mínima provocación o malentendido? ¿Por qué tiene usted tan poco aguante?

Un hombre me dijo una vez: «Yo siempre he tenido mal genio. Mi papá lo tenía y mi abuelo lo tenía. Es algo genético».

¿Genético? No. Es un hábito de conducta aprendido que pasó de una generación a otra.

Todos aprendemos nuestras respuestas emocionales. Si tiene mal genio, es probable que alguien en su niñez, quizá de forma no intencionada, lo haya enseñado a tenerlo. O, si se ofende rápidamente, lo más seguro es que también aprendió esa respuesta.

La buena noticia es que lo que uno aprende lo puede desaprender. Cuesta trabajo, especialmente ser consciente de ello todo el tiempo, pero usted puede desaprender las respuestas emocionales dañinas y establecer nuevos hábitos de conducta. Pídale a Dios que le muestre lo que tiene que cambiar desde la perspectiva de Él. Si Él no considera que algo es importante, tampoco usted tiene que considerarlo importante.

Lo externo

Muchos de los factores que desatan el enojo son externos. Algunas situaciones potencialmente estresantes y volátiles de su vida pueden estar relacionadas con un grupo mayor de personas, una nación o hasta el mundo entero. No son situaciones limitadas a usted individualmente o a sus familiares, amigos o compañeros de trabajo.

Esto no quiere decir que la situación mayor no tenga impacto sobre nosotros, pues lo tiene; pero necesitamos entender que no estamos solos en muchas de las circunstancias que afrontamos. Es muy probable que muchas otras personas estén sintiendo lo mismo que nosotros.

He conocido a personas que se enojan mucho cuando los precios de la gasolina suben unos céntimos de la noche a la mañana. Me pregunto si se alegran en la misma medida cuando los precios bajan.

Otras personas se enojan cuando hay mucho tráfico en la autopista. Otros se enojan por las tasas de interés de las hipotecas, por la forma en que se combate una guerra en el extranjero o por la actuación del gobierno nacional, estatal o local. Encienda la radio unas horas y oirá a multitud de personas enojadas por estos temas de origen externo.

No estoy diciendo que deba hacer oídos sordos a estas situaciones y circunstancias. De hecho, algunos de estos asuntos pueden requerir que ejerzamos nuestra ira santa. Lo que quiero que usted reconozca es que un estallido personal de enojo hará muy poco o nada para resolver un problema más grande o para contrarrestar una tendencia.

¿Es propenso a verse como alguien personalmente perseguido cuando simplemente forma parte de un grupo que está experimentando una situación negativa? Si está enojado por algo que está ocurriendo en la sociedad o en el ámbito de la política, puede emprender acciones positivas. Llame o escriba a un representante electo, a un empresario prominente o a alguna otra persona que pueda marcar la diferencia. Explíquele de forma muy específica lo que usted quiere que se haga, y asegúrese de entender bien el tema y saber con certeza cómo quiere que sus dirigentes voten al respecto.

Quizá le interese unirse a un grupo o comenzar uno dedicado a resolver algún problema en su comunidad. Reconozca que tiene muy pocas probabilidades de resolver el problema si lo enfrenta solo. Las situaciones externas requieren una respuesta mancomunada.

No hierva con las situaciones negativas que ocurren en el mundo que lo rodea. No se gana absolutamente nada gritándole al televisor o descargando su enojo con su cónyuge. Redirija la energía negativa hacia acciones positivas de cambio.

Lo momentáneo

Un gran número de situaciones que provocan una respuesta airada son temporales y momentáneas. Las palabras hirientes a menudo se dicen de forma impulsiva y sin considerar mucho su impacto. Haga una pausa antes, durante y después de que el enojo brote en su interior. Es posible que, cuando exprese sus sentimientos, la persona ya se haya ido, la situación haya cambiado o el problema se haya resuelto.

¿Se llena de ira cuando alguien se le cruza en la carretera?

«¡Pudimos haber chocado!», quizá diga.

Pero no fue así.

«¡Fue muy maleducado!», dice usted.

¿Y qué? Todo el mundo se comporta de forma maleducada en algún momento, y algunas personas siempre son maleducadas. Probablemente, usted también a veces se comporte de esa manera.

«¡No tenía derecho a hacer eso!», dice usted.

Es cierto. ¿Pero qué va a solucionar su enojo? La presión arterial de la *otra* persona no se va a ver afectada, ni se le va a hacer un nudo en *su* estómago.

En la situación del tráfico, quizá llegue unos minutos tarde a su trabajo o a su casa. Use ese tiempo extra para citar un versículo de las Escrituras o para darle gracias a Dios por ayudarle a evitar un accidente. Redirija su enojo y conviértalo en algo que tenga el potencial de ser un bien duradero.

AJUSTE SUS EXPECTATIVAS

El enojo a veces sale a la superficie porque no se cumplen las expectativas de una persona. Si usted espera perfección en la conducta de alguien o una coherencia total en su desempeño, vivirá en un estado constante de decepción, y eso puede llevarlo a sentimientos de frustración o resentimiento. No se cierre a ajustar sus expectativas, tanto de sí mismo como de los demás, ya que esto lo ayudará a evitar un enojo negativo.

La conducta perfecta y el desempeño perfecto no son humanamente posibles

No espere la perfección de otros ni de usted mismo. Simplemente, no es algo posible para los seres humanos, sin importar lo diligente o persistente que pueda ser usted en su búsqueda de la perfección. ¿Por qué? Porque vivimos en un mundo en ruinas. Nuestros cuerpos físicos y nuestros deseos humanos permanecen, aunque tengamos una relación íntima con Dios. El mundo está lleno de problemas, tragedias y pruebas. Las relaciones tienen innumerables oportunidades de sufrir malentendidos o mala comunicación tanto en palabras como en actos. Y a pesar de lo mucho que lo intentemos o lo hábiles que seamos, aun así seguiremos cometiendo errores, equivocaciones y errores de cálculo, incluso en las áreas donde tengamos el mejor desempeño.

¿Qué es posible? Verse lo mejor, hacer lo mejor y ser lo mejor que uno pueda. Hasta el día de hoy, aún puedo escuchar las constantes palabras de ánimo de mi madre: «Hazlo lo mejor que puedas, Charles». Dios espera que pongamos nuestro mejor esfuerzo en todo lo que hagamos, a pesar de todo.

Quizá usted diga: «Pero la Biblia nos dice que seamos "perfectos"». Es cierto que Jesús dijo como parte de su Sermón del Monte: «Sed, pues, vosotros perfectos, como vuestro Padre que está en los cielos es perfecto» (Mt 5.48). No obstante, esta frase debemos verla en el contexto del mensaje más amplio del Señor. Jesús estaba enseñando que debemos que amar a nuestros enemigos y orar por quienes nos persiguen. Dijo: «Porque si amáis a los que os aman, ¿qué recompensa tendréis? ¿No hacen también lo mismo los publicanos? Y si saludáis a vuestros hermanos solamente, ¿qué hacéis de más? ¿No hacen también así los gentiles? Sed, pues, vosotros perfectos, como vuestro Padre que está en los cielos es perfecto» (vv. 46–48).

La perfección a la que Jesús nos llama aquí es la de un amor bueno y sin tacha por toda la humanidad. Dios ama a los que aún no han expresado amor alguno por Él. También escucha las oraciones de todas las personas independientemente de su raza, cultura, edad, género o nacionalidad. Jesús ordenó a sus discípulos que amaran como él mismo lo hizo: «Un mandamiento nuevo os doy: Que os améis unos a otros; como yo os he amado, que también os améis unos a otros» (Jn 13.34).

Tampoco debemos esperar la perfección en términos de *nuestro* comportamiento. La verdad es que las emociones humanas fluctúan de manera frecuente y dramática. Puede que usted se sienta más cerca o más distante de una persona en cuestión de horas, días, semanas o meses. Nuestros sentimientos sufren altibajos. Quizá cambie de idea sobre la base de nuevas circunstancias, lo cual lo llevará a nuevas opciones o decisiones. Quizá cambie de opinión tras recibir más información o una información más precisa. Sólo porque algo haya sido de una forma en el pasado no implica necesariamente que vaya a ser así en el futuro. Y nada puede mantener una calidad o regularidad constante sin una gran cantidad de tiempo, atención y esfuerzo.

Un hombre me dijo una vez: «Cuando mi empresa me contrató, pensé que siempre trabajaría allí. Nunca se me ocurrió que al cabo de treinta y tres años de lealtad y trabajo arduo, me eliminarían en una supuesta reducción de personal. Mi liquidación fue parte de una jugada que hizo mi jefe para poder contratar trabajadores más jóvenes y pagarles salarios más bajos. Quedé amargamente decepcionado y enojado por lo que me hizo la compañía».

«¿Y aún sigue usted enojado?», le pregunté.

«No», respondió. «Ahora me siento aliviado y hasta bendecido por lo que ocurrió. Un sabio amigo mío sostuvo una larga y profunda conversación conmigo un día, y aprendí tres grandes verdades. Primero, que nada es seguro aparte de la relación de cada persona con Dios. Segundo, que nadie es indispensable salvo Jesucristo. Y tercero, que todo lo que esperamos que perdure requiere un esfuerzo continuo y diligente. Lo más curioso es que mi amigo no es ni psicólogo ni clérigo».

«¿A qué se dedica entonces?», le pregunté.

«¡Es físico! Me habló en términos de la inercia, y cómo algo que está en movimiento debe recibir una aplicación continua de energía para permanecer en movimiento. Me habló de los continuos cambios que ocurren a nuestro alrededor. Nada existe en un estado de quietud total. Todos los seres vivientes están en algún estado de crecimiento o decadencia. Hay células nuevas que emergen y células viejas y muertas que existen en todas las cosas vivientes en todo momento. También me habló sobre la predictibilidad y otros conceptos relacionados con la ocurrencia aleatoria».

«Me hubiera gustado participar en esa conversación», le dije.

«Fue fascinante, y me animó mucho», siguió diciendo. «Salí de esa charla con una fuerte convicción: lo único fiable en la vida es Dios. También aprendí que en lugar de quedar sorprendido por el cambio, debería esperarlo».

«Esa es una verdad maravillosa para aprender», le dije. «¿Qué ha ocurrido desde entonces?».

«Decidí comenzar mi propio negocio. Durante años había tenido dos grandes pasatiempos: la pesca y la fotografía. Así que comencé a poner anuncios ofreciéndome como guía para llevar a la gente al campo para pescar, tomar fotografías o ambas cosas. Algunos de esos viajes eran excursiones de más de un día y otros eran sólo de un día. He tenido una magnífica acogida y estoy ganando lo mismo que en mi antigua empresa. Además, me divierto en grande y hago muchísimas amistades. Hablamos de geografía, ecología, técnicas de pesca, tipos de peces, técnicas de fotografía y muchos otros temas relacionados con el aire libre. Pero casi todas las conversaciones derivan en el tema de la fe, y terminamos hablando sobre Aquel que creó todo lo que vemos y disfrutamos en la naturaleza».

Este hombre aprendió una lección tremenda que toda persona sabia debería aprender. Lo único constante en la vida es Dios, quien crea todas las cosas, conoce todas las cosas y gobierna todas las cosas. La Biblia describe a nuestro Creador en estos términos: «Toda buena dádiva y todo don perfecto desciende de lo alto, del Padre de las luces, en el cual no hay mudanza, ni sombra de variación» (Stg 1.17). En estas breves palabras se presenta la verdad de que Dios no varía en ningún aspecto de su bondad o grandeza. Él jamás es algo menos que perfecto; nunca falla, ni es incoherente, ni cambia, ni se adapta.

Lo que Dios dice lo hace.

Lo que Él es, lo sigue siendo y siempre lo será.

Y tenemos garantizado que ocurre lo mismo con el Hijo. El apóstol Pablo escribió: «Jesucristo *es* el mismo ayer, y hoy, y por los siglos» (Heb 13.8).

Sólo Dios es omnipresente: eterno e intemporal, con una coherencia absoluta.

Sólo Dios es omnisciente: siempre sabe todas las cosas, es sabio en todo juicio y decisión, y tiene una visión completa y perfecta de todas las situaciones.

Sólo Dios es omnipotente, todopoderoso y capaz de controlar todas las cosas en todo momento de una forma que impacta a cada individuo con un propósito perfecto.

Sólo Dios es inmutable y es totalmente bueno y perfecto en su amor, totalmente libre de variación en su perfecto carácter.

No espere ninguna de estas marcas de absoluta perfección y coherencia de usted mismo ni de otros. Simple y llanamente, usted no es Dios, ni tampoco lo es ningún otro ser humano.

Sea realista en cuanto a sus expectativas del amor

Muchas personas parecen suponer que si dos personas están «enamoradas», nunca se herirán ni se enojarán entre sí. Eso no es realista, y es prácticamente imposible. Las situaciones y circunstancias difíciles surgirán, se tomarán malas decisiones, aumentará el estrés y la energía disponible disminuirá. Antes que usted se dé cuenta, el enojo aparece y el amor se pone en tela de juicio. Hasta los esposos más bondadosos y fieles tienen desacuerdos de vez en cuando.

La buena noticia es que el amor genuino entre dos personas ayuda mucho a mantener el enojo a un nivel mínimo. El amor es esencial para vencer el enojo, resolver diferencias de opinión y seguir viviendo en paz.

No se ponga demasiado emotivo con el primer síntoma de desacuerdo o conflicto con su cónyuge. No albergue pequeñas faltas o errores ni los alimente para hacer de ellos grandes ofensas. No infiera que un conflicto por algún asunto marca el final de su relación.

Muchas cosas en la vida deberían dejarse pasar sin comentarios. Muchos «asuntos» nunca deberían alcanzar el estatus de «problema».

He conocido a jovencitas que están esperando encontrar algún día un esposo que llene sus vidas de romance y las colme de afecto, y yo les digo que haciendo eso se están preparando para una decepción.

He conocido a jóvenes que están esperando encontrar algún día una esposa que llene su vida de tiernos cuidados, que le prepare buena comida y que esté dispuesta a satisfacer todas sus necesidades físicas y emocionales. Creo, y así se los digo, que ellos también están preparando el terreno para una gran desilusión.

No piense que desprecio el amor romántico y el matrimonio. Creo que son regalos maravillosos dados y ordenados por Dios, pero he vivido lo suficiente para saber que hay momentos bajos en cualquier relación, sin importar cuán grande y profundo sea el amor mutuo. La buena noticia es que, como ocurre con todas las demás cosas sujetas a cambios, un matrimonio o amistad también se puede renovar. Se necesita esfuerzo para mantener cualquier relación fuerte y vibrante. Muchas veces, las dos personas involucradas están llamadas a cambiar con tal de mejorar en vez de empañar el matrimonio o la amistad.

Una señora me dijo hace poco que finalmente llegó a entender cuál había sido su falla en un matrimonio que fracasó. Hasta ese momento, ella sentía que la infidelidad y la falta de responsabilidad de su esposo habían sido las únicas causas de su divorcio; pero tras reflexionar en el papel que ella misma podría haber desempeñado en la ruptura, dijo: «Entendí que mi gran falla en la relación fue la complacencia».

«¿Cómo fue usted complaciente?», le pregunté yo.

«Hice una mala suposición. Pensé que como habíamos estado casados durante más de veinte años, siempre estaríamos casados. No pensé que tuviera que hacer algo especial para mantener interesado a mi esposo.

Fallé en hacer mi parte para planear cosas que pudiéramos hacer juntos, a fin de fortalecer nuestros lazos y crear nuevos recuerdos. Supuse erróneamente que nuestros hijos nos mantendrían unidos. Al final, nos fuimos alejando, y yo ni siquiera me percaté del abismo que nos separaba».

«¿Cómo se sintió cuando entendió todo eso?».

«¡Me enojé mucho!» dijo ella. «Pero no con mi esposo, como en el pasado. Me enojé conmigo misma».

«¿Se ha perdonado por su complacencia y su enojo?».

«Sí», respondió. «Y fue una liberación maravillosa entender finalmente el papel que desempeñé en el problema y luego poder perdonarme. Hice el voto de nunca más volver a dar por sentada una relación, incluyendo mis relaciones con mis hijos y nietos, y también mis relaciones con amigos. Hay que esforzarse por mantener las relaciones».

¡Cuánta razón tiene!

El único príncipe azul que una mujer podrá llegar a conocer es el Príncipe de Paz: Jesucristo. Y la única plenitud que un hombre encontrará para cada área de su vida está en nuestro Señor y Salvador.

Si ve que se enoja frecuentemente con su cónyuge, pregúntese si su enojo surge de expectativas que uno o ambos de ustedes han puesto demasiado altas. El amor cubre multitud de faltas, fracasos y pecados. Decida amar a su cónyuge en los momentos ásperos y turbulentos.

Un hombre me dijo una vez: «No me gusta discutir con mi esposa ni enojarme con ella. Así que siempre nos besamos y nos reconciliamos en el mismo día de la pelea. Hemos tomado la decisión de irnos a la cama en paz el uno con el otro».

Eso no es sólo un buen consejo matrimonial; es sabiduría bíblica.

Sea realista en cuanto a sus expectativas de lealtad

No importa lo mucho que un cónyuge, amigo o compañero de trabajo quiera serle leal o cumplir sus objetivos mutuos. De vez en cuando, *lo* defraudará. La gente comete errores que afectan negativamente nuestras relaciones de alguna u otra manera.

Hace algún tiempo, uno de mis amigos tuvo una relación inapropiada.

Puso en peligro tanto su matrimonio como su carrera. Como la gente sabía que él y yo éramos amigos, algunos me sugirieron que rompiera todo lazo con él. Me decían: «Está poniendo en peligro tu reputación». Pero yo rehusé escuchar su consejo.

La medida que tomé fue diferente, y confronté a mi amigo con respecto a su comportamiento. Le dije que había sido desleal no sólo a su esposa y su familia, sino también a mí. Mientras hablábamos, era obvio que hasta el momento no había afrontado todas las consecuencias derivadas de su conducta. Aunque insistía en que la relación era inocente, también reconoció que se podía considerar inapropiada. Me preguntó: «¿Podemos seguir siendo amigos?».

Le dije: «Sí». Aunque su lealtad hacia mí es algo que yo *no puedo* controlar, mi lealtad hacia él es algo que *sí puedo* controlar. Por tanto, le expliqué: «Seguiré siendo tu amigo, pero también debo decirte que ya no puedo seguir confiando en ti como antes en ciertas áreas o con cierta información».

La confianza siempre se rompe cuando una persona traspasa los límites de la lealtad o la fidelidad. Pero el enojo no resuelve la ruptura de la confianza; tan sólo hace que la brecha se agrande.

Si usted cree que alguien le ha sido desleal o infiel, no gana nada guardando silencio o negándolo. Si la ofensa es menor, quizá pueda resolver el asunto con una conversación. Es posible que el ofensor no se diera cuenta de que estaba siendo desleal. Quizá no sabía que su conducta era infiel. Si la ofensa es grave, probablemente necesitará más de una conversación para reparar la relación. A veces, la única solución ante una confianza rota es cortar lazos con la persona. Antes de decidir si va a reparar o poner fin a la relación, lo animo a que ore, medite en la Palabra de Dios y busque consejo sabio sobre lo que debería hacer.

Hay varios comportamientos que se pueden clasificar como desleales:

- Adulterio o un acto de infidelidad.

- Deshonestidad en los tratos empresariales.

- Acusaciones o críticas públicas.

- Atacar las acciones de una persona o sus logros tras haberlas apoyado en el pasado.

Lo que está bien y mal en estas situaciones a veces es algo que no se ve muy claramente. La persona desleal quizá diga que tiene un buen motivo para lo que ha hecho. No dudo que Judas pensó que estaba justificado al entregar a Jesús en manos de las autoridades religiosas en Jerusalén. Puede que el discípulo tratase de ayudar a acelerar el tiempo en que Cristo fuera revelado y declarado Mesías. Pero los actos de Judas traicionaron a Jesús. Sus obras fueron actos de deslealtad.

Si un amigo o su cónyuge le dice que se siente traicionado por algo que usted dijo o hizo, no tarde en disculparse. Exprese su tristeza y arrepiéntase de cualquier acto o conducta desleal. Pida perdón. No intente justificar lo que hizo ni disminuir el alcance del daño ocasionado. Haga todo lo que pueda para subsanar el perjuicio que la otra persona esté sufriendo.

BUSQUE EL BIEN QUE PUEDA RESULTAR

A lo largo de estas páginas, usted ha leído las palabras de ánimo en Romanos 8.28: «Y sabemos que a los que aman a Dios, todas las cosas les ayudan para bien, esto es, a los que conforme a su propósito son llamados». La Biblia promete a los creyentes que hay una paz que obtener y una buena respuesta que dar en cada dificultad, apuro o prueba.

Una paz que obtener

Sin importar lo negativas que sean las circunstancias, la intensidad del estallido o lo grave que sea la amenaza, una persona con una relación íntima con Dios puede experimentar una paz «que sobrepasa todo entendimiento» (Flp 4.7). Jesús dijo: «La paz os dejo, mi paz os doy; yo no os la doy como el mundo la da. No se turbe vuestro corazón, ni tenga miedo» (Jn 14.27).

Ciertamente, Jesús no negó que algunas situaciones y circunstancias serían difíciles o desafiantes, ni tampoco les prometió a sus seguidores que no tendrían problemas y pruebas. Todo lo contrario, ya que Cristo dijo claramente: «En el mundo tendréis aflicción; pero confiad, yo he vencido al mundo» (Jn 16.33).

Cada experiencia perjudicial o desagradable se puede considerar como un desafío para la fe. Se puede abordar como una oportunidad para confiar en Dios más profundamente o de nuevas formas. Se puede ver como un llamado a iniciar una intercesión intensa por una persona o grupo.

Pídale a Dios que le dé su paz y que lo ayude a tener la confianza calmada y tranquila que viene como consecuencia de una confianza total en Él.

Una buena respuesta que dar

Antes de conocer el poder salvador de Cristo, el apóstol Pablo era un asesino perseguidor de la iglesia (véase Hch 8.1–3). Pero tras su encuentro con Jesús en el camino a Damasco (véase Hch 9), Pablo fue transformado en un hombre de paz.

El apóstol escribió a los primeros creyentes en Roma: «No paguéis a nadie mal por mal; procurad lo bueno delante de todos los hombres. Si es posible, en cuanto dependa de vosotros, estad en paz con todos los hombres» (Ro 12.17–18). También les lanzó este reto: «No seas vencido de lo malo, sino vence con el bien el mal» (Ro 12.21).

Pablo también fue un hombre muy práctico que reconocía los problemas y recibía sabiduría de lo alto para resolverlos. Con respecto a la gente que se enoja con usted o es hostil, escribió: «Si tu enemigo tuviere hambre, dale de comer; si tuviere sed, dale de beber; pues haciendo esto, ascuas de fuego amontonarás sobre su cabeza» (Ro 12.20). Pero Pablo no estaba hablando sólo de bendecir a nuestros adversarios con comida y bebida física; también se refería a que debemos animar y alentar a nuestros semejantes ofreciéndoles verdad espiritual. De esta forma, podríamos hacer que sean convencidos por el Espíritu Santo y atraídos a aceptar a Jesucristo como su Señor y Salvador.

Si una persona o grupo lo está persiguiendo, lastimando o rechazando, Dios conoce la razón para tal comportamiento. Pídale que le muestre cuál es y cómo lograr su voluntad, plan y propósito en medio de ello.

En Romanos 12.20, Pablo enseña que usted puede bendecir, beneficiar o ayudar a su enemigo a tal punto que su frustración, molestia, agravio o confusión propios generen remordimiento o arrepentimiento en esa persona. Pero hay una verdad aun mayor expresada en la metáfora de Pablo.

En el Antiguo Testamento surgió una situación en los tiempos de Moisés que implicaba rebelión absoluta. Un grupo de israelitas se alzó contra Moisés para destituirlo como líder y tomar el mando (véase Nm 16.41). Como resultado, Dios envió una plaga al campamento para «consumirlos en un momento» (v. 45).

Pero Moisés no se quedó ahí sin hacer nada; él quería evitar que sus enemigos sufrieran la ira de Dios. Por tanto, mandó a su hermano Aarón tomar incienso del fuego del altar y «hacer expiación por ellos» (v. 46). Aarón hizo lo que dijo Moisés y «corrió en medio de la congregación» (v. 47). La Biblia dice que Aarón «se puso entre los muertos y los vivos; y cesó la mortandad» (v. 48). Este acto era el equivalente a trazar una línea espiritual en la arena. La plaga se detuvo en el punto exacto donde se había derramado el incienso.

Cuando hacemos lo correcto en una situación negativa, nuestros actos pueden poner fin a una plaga de enojo, amargura y resentimiento; y cuando declaramos la Palabra de Dios en amor, nuestras palabras pueden detener los ciclos de venganza y represalias.

El bien *puede* vencer al mal; pero para que eso ocurra, nuestras mejores intenciones deben producir acciones buenas y prácticas que traigan como resultado un beneficio real a todas las personas involucradas.

Cuando confronte el enojo en su vida, fíjese en todo el bien que pueda hacer. Haga de la oración su primera «buena obra» con miras a un buen objetivo.

ADMÍTALO—TRÁTELO

1. ¿Cuál es la lección principal que ha aprendido sobre cómo tratar con el enojo suyo o de otra persona, y cómo va a ponerla en práctica?

2. ¿Qué otras lecciones se propone aprender? ¿Qué recursos usará como ayuda en este proceso de aprendizaje?

3. ¿Qué puede hacer específicamente para librarse de pensar tanto en alguna herida «inmerecida» y experimentar paz en esa área?

4. ¿Cómo puede cambiar sus expectativas, tanto las que se impone a sí mismo como las que se fija con otras personas?

5. Escriba tres acciones positivas que pueda emprender para transformar el enojo malo en bueno. Comience hoy mismo.

SI USTED NO ES CRISTIANO...

He sido ministro del evangelio de Jesucristo durante más de cincuenta años. He sido cristiano desde que tenía doce años. Este libro ha sido escrito enteramente desde una perspectiva bíblica, y los principios que contiene están firmemente arraigados en la Palabra de Dios.

Si usted no es cristiano, quizá se haya preguntado mientras leía este libro: ¿Cómo es esto posible? ¿Cómo puedo deshacerme de mi enojo? ¿Cómo puedo perdonar? ¿Cómo puedo responder en paz y amor a alguien que está enojado conmigo?

No creo que perdonar sea posible para usted sin que conozca primero que Dios lo ha perdonado y sepa que ya no es un esclavo del pecado. Si quiere el perdón de Dios, admita que es pecador y dígale a Dios que cree que Jesús murió en la cruz para pagar su deuda de pecado por completo. Pídale a Dios que perdone sus pecados, y Él responderá a su oración, escribirá su nombre en el libro de la vida del Cordero (véase Ap 13.8) y le contará para siempre como uno de sus hijos.

Y esto no es todo... porque en el momento en que usted reciba a Jesús como su Salvador, Dios lo sellará con su Espíritu Santo. Jesús llamó al Espíritu Santo nuestro «Consolador» (Jn 14.26). El Espíritu Santo lo capacitará, lo fortalecerá y le enseñará cómo vivir la vida cristiana. El Espíritu Santo le revelará la verdad de la Palabra de Dios cuando lea usted su Biblia. Él lo moverá a hacer y decir lo correcto para vencer su enojo o para tratar con el enojo de quienes lo rodean. Lo capacitará para que pueda perdonar cosas que nunca pensó ser capaz de perdonar. Y el

Espíritu Santo lo ayudará a ser un hombre o una mujer buenos y a honrarlo a Él con su manera de vivir.

Sin Dios, usted no puede controlar por completo el enojo.

Con Dios, sí puede.

Escoja ahora mismo invitar a Jesús a su vida. A través del poder del Espíritu Santo, Dios sanará cualquier herida emocional que haya sufrido en el pasado y lo ayudará a vivir con valor y paz. ¡Lo animo a clamar a Él hoy mismo!

Introducción

Todo el mundo experimenta enojo en un momento u otro. El Dr. Charles F. Stanley examina cómo responder a él correctamente, cómo tratarlo con eficacia y cómo estar seguros de mantenernos en consonancia con la voluntad de Dios cuando surgen situaciones conflictivas. En *Cómo sobrevivir en un mundo lleno de enojo* el Dr. Stanley explora lo que significa vivir con enojo y también los problemas que éste causa para la persona enojada y para las personas que le rodean. Él escribe: «El enojo no se irá por sí solo; no muere. Tratar con el enojo, y especialmente con el enojo que está profundamente arraigado, requiere intencionalidad».

En este libro, el Dr. Stanley cita ejemplos bíblicos con respecto al enojo y perder el control de las emociones, al igual que anécdotas personales que demuestran el peligro de no ser capaz de perdonar. Perdonar a otros es muchas veces difícil, pero es algo que todos debemos aprender a hacer para vivir una vida sana y productiva. El Dr. Stanley enseña al lector cómo practicar el perdón y cómo encontrar la paz personal.

Preguntas

1. Defina enojo. ¿Cree que hay diferentes tipos de enojo? Si es así, ¿están esos diversos tipos de enojo relacionados de alguna manera? ¿Cómo se compara su definición de enojo con la del Dr. Stanley?

2. ¿Cree que las plataformas para las relaciones, como los medios sociales y la Internet, ayudan u obstaculizan a las personas para tratar con el enojo?

3. ¿Cree que el enojo es un problema mayor en la actualidad que en el pasado? ¿Le preocupa que muchos de los puntos en las noticias hagan referencia a un fallo en el manejo del enojo, ya sea en problemas domésticos, internacionales o políticos?¿Vivimos realmente en un mundo lleno de enojo?

4. ¿Cree que el enojo tiene algún beneficio o efecto positivo?

5. En su libro, el Dr. Stanley detalla las siete raíces del enojo: culpa y vergüenza, orgullo e inseguridad, sueños demorados o negados, mentiras y encubrimientos y adicción química. ¿Añadiría usted algo más a esta lista? En su vida personal, ¿ha visto enojo causado por esas raíces? ¿Cree que una de esas raíces causa más enojo en una persona que las otras? ¿Por qué cree que eso es cierto?

6. El Dr. Stanley escribe: «El enojo es una emoción universal». ¿Por qué cree que es así? ¿Por qué cree que Dios nos da la capacidad de sentir enojo, especialmente cuando la Escritura nos dice: «Mejor es el que tarda en airarse que el fuerte; y el que se enseñorea de su espíritu, que el que toma una ciudad» (Pr 16.32)?

7. ¿Cree que es siempre correcto estar enojado? ¿Es correcto estar enojado en secreto? Por qué sí o por qué no? Si su enojo es interiorizado, ¿cuál cree que es la manera mejor y más aceptable de expresarlo?

8. ¿Tiene usted amigos o colegas que usted crea que tienen problemas con el enojo? ¿Por qué se relaciona con ellos? ¿Siente usted alguna vez los efectos de su enojo? ¿Le causan enojo? ¿Hay algo que le atrae de las personas llenas de enojo?

9. ¿Cuándo cree que es un buen momento para alejarse de una relación? El Dr. Stanley habla de tres tipos de relaciones: relaciones por un motivo, relaciones por una temporada y relaciones de por vida. ¿Ha estado usted alguna vez en una relación con una persona enojada en la que su enojo destruyó su amistad o el amor que usted le tenía?

10. Con respecto a cómo el enojo afecta a sus procesos de pensamiento, el Dr. Stanley cita un antiguo proverbio judío: «El enojo le priva a un sabio de su sabiduría, a un profeta de su visión». ¿Está usted de

acuerdo o en desacuerdo con esa frase? ¿Por qué o por qué no? ¿Cree que el enojo produce un «doble ánimo»?

11. ¿Le ha afectado alguna vez el enojo en el trabajo? ¿Ha tomado alguna vez una decisión de negocios bajo la influencia del enojo? ¿Tomaría esa misma decisión en la actualidad?

12. ¿Por qué cree que algunas personas se aferran al enojo? ¿Por qué cree que se sienten reivindicadas al guardar rencores? ¿Ha escogido usted alguna vez no perdonar? ¿Ha contemplado alguna vez los beneficios de soltar el enojo?

13. Uno de los pasos para manejar el enojo que el Dr. Stanley detalla es el de «redirigir su energía». Él dice que usted debería lavar y encerar su auto, limpiar sus macetas, limpiar un armario o ático, ir al campo de golf y golpear algunas bolas, o practicar algún otro pasatiempo que le guste. Cuando está usted enojado, ¿ha realizado alguna vez tales actividades para despejar su mente? ¿Cree que hay algo tera-péutico en la actividad física contrariamente a la actividad mental?

14. El Dr. Stanley también cita a A.B. Simpson con respecto a cómo el Señor le ayudará a sanar su enojo: «Cuando cedemos nuestro propio yo natural a Dios para que muera y Él nos hace morir por el poder de su Espíritu, la obstrucción de nuestra comunión con Dios desaparece y entramos en su plenitud más profunda». ¿Ha pedido alguna vez a Dios Padre que le libere de su enojo y que le dé paz interior? ¿Cuáles son los beneficios de pedir a Dios que le ayude en tal situación?

15. El Dr. Stanley escribe que algunas de las principales razones por las cuales las personas se niegan a perdonar se deben a que: las personas no merecen ser perdonadas, necesitan escuchar antes una disculpa, creen que el perdón es una señal de debilidad, etc. ¿Ha utilizado usted alguna vez una de esas excusas? ¿Por qué cree que fue apro-

piado aferrarse a su enojo? ¿Sigue creyendo eso, considerando que Cristo demostró perdón incluso cuando estaba en la cruz, diciendo: «Padre, perdónalos, porque no saben lo que hacen» (Lc 23.34)?

16. Perdonarse a uno mismo es con frecuencia más difícil que perdonar a otros. ¿Ha experimentado alguna situación en que no ha podido perdonarse a usted mismo? ¿Por qué? ¿Surgió de la baja autoestima o la incertidumbre? ¿Cómo se sobrepuso a ello?

17. ¿Ha dirigido alguna vez su enojo a Dios? ¿Se ha preguntado alguna vez por qué Él permite tanto enojo en nuestro mundo? ¿Cómo maneja ese tipo de enojo? ¿Cómo aborda el Dr. Stanley tales preguntas?

Mejore su Club del Libro

1. Vean uno de los sermones en línea del Dr. Stanley en http://www .encontacto.org y piensen en las maneras en que él enseña a manejar el enojo. ¿Es más fácil aprender esos consejos al leer un libro o al escucharlos de alguien directamente? Si es posible, invite a un consejero cristiano de su confianza para hablar a su grupo sobre el enojo a fin de que tengan otra perspectiva sobre tales emociones.

2. Si conoce a alguien que tenga un poderoso testimonio sobre cómo Dios le ayudó a sobreponerse al enojo, invítelo a la reunión de su club del libro. Hagan preguntas sobre cómo buscó al Señor esa persona y cómo Él quitó su amargura. ¿Fue capaz de reconciliarse con la persona que le hizo enojar? ¿Cómo ha obrado Dios en su relación?

3. Antes de la reunión del club del libro, haga que todos supervisen su enojo durante al menos una semana. Escriban un diario y anoten sus sentimientos: por qué se enojaron, cómo lo manejaron, y si alguna parte del enojo ha permanecido. Asegúrense de escribir si fue difícil perdonar, y qué lo hizo posible. Compartan el diario con el resto del grupo para comparar notas sobre cómo manejar el enojo.

1. ¿Por qué ha escrito usted un libro sobre los efectos del enojo?

Dr. Stanley: Una de las razones por las que escribí *Cómo sobrevivir en un mundo lleno de enojo* es porque veo mucho enojo en las personas actualmente. De hecho, creo que esta es la generación más enojada que he visto en toda mi vida. Las personas necesitan aprender cómo manejar sus emociones porque están en peligro de arruinar sus vidas y de hacer desgraciados a todos los que los rodean.

2. ¿Cómo cree usted que la persona promedio controla el enojo? ¿Es eficaz? ¿Por qué o por qué no?

Dr. Stanley: Muchas personas simplemente niegan estar enojadas porque no quieren admitir que se aferran a una emoción tan negativa. Yo creo que sienten que albergar enojo es una señal de debilidad por su parte; pero lo cierto es que la Biblia dice que hay razones legítimas para el enojo. Las Escrituras enseñan: «Airaos, pero no pequéis» (Ef 4:26). No todo el enojo es pecado; de hecho, en algunas ocasiones es muy beneficioso. Desgraciadamente, algunas personas no son capaces en absoluto de admitir que están enojadas: la negación es un importante problema en ellas. Por otro lado, hay personas que expresan su enojo de maneras muy destructivas. Ninguna de las dos opciones es adecuada.

3. ¿Cree que cada generación está mejorando o empeorando en cuanto a controlar sus sentimientos?

Dr. Stanley: Como dije antes, creo que esta es la generación más enojada que he visto en toda mi vida. Esto se debe a que en la actualidad hay muchas más cosas que nos provocan la ira. Por ejemplo, las computadoras y los otros aparatos electrónicos. ¿Cuántos millones de personas afrontan la constante frustración de que su computadora, su teléfono celular u otro aparato no funcionen correctamente? El nivel de estrés está aumentando en las vidas de las personas debido a cosas que no funcionan como debieran. También existen mayores tensiones debido a la variabilidad de la economía. Estos problemas ponen una terrible presión en las relaciones. Veamos el creciente número de personas que se divorcian: todo tiene que ver con el enojo. También pienso en cuántos adolescentes participan en actividades verdaderamente desastrosas. No están aprendiendo cómo controlar sus emociones ni cómo tratar a las personas. Por tanto, no, no creo que esta generación esté mejorando; y no mejorará hasta que las personas reconozcan la fuente de su enojo y que el Único que puede tratarlo verdaderamente con eficacia es el Señor Jesucristo.

4. La Internet y los medios de comunicación social como medio de autoexpresión, ¿han ayudado u obstaculizado el control del enojo? ¿Por qué cree usted que es así? ¿Cree que habrá un modo en que las personas puedan expresar su enojo con eficacia y calma en esta era electrónica?

Dr. Stanley: Estos avances tecnológicos podrían ayudarnos a controlar el enojo si los utilizásemos adecuadamente. Por ejemplo, si yo estoy enojado, podría investigar cómo otras personas están controlando sus emociones; podría aprender cuáles son las causas del enojo a fin de entender la fuente de mi propia amargura. Ese es un modo positivo de ayudarme a mí mismo mediante la Internet y otros tipos de medios. Por otro lado, si estoy lleno de enojo y simplemente deseo expresarlo de maneras que sean destructivas y dañinas, esa es una situación diferente. Cuando se trata de usar la Internet para ayudar a una persona a sobreponerse a su enojo, creo que tiene el potencial de ser una herramienta estupenda. Uno puede leer la Palabra de Dios, hacer su devocional diario, escuchar la predicación del evangelio y enseñanza bíblica, y muchas otras cosas que pueden ser una genuina bendición si verdaderamente se quiere obtener ayuda.

5. ¿Cuál cree usted que es la mejor manera de hablar con alguien que está enojado pero no lo admite? ¿Y qué puede hacer una persona si vive con alguien que está enojado?

Dr. Stanley: En primer lugar, si es posible, pídale que ore con usted. No tiene por qué sacar el problema del enojo. Si las personas están dispuestas a orar y usted demuestra un espíritu amoroso hacia ellas, Dios les revelará sus problemas de enojo. Puede que le pregunten: «¿Parezco enojado?»; o: «¿Me comporto como una persona enojada?». Sea usted abierto con ellas, hablándoles con calma y despacio. En segundo lugar, haga preguntas a las personas. No las acuse de estar enojadas, sino pregúnteles sobre cómo se sienten cuando se producen ciertas situaciones. Puede hasta confesar las circunstancias que le hacen enojar a usted. En tercer lugar, asegúrese siempre de acercarse a la persona de manera que exprese su interés y su amor por ella. Cuanto más pueda usted ayudarla a abrirse, más útil será para ayudar a la persona a sobreponerse a su enojo.

6. Cuando uno está dispuesto a admitir que es una persona enojada, ¿cuál cree usted que es la mejor manera de encaminarse hacia la sanidad? ¿Hay algún modo en que otros puedan ayudar?

Dr. Stanley: Una de las primeras cosas que una persona debería hacer cuando comience a tratar su enojo es abrir la Palabra de Dios y preguntar: «¿Qué dice el Señor sobre el enojo?». Dios tiene mucho que enseñarnos sobre esta poderosa emoción, y Él nos hace importantes advertencias al respecto. Por tanto, siempre es importante acudir a Él en primer lugar. En segundo lugar, la persona debería preguntar: «¿Por qué estoy furioso? ¿Cuál es la fuente real de estos sentimientos de enojo?». Yo creo que siempre es crucial descubrir qué está causando verdaderamente sus sentimientos de frustración y amargura. Hasta que no lo haga, lo más probable es que la persona siga repitiendo las situaciones, elecciones y conductas que desencadenan la respuesta enojada. Si no puede identificar la fuente, a veces un amigo cercano y piadoso o un consejero pueden ayudar a determinar cuál es.

7. ¿Cree que el enojo es un mayor problema para los hombres, para las mujeres, o para ambos por igual? ¿Cree que hay un motivo para ello?

Dr. Stanley: Creo que probablemente dependa de a quién se le pregunte. Personalmente, creo que las mujeres pueden tener más razones para experimentar enojo que los hombres, por este motivo: cuando las personas se divorcian, la mujer es con frecuencia —aunque no siempre— la que queda al cuidado de los niños. Ahora, imagine tener dos o tres hijos a los que criar; tener la obligación de trabajar cada día sólo para llegar a fin de mes; y batallar con el agotamiento, temores acerca del futuro y promesas rotas. Eso, sin duda alguna, causa enojo. Lo mismo podría ser cierto de un hombre, desde luego; pero creo que probablemente las mujeres tienen más razones para estar enojadas porque con frecuencia no tienen las oportunidades que un hombre tiene.

8. ¿Hay algo en general que haga que alguien sea más propenso al enojo?

Dr. Stanley: Un factor que con frecuencia hace que la persona esté más inclinada a tener problemas con el enojo es el modo en que se crió. La educación que uno recibe afecta al modo de interpretar la vida y de reaccionar ante otros. Si usted se crió en una familia donde era amado, cuidado y educado, lo más probable es que tenga menos razones para estar enojado. Desgraciadamente, si experimentó una situación abusiva en la que era maltratado o sentía que nadie se interesaba por usted, entonces el dolor estará grabado en lo profundo de su ser. Es muy difícil que las personas que se han sentido rechazadas y han sufrido abusos se sobrepongan a la amargura que se ha arraigado en ellas, pero pueden hacerlo por medio de Jesucristo.

9. ¿Por qué necesita la persona las enseñanzas de Cristo para ser libre del enojo?

Dr. Stanley: Necesitamos las enseñanzas de Jesús para vencer el enojo debido al modo en que Él enfocó el problema. En la Biblia hubo una sola ocasión en la cual Jesús mostró enojo: cuando Él expulsó a los cambistas del templo. Él no estaba enojado con ellos personalmente, sino con el modo en que profanaban la casa de Dios. En otras palabras, Él expresó una indignación justa ante los actos de ellos, porque violaban las leyes del Padre y evitaban que otras personas adorasen. En todas las demás ocasiones, sin embargo, Él perdonó, y nos dice que también nosotros perdonemos a los demás. Recordemos que Pedro preguntó: «Señor, ¿cuántas veces perdonaré a mi hermano que peque contra mí? ¿Hasta siete?» (Mt 18:21). Jesús respondió: «No te digo hasta siete, sino aun hasta setenta veces siete» (Mt 18:22). Su enfoque era perdonar y seguir perdonando. Desde luego, habrá ocasiones y circunstancias en que simplemente perdonar no será suficiente, pues el enojo continuará en el interior; pero es siempre el mejor lugar donde comenzar. Y en su mayor parte, ofrecer perdón siempre será la manera piadosa de tratar tales situaciones.

10. ¿En qué difiere la enseñanza de Jesús sobre cómo controlar el enojo de la enseñanza del mundo?

Dr. Stanley: Muchas veces, el mundo nos dice que sencillamente nos alejemos de la persona o la situación que nos hace enojar. Otro mensaje que oímos con frecuencia es que tenemos derecho a expresar nuestro enojo a quienes nos han hecho daño: podemos y debemos tomar represalias contra ellos. Jesús nunca habría estado de acuerdo con eso, pues Él predicó el perdón. De igual manera, el apóstol Pablo enseñó: «Antes sed benignos unos con otros, misericordiosos, perdonándoos unos a otros, como Dios también os perdonó a vosotros en Cristo» (Ef 4:32). Cuando dependemos de Jesús, Él nos capacita por el poder del Espíritu Santo para vencer los sentimientos de amargura y resentimiento que no encajan en quiénes somos como hijos de Dios. El mundo es mucho más expresivo con respecto al enojo, y con frecuencia lo justifica.

11. ¿Qué le dice usted a una persona que mantiene una relación abusiva, cuando el enojo tiene un grave efecto en una de las partes emocionalmente y físicamente?

Dr. Stanley: Cuando las personas viven en situaciones donde hay enojo abusivo —y hasta violencia—, con frecuencia se encuentran perdonando repetidamente, buscando ayuda, y haciendo todo lo posible por mejorar la situación; sin embargo, si la otra persona continúa siendo rebelde, si no se responsabiliza de su enojo, y si se ha vuelto peligroso vivir con ella, hay ocasiones en que el mejor curso de acción es alejarse.

12. ¿Podría citar una razón por la cual su iglesia haya experimentado tal longevidad y tan elevada asistencia? ¿Qué distingue su mensaje y su misión de otros? ¿Qué ve en el futuro para su iglesia?

Dr. Stanley: Esa es una pregunta muy personal. He estado en la iglesia First Baptist en Atlanta por cuarenta años, pero no diría que su éxito se debe a mí. Se debe a la Palabra de Dios, la cual trato de explicar claramente y sencillamente a fin de que incluso los niños puedan entenderla. Mi meta es alentar a las personas a confiar en el Señor Jesucristo como su Salvador y vivir una vida piadosa. No condeno a otros. Puede que hable en contra de algunos actos, pero estoy llamado a amar y entender a las personas a las que ministro, buscando siempre lo mejor para ellas. Por eso predico la Palabra de Dios y enseño los principios de las Escrituras. Intento ayudar a la gente a entender cómo vivir la vida al máximo y a relacionarse con otros de manera que honre al Padre. Intento ser muy práctico. Y eso es lo que oigo de personas en todo el mundo: entienden lo que digo porque es sencillo y práctico. Mi deseo es ver a personas llegar a ser lo mejor que puedan ser, y por eso el mensaje siempre habla de la esperanza, la seguridad y la confianza que tenemos en el Señor Jesucristo.

13. ¿Qué ve en el futuro para su iglesia?

Dr. Stanley: Tengo grandes expectativas para First Baptist. Cuando miro a mi alrededor y veo a las personas que están ahí —su hambre de la Palabra de Dios, su generosidad en apoyo de la iglesia y su increíble ministerio de oración—, no tengo otra cosa sino una gran confianza en el futuro. Creo que el increíble alcance de nuestra iglesia continuará llegando al mundo entero.

14. Leí que cuando usted comenzó su ministerio por primera vez en First Baptist Church Atlanta había miembros en su iglesia que no querían que usted estuviera allí; ¿cómo encontró la fuerza para regresar al púlpito y predicar?

Dr. Stanley: Cuando llegué por primera vez a First Baptist, muchas personas no querían que yo fuese su pastor. Me hicieron pasar una época terrible e hicieron muchas cosas que harían enojar a la mayoría de las personas; pero yo entendí que Dios me había enviado allí, y estaba comprometido con lo que Él me había llamado a hacer. Claro que hubo ocasiones en que fui muy herido. Personas que me decían lo mucho que me querían y me apoyaban, una semana después ni siquiera me dirigían la palabra; pero aprendí una gran lección en todo aquello, probablemente una de las mayores lecciones de mi vida. Un día estaba yo en mi cuarto de oración, diciéndole a Dios que ya no quería ser el pastor allí, y el Señor me dijo: «Este es el modo en que debes tratar esto. Debes ver todo —sin importar lo que nadie diga o haga— como proveniente de mí. Acepta cada situación como si viniera de mí porque yo la he permitido y, por tanto, debo de tener razones para hacerlo. Esta perspectiva te mantendrá libre de enojo, amargura y resentimiento. No tendrás que defenderte a ti mismo porque sabrás que yo permití esas circunstancias en tu vida con un propósito. Puede que no lo entiendas por completo ahora, pero lo entenderás más adelante». Aprender esto del Padre evitó que yo estuviera enojado y resentido o fuese hostil hacia los demás. Pude salir a predicar los domingos en la mañana a todas aquellas personas con una sonrisa en mi cara. Entender que Dios tenía el control de todo me ayudó a sobrellevar la situación.

15. Cuando usted predicó la serie sobre el enojo en Fist Baptist hubo una respuesta tremenda. ¿Por qué cree que el problema del enojo encuentra tanto eco en las personas?

Dr. Stanley: Hay tantas situaciones que hacen que las personas estén enojadas en la actualidad que sería difícil hablar de todas, pero creo que hay una gran cantidad de frustración por las pérdidas económicas que la gente está sufriendo. Hay personas que han perdido sus negocios y sus casas, no pueden enviar a sus hijos a la universidad, muchas de sus necesidades no son satisfechas, y sus temores acerca del futuro se agitan en su interior. Las personas lo sienten y buscan ayuda.

16. Supongo que con la cultura actual, muchas personas están enojadas con Dios. ¿Cómo respondería usted a eso?

Dr. Stanley: Creo que las personas están enojadas con Dios porque Él no está haciendo que las cosas salgan como ellos creen que deberían salir. Es fácil estar enojado con Él porque no pueden verlo, sentirlo o tocarlo. En otras palabras, piensan que no tienen que enfrentarse a Él. El problema de esto es que las personas nunca se sobrepondrán a sus problemas de enojo mientras estén culpando al Señor de su dolor. Dios nunca es la causa de nuestro enojo. Aunque a veces Él puede que avive en nuestro interior una indignación justa debido a algún mal realizado, nunca nos provoca amargura, resentimiento o ira. En cambio, Él es la fuente de nuestra ayuda y el único camino hacia ser libres del enojo.

17. Cuando la gente ve un libro sobre el enojo, puede que piense en alguien en su vida que lo necesita. ¿Debería alguien comprarlo para otra persona?

Dr. Stanley: Si piensa en comprar *Cómo sobrevivir en un mundo lleno de enojo* para otra persona, entienda que podría ser un poco intimidatorio que esa persona lo aceptase de usted. Puede que hasta sienta que usted la está acusando de estar enojada. Yo sugiero que usted mismo lo lea y se familiarice con el contenido; entonces puede decirle a la persona: «Leí este libro sobre el enojo y realmente me ayudó a identificar y entender algunas áreas de amargura en mi vida». Es mucho menos intimidatorio y mucho más atractivo cuando puede hablarle a alguien de un recurso que lo ha ayudado a usted mismo.

SOBRE EL AUTOR

El Dr. Charles Stanley es autor de libros sumamente reconocidos en la lista de éxitos de ventas del *New York Times* y ha escrito más de treinta y cinco libros, con ventas de más de 6.5 millones de ejemplares. Ha sido pastor de la iglesia First Baptist Church en Atlanta, Georgia, desde 1971, y la iglesia actualmente tiene más de quince mil miembros. El Dr. Stanley ha sido dos veces presidente de la Convención Bautista del Sur (1984–86), y su programa, *In Touch*, llega a casi mil ochocientas estaciones de radio y televisión en más de cincuenta idiomas. El Dr. Stanley fue incorporado al Salón de la Fama de National Religious Broadcasters (NBR) [Asociación Nacional Cristiana de Radio y Televisión] en 1988, y Religious Heritage of America [Herencia Religiosa de los Estados Unidos de América] lo nombró el Clérigo del Año en 1989, un premio que reconoce a los pastores que se esfuerzan por hacer de los principios judeocristianos parte de la vida cotidiana de los Estados Unidos.